古代氏族の研究⑧

物部氏

剣神奉斎の軍事大族

宝賀寿男

青垣出版

目次

装幀／松田　晴夫（クリエイティブ・コンセプト）
見返し写真／磐船神社（大阪府交野市）

一　序説

物部氏とはなにか—本書の目的

わが国の古代史とくに大化前代の大和王権の時代において、最大の豪族の一つが物部氏である。用明天皇没後の物部守屋大連の滅亡まで、終始大きな政治的勢力を持ち続け、この本宗家滅亡の後でも、後世まで多くの一族分流が連綿と血脈を伝えた。

平安前期に編纂の『新撰姓氏録』に掲載される同族諸氏の数が最も多いのが物部氏族で、その数は百十氏を超え、他の有力諸氏を圧倒する。物部氏がどうして、そうした大勢力を涵養し保持できたのだろうか。その系譜や大化頃までの主な動向については、『先代旧事本紀』の「天孫本紀」等に所載の記事が著名だが、この氏族の実態はどうか、当該系譜が妥当か、『旧事本紀』の成立と撰者は誰か、などが本書が取り組む大きな問題は多い。

古代氏族の代表的な系譜として、「円珍俗姓系図」など国宝・重文指定のある系譜とともに、「天孫本紀」所載の尾張氏系譜・物部氏系譜が先ずあげられる。それだけ著名なのがこの両系譜であり、刊行本でも多く取り上げられるから、史料として手にしやすい。

そのため、誰でも研究に取り組みやすく、これまで十分に検討されてきたのではないかと一見、思われる。ところが、どうも実際にはそうではない。たしかに、学究・在野研究者の方もふくめて、物部氏族関係の研究は非常に多い。しかし、「天孫本紀」の記事を信頼しすぎるか、あるいは造作として簡単に否定するという両極論に近いものが殆どであろう。総じて言えば、合理的学問的な追求・検討としての冷静さを欠くとみられる。だから、記事の心髄や歴史原型の把握・理解に至っているのかというと、著名な学究でも、核心がどこかズレている。その原因には、古代の氏族系譜や祭祀・習俗に関する知識が乏しかったり、上古代当時の地理や年代論を無視ないし誤解をしがちだという事情も考えられる。

私自身のことで振り返って見れば、四十年超もの長い期間、古代史と古代氏族系譜の検討を続けてきて、そのなかでこれまで何度かこの大族に対し正面から取り組んできた。拙著『古代氏族系譜集成』（一九八六年春刊行）の編纂のときも含め、物部氏についてはほぼ五年、十年おきくらいに集中的に取り組んだが、その時々にそれなりの結論を得て、それで一通り納得したという気持ちになり、検討を終えていた。とくに、二十年ほど前に「穂積と津積」（包括的に物部氏族と尾張氏族という意味）という論考（未発表）をまとめて、それなりに物部氏族の全体像をほぼ把握したつもりになっていた。しかし、古代史関連の事項は、別の視点や新資料の発見・指摘を踏まえて見直すたびに、何か気づくことが往々にしてあり、物部氏もその例外ではない。

最近の時点で私が検討したのは、出雲国造の成立過程を検討して新しい視点を得つつあった段階であり、また守屋尚氏の著書『物部氏の盛衰とヤマト王権』（二〇〇九年刊）に様々な示唆を得て、再度、物部氏系譜の検討・探究に取り組んだときである。この時も、それまで思ってもいなかった物部氏系譜の原型が見えてきたように感じた。本シリーズで古代氏族を個別にとりあげ合計七冊の刊行をしてきて、その関連で物部氏に言及することもあった。この大族を把握しないと、長年検討してきた大和王権の動向の全体像を把握しがたいという感もある。その一方で、この大族の奥深さには判断が迷う点も種々あって、時間がかかった。その間、最近までに物部氏研究の書・論考も、かなり増加している。

さて、物部氏は、日本神話のうちで、「天降り（天上からの降臨）」及び「国見」の伝承をもつ数少ない氏族だと指摘される。たしかに、天皇家の祖先を除くと、鴨族の先祖を含め『風土記』などにいくつかの降臨伝承があるくらいで、これらも主に天孫に随行らしいものもあって、「国見」という王者的な伝承はほかにない。物部氏の故地については、筑紫を含む北九州とみる説がこれまでもかなりある。それとともに、祖神の饒速日命《にぎはやひ》が同族（天孫族）の出だと神武天皇が認めたと『書紀』に見える。それにもかかわらず、『姓氏録』では天孫部ではなく、天神部に収められるという不思議な取扱いを受けた。物部本宗筋の石上氏が平安前期頃で政治の大舞台から消えても、その一族とみられる支族分派の諸氏が多数、全国各地にあって、様々な形でその後の歴史に長く登場し続けている。

そこで、考古学の知見や祭祀・習俗関係研究などを含め、歴史関連諸分野の最近までの研究進展を踏まえて、歴史の大きな流れのなかで物部氏に関する諸問題について、総合的に広く再検討する必要が出てくる。大和王権と古代氏族全体のなかで、体系的に整合がとれた物部氏の歴史像を、本書では提示してみたい。

物部氏の概観

本書での物部氏の詳細な検討をする前に、これまで一般に把握・理解されてきた物部氏の姿を概観しておきたい。その要点は次のようなものとなろう。

物部氏の活動として戦後の有力学究が認めるのは、五世紀中葉頃からである。この時期になると、物部氏はカバネを連として、大伴氏と並んで大連となり、朝廷最高ランクの執政官として、また朝廷の軍事・警察・刑罰関係を担当する伴造として、大きな役割を担う。大和王権の初期段階（応神治世の前代）の地方平定・討伐活動には物部氏は殆ど従事していない模様だが、その勢力の大きさから、全国各地に物部と呼ばれる部民が多く置かれた。一族諸氏というものがきわめて多く、物部□□連という複姓をもつ氏も含めて、「物部八十氏」と称された。その主な系譜は『先代旧事本紀』の「天孫本紀」に記される（以下ではたんに『旧事本紀』といい、その各本紀も単独で引用する）。『新撰姓氏録』（以下では『姓氏録』という）に記載の石上氏同祖系氏族は、合計で百十三氏（氏族系譜の見方にもよるが、私見での数え方。一に百十一ともいうが、その差は二〔大庭造、新家首〕で出ており、ほかに百六説、百二説もある。更にこれらのほか、天物部系が七ある）を数え、掲載全体で千百八十二氏の約九・五％を占め、平安時代前期でも畿内に同族が多かった。全国的にもその広範な地域分布も知られるが、現存史料上は陸奥や南九州には物部一族が殆ど見えない。

氏祖を天孫系の一派らしき饒速日命（邇芸速日命）とするが、その直接の父祖は記紀では具体的に記さず、『旧事本紀』では天照大神の嫡孫と称したと見える。この者が河内の哮峰《たけるのみね》に天磐船《いわふね》に乗って天上から降臨したとの伝承を物部氏はもつ。次いで大和に遷って、長髄彦の妹を妻として宇摩志《うまし》麻遅《まち》命（甘美真手命、味真治命）を生んだが、神武東征のときには、饒速日命ないし宇摩志麻遅命が神武軍の侵攻に対し頑強に抵抗する縁戚の長髄彦を殺害して降服したと伝え、それ以降は上古大和朝廷の重臣としての地位を長く保った。

多くの有力氏族では先祖が崇神朝に活動すると伝えるが、物部氏の先祖では、伊香色雄命《いかがしこお》が三輪山の神の祟りに関して祭神物を作ったと『書紀』に見える。次の垂仁朝では、朝廷五大夫のなかに物部十市根《とちね》の記事がある。仲哀天皇崩御後には、物部胆咋《いくい》宿祢が、中臣・大伴・三輪氏とともに四大夫の一人として宮中を守ったと同書にある。崇神前代には、物部氏族（主に穂積氏）と天皇家との通婚も数例、記紀に見える。

「物部」の名前が示すように、元は祭祀具・兵器という「物」の製造や管理を管掌していた。次第に軍事・警察・刑罰という仕事が主体となり、「物部百八十伴」といわれるほど、多くの部民・隷属民をもった。物部氏はほぼ同種の軍事的職掌をもつ大伴氏と並ぶ有力氏族へと成長していった。履中朝には伊莒弗《いこふつ》が大連となり、五世紀代に頻発した皇位継承争いにおいてその軍事力を示し、雄略朝にも目《め》が大連として天皇の信頼をうけ最高執政官の役割を果たした。同朝に伊勢で叛乱した朝日郎《あさけのいらつこ》を物部菟代《うしろ》宿祢・目連が討っている。物部氏は解部《ときべ》を配下として、刑事関係職務を担当した。こうした軍事的側面に加え、物部氏には祭祀的色彩が濃厚だという指摘もある。

物部氏が軍事力を示したのが、継体天皇廿二年（西暦五二八年頃）に筑紫を中心に起きた筑紫君磐井の乱に際してであり、物部麁鹿火《あらかい》大連らがこれを鎮圧した。欽明天皇の時代になると、大伴金村大連の失脚により物部氏では尾輿《おこし》が大連として前面に出たが、百済から贈られた仏像を巡り、大臣・蘇我稲目を中心とする崇仏派と大連・物部尾輿や中臣鎌子らの排仏派が争った。この抗争は長引き、稲目・尾輿の後は各々の子の蘇我馬子、物部守屋に代替りしても続いたが、結局、用明天皇没後に河内国渋川郡（大阪府の八尾市・東大阪市などの地域）に居た守屋大連が滅ぼされて、物部本宗家はここに絶えた。

このときに物部氏は族滅したわけではない。大和国石上にあった有力支族が残り、物部連宇麻乃《うまの》は孝徳朝に衛部（後の令制五衛府につながる部署）大華上となったと伝え、その子の麻呂は当初は近江方ながら壬申の乱（六七二年）を生き延びて物部氏主流となった。天武天皇十三年（六八四）の八色の姓の制定では、物部連は同族の采女《うねめ》臣・穂積臣とともに朝臣賜姓五二氏のなかにあげられ、その直後くらいに麻呂の家は石上朝臣と改めた。有力伴造で連姓諸氏の殆どが大伴氏などと同様に、カバネ第三位の宿祢姓にとどまったから、伴造のなかでも膳《かしわで》臣・宍人《ししひと》臣（ともに阿倍臣同族）、物部連・采女臣（ともに物部連同族）及び中臣連が第二位の朝臣姓を賜ったことに注目される。

持統天皇五年（六九一）八月には、朝廷の有力十八氏が祖先の墓記（家・氏族の歴史記録）を上進したとき、大三輪氏を筆頭にして石上氏が第三位に見え、物部同族からは采女・穂積氏もあげられる（①大三輪の以下は、主なところを順に記すと、②雀部〔巨勢同族でその本宗的存在か〕、③石上〔物部の本宗的存在〕、④藤原〔中臣の本宗的存在〕、⑤石川〔蘇我の本宗的存在〕、⑥巨勢…⑧春日〔和珥の本宗的存在〕……⑭阿倍…⑯采女、⑰穂積…という順）。

石上麻呂は後に正二位左大臣まで昇進し、その子・乙麻呂が中納言、更にその子の宅嗣《やかつぐ》が大納言になるなど、奈良時代には石上朝臣一族は有力議定官を輩出した。このように、平安時代初期までの朝廷では、物部氏は氏族として高い地位にあった。ところが、宅嗣の従兄弟の東人が従三位まで昇進した後では、物部氏族には官位で目立つ者は殆どなく（支流で伊勢国員弁郡出身の春澄善縄に従三位・参議までの昇任例はある）、それ以降の平安中期以降には衰えていく。子孫は石上神宮を奉斎する神官家として続き、近代までに至っている。

物部氏一族は海外の韓地関係でも多くの活動を見せる。古くは、武烈天皇朝ごろの韓国連祖の塩古の韓国派遣がある（『姓氏録』）。『書紀』には、欽明朝に倭系百済官僚の名が見えるが、そのなかには紀、科野《しなの》、許勢《こせ》とならんで物部氏がかなり多い。物部奈率《なそつ》用歌多、物部奈率哥非などの名もあり、倭国への遣使でも起用された。推古朝には、物部依網《よさみ》連乙等が新羅を討つ将軍になった。物部同族まで広く見ると、著名なのが継体朝の穂積臣押山であり、任那統治に関しその管理責任者として現地駐在したと伝える。

物部氏関係の系図史料

物部氏は、中世になると一部支流を除くとその活動が殆ど見えなくなる。地方の中世有力武家もいくつか出たものの、古代物部氏の後裔という認識はあまりなくなる（廷臣の中原氏や伊予の河野一族などは、安寧天皇や孝霊天皇の後裔という皇裔系譜も称した）。『尊卑分脈』には物部氏についてごく僅かな系図部分しか掲載がなく、『群書類従』には支族の官人中原氏と伊予の武家河野一族の系図を掲載す

石上神宮（天理市布留町）

るものの、それ以外の系図が見えない。

とはいえ、その系譜は『先代旧事本紀』の「天孫本紀」に記されるものが著名であり、饒速日命からその十九世孫の物部麻呂（石上朝臣麻呂）の世代まで見える。この系譜は、著名で重要な割に、立ち入った検討があまりなされていない。留意すべきは、それが現存記事の形で古来伝わったものではないことである。おそらく平安前期くらいに、各氏の所伝を基に再構成された寄せ木細工的なものではないかとみられる。物部氏一族の系図はこれに限られないし、これが最も史実・原型に近いというわけでは必ずしもない。ともあれ、『旧事本紀』の各本紀等の史料価値を考えつつ、十分検討することが必要である。

物部氏には多くの支族があったから、それぞれの流れが古代からの貴重な所伝を遺した。これは、他の古代氏族には見られないほど数多い。そして、他の氏族にも見るように、早くに分かれ別地にあった支庶家のほうに、却って貴重な系譜・古伝が残されることもある。だから、多くの関係史料と比較検討して、総合的に物部氏の系譜を考える必要がある。

主な物部氏関係の系図を管見に入ったところで挙げてみると、次のとおり。

石上本宗のほうでは、石上神宮祠官家の系図が中田憲信編の『諸系譜』第十六冊に「物部朝臣系図」として見える。次ぎに、熊野国造系統では、中田憲信編の『各家系譜』第六冊に「楠氏系譜」があり、楠木正成につながり、更に賀茂の苗字を名乗る子孫も記される。穂積臣の系統では、熊野新宮の鈴木氏が古代以来のいくつかの系図を伝え、そのなかに石見津和野藩主の亀井家が伝える『亀井家譜』（東大史料編纂所蔵）がある。一族の大売布命《おおめふ》の後裔は、東海道・関東などに広く残ったが、その流れから出た武蔵の児玉党の子孫が古代以来の系図を伝え、長門萩藩士の児玉氏や幕藩大名本荘氏に系図がある（中田憲信編『各家系譜』第六冊の「児玉氏系図」や『本荘家譜』など）。伊予の越智一族も同様である（『各家系譜』第五冊の「河野家譜」、『諸系譜』卌三の「河野系図」など）。中央官人の中原氏も大売布命の流れで、宮内省に提出した『押小路家譜』（東大史料編纂所蔵）には、氏祖饒速日命以来の系譜が記載される。因幡の宇倍神社社家に伝わった『因幡国伊福部臣古志』もある。

このほか、明治に系譜の収集・研究に精力的な活動をした鈴木真年・中田憲信関係の系譜史料のなかには、物部氏一族諸氏のかなり多数の系図が見える。ここでは詳細をあげるの控えるが（各関係個所では適宜、言及する）、鈴木真年が多くの物部氏関係系図を見て総括的な整理をしたものが、上記中田憲信編『諸系譜』の第一冊のなかに「物部大連十市部首系図」（以下、本書では「大連系図」という。明治中期頃に整理されたものか）として真年の自筆記載がある。真年直筆の「鈴木氏系図」も沼田文庫旧蔵（現・中田みのる氏蔵）にある。宇佐神宮神官の田部宿祢氏に関する「宇佐四姓系図」も『諸系譜』第十冊などに記載される。

今までのところ、これらが物部氏族についての古代部分に関する主要な系図であり、中世・近世の物部氏後裔諸氏（後裔と称する氏も含む）について管見に入ったもののほぼ全てである。これら系譜や所伝ではマチマチな個所もかなりあるので、記紀や『姓氏録』、各種文献資料などと比較検討しつつ、全体として整合性のある合理的な理解に努めなければならない。全国に分布するモノノベ氏にあっては、中央の物部連の流れとは別流・別系統もかなりあるし、系譜仮冒や訛伝の問題もあろう。この辺にも十分留意したい。

本書の流れや記事を理解していただくために、上記の物部氏部分等を踏まえて、奈良時代頃までの初期段階の物部氏について比較的通行する系図の概略（第1図。主に『姓氏家系大辞典』や天孫本紀に拠る）を先ずあげておく。この系図が物部氏の史実原型に近いということでは必ずしもなく、従来の認識の一応の目安で、本書で検討する叩き台であり、巻末では物部氏族を検討後の系譜（推定を含む試案。第２図）もあげることにしたい。

第１図　物部氏の概略系図

※主に「天孫本紀」に拠る。載順は兄弟順とは異なるものあり。「連」は省略。

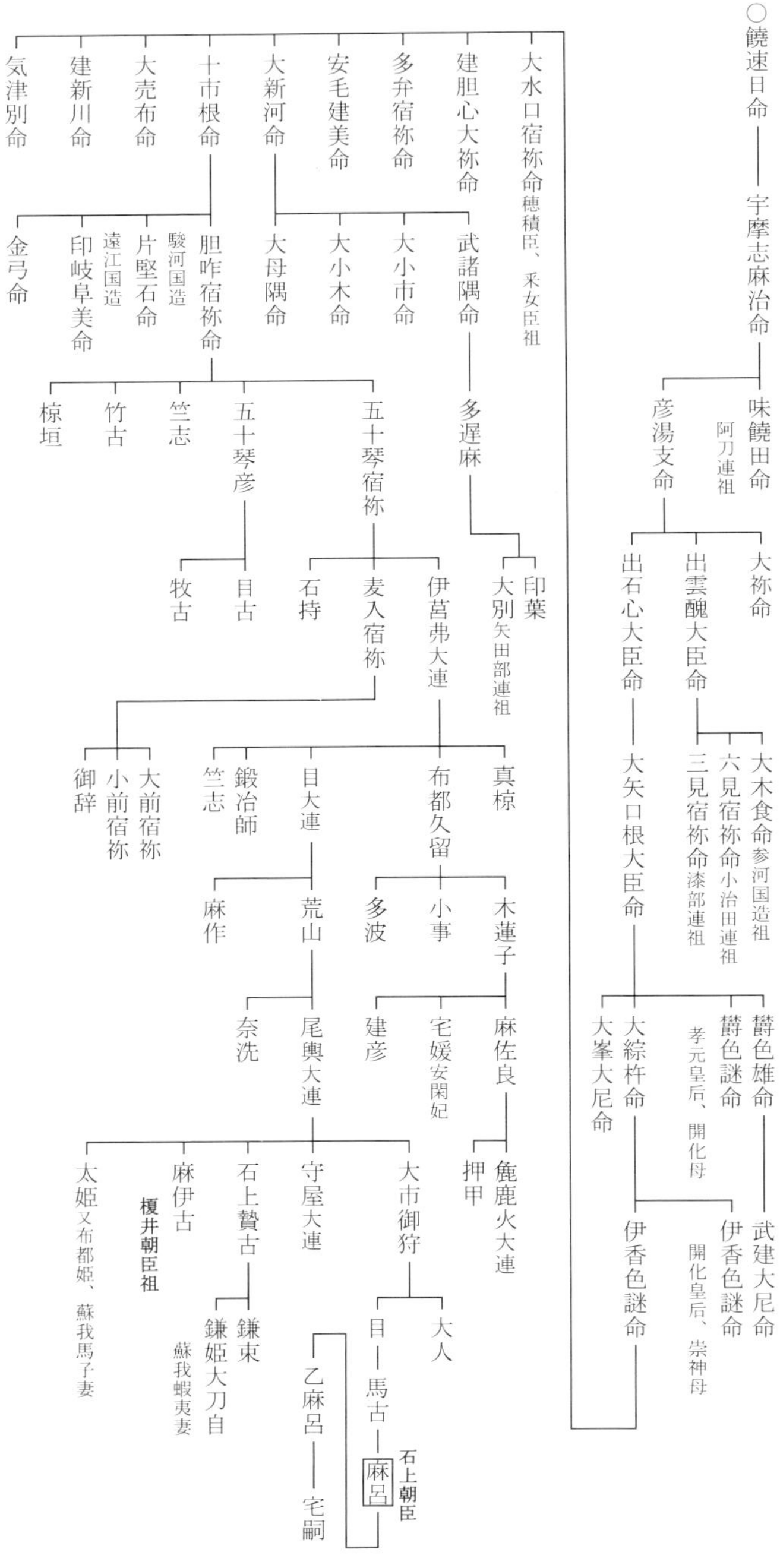

主な物部氏族の研究

物部氏一族・関係諸氏や祖神の饒速日命については、氏族研究の研究書（刊行本）や論考は、極めて多い。それらが、歴史専門家とは必ずしも言えない在野研究者たちからも多く取り上げられ著述されてきた特徴もある。それだけ、古代氏族のなかで皆から重視され大きな関心を持たれてきた。そうしたなかで、在野の原田常治氏（のちの婦人生活社の創立者で多彩な活動をした）の著作『古代日本正史』（一九七六年刊）がかなり大きな影響力をなぜか持っており、祭祀・種族系統からいってまるでありえない妄説、「三輪大物主神＝饒速日命」という同神説を鼓吹した（ほかにも、上古史についてはトンデモ説が多い）。この賛同者は現在でもかなりあるようで、これも含め、物部氏については俗説・妄説も含め様々な説が在野、学究ともどもにあって、多数の説が入り乱れ、百花斉放という状況である。

だから、以下にあげる研究書・論考も、これら物部氏研究の網羅的な掲載にはとてもならないし、そうはしていない（特定の研究者には関連する多くの個別の論考・研究があるが、全てをあげきれない）。ここに記載したからといって、本書で高評価したり参考にしたりするわけでも必ずしもない。この氏族検討に必要なのは、多種多様な資料を具体的に合理的総合的に整理して論じることであり、視野狭窄な思込みの仮説を展開することではない。

物部氏研究の管見に入った主なところでは、まず氏族研究でいうと、太田亮博士の『姓氏家系大辞典』のモノノベなどの関連各条、「石上神宮と物部氏族」（『國史と系譜』第四巻第七号）、『高良山史』（一九六二年刊）及び『日本古代史新研究』（一九二八年刊）や、佐伯有清氏の『新撰姓氏録の研究』

のモノノベ関係記事や『因幡国伊福部臣古志』の研究（『新撰姓氏録の研究　索引・論考編』など、いくつかの著作で検討）などがあり、氏族や祭祀などの個別の主な論考・著作としては、次のとおり（順不同）。

志田諄一氏の「物部連」（『古代氏族の性格と伝承』所収。一九七一年）及び「穂積氏の伝承について」（『茨城キリスト教大学紀要』六号所収。一九七二年）、鎌田純一氏の「大化以前の物部氏」（『歴史教育』九巻四号。一九六一年）及び「古代物部氏とその職掌」（『先代旧事本紀の研究』研究の部に所収、一九六二年。後に『奇書『先代旧事本紀』の謎をさぐる』にも所収）、上田正昭氏の「降臨伝承の考察」（『日本政治社会史研究 上』一九八四年刊。後に『上田正昭著作集 第四巻』にも所収）、横田健一氏の「物部氏祖先伝承の一考察」（『日本書紀研究』第八冊所収。一九七五年）、野田嶺志氏の「物部氏に関する基礎的考察」（『史林』五一の二。一九六八年）及び「検証・物部氏」（『古代の天皇と豪族』二〇一四年刊）など、田中卓氏の「第一次天孫降臨とニギハヤヒの命の東征」（『田中卓著作集1　日本国家の成立と諸氏族』所収）及び「仏教の受容をめぐって─物部氏と蘇我氏との関係」（『神道史研究』三五巻四号。一九八七年）、直木孝次郎氏の「物部連に関する二、三の考察」（『日本書紀研究』第二冊所収。一九六六年）、「石上と榎井」（『続日本紀研究』一一二所収。一九五四年）及び「物部連と物部」を含む『日本古代兵制史の研究』（一九六八年刊）、安井良三氏の「物部氏と仏教」（『日本書紀研究』第三冊所収。一九六八年）、黛弘道氏の「大伴氏と物部氏」（『古代日本の豪族』所収。一九八七年）、「物部氏と大王家の降臨伝承」（『ヤマト王権のあけぼの』所収。二〇〇三年）及び『物部・蘇我氏と古代王権』（一九九五年刊）、前川明久氏の「ヤマトタケル東征伝承の成立」（『日本古代氏族と王権の研究』所収。一九八六年）、亀井輝一郎氏の「大和川と物部氏」（『日本書紀研究 第九冊』所収。一九七六年）、「祭祀服属儀礼と物部連─穂積・采女臣との同祖関係の形成をめぐって―」（『古代史論集 上』所収。一九八八年）、「物部氏の興亡と北部九州」（『東アジアの古代文化』一一一号所収。二〇〇二年）、「物部公と物部臣」（『福岡教育大学紀要』第五七号。二〇〇八年）など、篠川賢氏の「物部氏の成立―「物部」のウジ名と「連」のカバネ―」（『東アジアの古代文化』九五号。一九九八年）及び『物部氏の研究』（二〇〇九年刊）、武谷久雄氏の「氏族伝承の習合」（『山口大学教育学部、研究論叢』六の一。一九五七年）、松前健氏の「石上神宮の祭神とその奉斎氏族」（『大和国家と神話伝承』所収。一九八六年）、井上辰雄氏の「邪霊鎮魂の司祭者―物部連」（歴史読本増刊『古代豪族総覧』一九九〇年三月号）、大和岩雄氏の「石上神宮―「フル」の神の実像とワニ氏・物部氏―」「磐船神社」「高良大社」（いずれも『神社と古代王権祭祀』に所収。二〇〇九年刊）、本位田菊志氏の「物部氏・物部の基盤についての試論」（『ヒストリア』七一号。一九七六年）、長家理行氏の「物部氏族伝承成立の背景」（『竜谷史壇』八一・八二号。一九八三年）及び「〝物部〟についての一考察―律令制下の史料を通じて」（『竜谷史壇』九九・一〇〇号。一九九二年）、肥後和男氏の「日本の貴族と豪族―物部氏―」（『歴史教育』十四の五。一九六六年）、日野昭氏の「蘇我氏と物部氏との抗争について」（『竜谷大学論叢』三五七号。一九五七年十二月）、木本好信氏の「石上氏の成立」などを収める『律令貴族と政争―藤原氏と石上氏をめぐって―』（二〇〇一年刊）及び『奈良時代の藤原氏と諸氏族―石川氏と石上氏―』（二〇〇四年刊）、高島正人氏の「奈良時代の石上朝臣氏」（『奈良時代諸氏族の研究』所収。一九八三年刊）及び「奈良時代の安刀氏」「奈良時代の今木氏」「奈良時代の榎井氏」（『立正史学』36・39・42）、黒田源次氏の「物部氏神攷（上・中・下）」（『神道史研究』2一一〜三。いずれも一九五四年）、長野一雄氏の「物部氏と出雲―古代豪族物部氏の動向」（『上代文献の出雲』二〇〇五年刊）、今井啓一氏の「近江国における物部氏族と二つの兵主神社」（『史迹と美術』三一九号。一九六一年）、生澤英太郎氏の「古代播磨における物部氏と鍛冶・製鉄技術者について」（『甲子園短期大学紀要』七。一九八七年)、加藤謙吉氏の『大和の豪族と渡来人—葛城・蘇我氏と大伴・物部氏』(二〇〇二年刊)、石上光太郎氏の『物部氏族の研究史料』(一九七八年刊)、など数多くある。

上記以外の単行本では、鳥越憲三郎氏の『大いなる邪馬台国』(一九七五年刊)及び『女王卑弥呼の国』(二〇〇二年刊)、守屋尚氏の『物部氏の盛衰とヤマト王権』(二〇〇九年刊)、畑井弘氏の『物部氏の伝承』(一九七七年刊)、谷川健一氏の『白鳥伝説』(一九八六年刊)及び『四天王寺の鷹—謎の秦氏と物部氏を追って—』(二〇〇六年刊)、安本美典氏の『古代物部氏と「先代旧事本紀」の謎』(二〇〇三年刊)など、戸矢学氏の『ニギハヤヒ—『先代旧事本紀』から探る物部氏の祖神』(二〇一一年刊)があり、古くは明治期の栗田寛の『栗里先生雑著　巻二』(物部氏纂記、尾張氏纂記、国造本紀考、を含む。一九〇一年刊、その後に復刻)がある。

このほか、加古樹一氏の『饒速日・物部氏の原像』(一九九二年刊)、神一行氏の『消された大王・饒速日』(二〇〇〇年刊)、関裕二氏の『消された王権・物部氏の謎』(一九九八年刊)及び『物部氏の正体』(二〇〇六年刊)などもある。

なお、『先代旧事本紀』とその諸本紀についても研究や著作・論考はかなり多いが、主なものとして鎌田純一氏の『先代旧事本紀の研究』(校本の部、研究の部。各々一九六〇年、一九六二年刊)や鎌田純一・上田正昭氏共著の『日本の神々—『先代旧事本紀』の復権』(二〇〇四年刊)、安本美典氏編著の『奇書『先代旧事本紀』の謎をさぐる』(二〇〇七年刊)、山田豊彦氏著『日本古代史の実像』(二〇一三年刊)をあげておいて、あとは省略する。

石上神宮の祭祀関係研究はかなりあるが、それが大神神社や三輪山に関連して取り上げられることが多いようで、弓場紀知子氏の「三輪と石上の祭祀遺跡」及び白井伊佐牟氏の「大神神社と石上神宮」（ともに『古代を考える　山辺の道』所収。一九九九年）、和田萃氏の編著で『大神と石上』（一九八八年刊）などがある。熊野神社関係では、宮地直一氏の『熊野三山の史的研究』（一九五四年刊）、篠原四郎氏の『熊野大社』（一九六九年刊、改訂版二〇〇一年）、宇井邦夫氏の『ウイウイエイ　熊野神社と宇井氏の系譜』（一九九三年刊）など数多いが、あとは省略。『式内社調査報告』（第二・三巻、京・畿内など）、『日本の神々』（4大和や1九州など）の関係記事など、各種神祇資料も参考になる。

このほか、個別の物部一族諸氏の研究でも、『古代越智氏の研究』（白石成二氏、二〇一〇年刊）など各種あるが、ここでは基本的には省略する。

（これら著作・論考の出版元・所収の書など詳細情報は、最近ではネット検索が可能であり、ここでは省略する。上記の年は、論考初出の年というよりは、主に所収本の刊行年を記した。最近では、インターネット上でも「天璽瑞宝」など物部氏や神祇祭祀の関係で充実したＨＰ記事が散見される）

以上の方々やここに掲名はしていない方々を含め、多くの研究者から様々な教示・示唆を受けてきた。このことに関し、それら学恩への深い謝意を予めあらわしておきたい。

物部氏と同族諸氏に関する問題点

物部氏については、多くの研究者が取り上げて論じてきたが、総じて言うと、私には疑問な結論になっているのが多い。その一因は、記紀などの文献を無視するか、あるいはその逆に「天孫本紀」の記事に拠りすぎるのではないか、ということがあげられる。同書を含む『旧事本紀』を偽書として斥ける気は、私には毛頭ないが、その書の編纂経緯からして単純に記事内容をそのまま信頼してよいものではないからである。

物部氏の始源が遠く神統譜まで絡むものでもあり、記紀の神話的な部分を簡単に史実性を否定しては問題が大きい。伝承はもちろん、地名や神名・人名などについても、記事を素朴に受けとりすぎる傾向が研究者に見られるが、そうすると、かえって混乱して誤解を生じかねない。理解が及ばないこと・不明なことを、後世の造作・創出だと逃げ込んだり、切り捨ててはならない。津田史学の観点から論じて、古い部分や神話的な性格のものは端から切り捨てたり、自らが理解不能なことをさほどの論拠なしに「造作」と断じればそれでよいとわけではない。津田博士亜流の造作論あるいは反映説という観念論では、物部氏族の総合的な実態解明には役に立たず、『旧事本紀』の偏重にも大きな問題がある。

物部氏族系統の本来の本宗はどれかと考え、かつ、氏族が物部を名乗るようになってからも、その本宗家に変遷がなかったか、一族にどのような諸氏・職掌があったのか、などの問題は、上古史解明の観点からは的確に整理されるべき重要な点である。学究がなぜか好きな用語である「擬制的血縁関係」という事情が成り立つ例が、物部氏において実際にあるのだろうか、という問題意識もある。物部氏には同族諸氏や隷属部民が全国的にきわめて多いから、それら全てが実際の男系血筋でつながることは確かに考え難いが、たんなる系譜附合ないし個別の系譜仮冒ではないのかという疑問である。物部氏は、遠祖が神々の時代に及ぶのに上古部分が切り捨てられたり、漫然と様々な誤解を受けたりしながら、把握されてきた（邪馬台国所在地問題と同様、学究・在野を問わず、いわゆるトンデモ説も多い）。

これらのうち主な問題を以下に順不同で列挙する。そのなかで特に難解なものの一つが、「天孫本紀」も含め物部氏系譜の原型探索である。この関係では、上古の人・神で同一の者が複数の異なる名で諸書・諸地域に登場するという同人異名の問題がとくに大きい。これを的確に把握しなければ、天孫本紀系譜の問題は解決しない。関連して、『旧事本紀』の史料価値問題や編纂者は誰だったのかという難問もある。このほか、列挙される問題点は多く、多少の内容重複もあるが、次ぎにかかげておく。これら問題点をどこまで解明できるかというのが本書の課題である。

○物部氏祖系となる神統譜はどのようなものか。物部氏の氏祖神とされる饒速日命は初期皇統とどのような関係か。饒速日命と天火明命は同神か。饒速日命は瓊瓊杵尊の兄か。
○物部氏は神武の前の大和の統治者か（神武に大王位を禅譲したという見方は妥当か）。神武東遷より前に、大和に物部氏主体の「原始王国」があったのか。
○大物主神と饒速日命とは同神か。磯城県主は物部同族か。三輪山祭祀に関与したか。
○「物部」の意味はなにか。「モノ」に霊魂の意味があるとの見方は妥当か。
○石上神宮の祭神はどのようなものか。
○熊野大神・白山神と物部氏との関係はどうか。一族祭祀の神々はどのようなものか。
○物部氏一族は日本列島にどのように分布するか。その分布の契機は何か。
○物部氏の先祖集団の大和への東遷はあったのか、東遷の場合の時期や故地はどこか。出雲や吉備との関係はどうか、移遷の経由地にこれらの地があったか。
○物部氏の成立はいつ頃か。その職掌は何だったのか。
○物部氏はどこが本拠であったのか（大和か、河内か）。大和での主要拠点はどこか。
○物部氏と穂積氏との関係はどうなのか。同族としたら、どちらが本宗なのか。

○神武東征時に対応した物部氏の祖は、誰か。その者の事績はどのようなものか。
○物部氏族と同族は神武王統・崇神王統の時代に后妃を出したのか。どのような背景がその后妃を出す事情にあったか。
○物部氏一族と称したなかに、「擬制的血縁関係」をもつ氏、系譜仮冒の氏があるのか。
○物部氏族出自とされる諸国造の系譜には問題がないか。「国造本紀」の物部氏とその関連記事の相互チェックということでもある。
○実質的に氏祖的な存在の十市根命はどのような出自か。
○景行天皇の東国巡狩に随行したという大売布命の位置づけはどうか。
○ほかに、大和王権の内征・外征に従った物部氏一族があったか。韓地での物部一族の活動はどうだったのか。
○応神王統のいくつかの内乱・事件などでは、物部氏一族はどのように動いたのか。
○欽明朝以降の崇仏論争などでの、物部氏一族の動向はどのようなものか。
○物部氏が大伴氏とともに占めた「大連」の地位はどうか（大和王権の最高執政官か）。物部氏から大連に任じたのは誰か。
○物部氏一族の古墳・墳墓、奉斎の神社や氏寺には何があったか。
○『先代旧事本紀』の史料価値をどうみるか。その編纂者は誰で、物部一族にいたのか。平安前期に活動した物部一族の学究関係者には誰がいたのか。
○「天孫本紀」に伝える物部氏の系図において、問題個所はないか。とくに断絶ないし不明部分はないのか。共に掲載の尾張氏は本当に物部同族で、饒速日命後裔だったか。

○石上氏は物部氏の嫡宗か、滅ぼされた守屋大連との関係はどうか。
○全国各地の「物部」との同族関係はどうだったのか。筑後等の物部君氏との関係はどうか。「物部□□連」は擬制血縁の氏族なのか。
○道鏡など弓削御浄朝臣一族の系譜はどうか。弓削連の系譜はどうだったのか。
○早くに分かれて「物部」を名乗らない同族はあったか。その場合、これら同族諸氏はいつ発生して、物部氏との関係はどうだったのか。物部氏の実際の始祖は誰か。
○物部氏配下の「□□物部」には、どのようなものがあり、その系譜・部族は分かるのか。
○中世・近世の物部氏一族の動向はどうか。有力武家として活動したものはあったか。
○中世の寺鐘鋳造などで見える物部氏関係者はどのような流れか。
○物部氏と同族に広く見られる特有の祭祀・習俗や技術はどのようなものか。

二　物部氏の起源と大化前代までの動向

物部氏が祖神を饒速日命とする系譜は、同神の実在性はともかく、これまで基本的に信頼されてきている。だからといって、「天孫本紀」に記載される物部氏系譜がそのまま信頼してよいわけでは決してない（尾張氏系譜の記事から見ても、これは言える）。同書と『姓氏録』の物部氏関係記事と照らし合わせて考えると、両書における相違がかなりある。それら相違点をどのように考えて、この系譜の原型を探っていくかの問題である。

饒速日命以降の系譜についていえば、崇神前代の問題も大きな意味があるが、そのうち、物部氏が現実的な歩みを始める崇神朝ないし垂仁朝以降の一族の動向を先に見ていく。

十市根命の登場

戦後の古代史学界では、主流をなしてきた津田学説のもとで、記紀の記事の大半が造作とか系譜の「血族擬制」とかということで、予め否定されるところから古代史研究が始まった。それでも崇神朝以降は、現実的な歴史としてとらえる見方が学界でも強くある。井上光貞氏の研究で、応神天皇・葛城襲津彦の時代以降では実在性を考える立場が強まった。その前におかれる成務・仲哀の両天皇（大王）の実在性を否定する立場にあっても、崇神・垂仁ないし景行といった二、三の天皇の存在を認める立場もかなり見られる。

崇神以降の実在性を認めるという見方は、古代史の展開がこの辺から具体的になるということに因り、『記・紀』の記事からも、論理的には簡単に否定できない。こうした時代にあって、「物部」としての氏祖的な位置にあるのが十市根命である。この者から以降の物部氏の動向は、とくに具体的な合理性を欠くなどの問題がないかぎり、史実に基づく可能性があるものとして、具体的に細部にわたる検討をする対象となろう（ちなみに、実年代として崇神朝をどのような時期に当てるかの問題であるが、『古事記』の崩年干支を踏まえて崇神崩御を西暦三一八年とする見方は合理的な根拠を欠く。拙見は『神武東征」の原像』で具体的な論拠を示したが、崇神の治世時期を三一五～三三二年頃とみている。ほかに具体的な年代推計を示される安本美典氏の見方は、治世が三四二～三五七年頃の模様であるが、これでは一世代分ほど、時期が遅すぎる）。

氏の名としての「物部」の初見は、『書紀』垂仁天皇段に見える十千根とされる。垂仁二五年条に物部連の遠祖十千根が見え、大伴連の遠祖武日らとともに、朝廷の五大夫として祭祀を怠らぬよう天皇が指示したとある。この時の五大夫として、阿倍臣・和珥臣・中臣連・物部連・大伴連の遠祖の名があがる。この記事を後世の造作として否定的な見方もあるが、根拠が薄弱である。だいたいが、人名や事績を簡単に造作できるはずがない。継体紀九年条に引かれる「百済本紀」に「物部至至《ちち》連」が見えるとして、この頃まで物部の成立を引き下げるのは、外国系の文献に依拠しすぎの議論であろう。

翌垂仁二六年には、物部十千根連は出雲で神宝を検校《けんぎょう》した（点検することの意）、とされ、ここで初めて、「物部連の祖」という表現が消える。同朝の八七年には石上神宮の神宝管理を委された。垂仁天皇の皇子・五十瓊敷《いにしき》入彦命が剣一千口を作り石上神宮に納めて管理したが、これを妹・大中姫命に託し、大中姫命は更に物部十千根大連に託して、これ以後は物部氏が石上神宮の神宝を管理した、とされる（『書紀』）。

十千根は、「天孫本紀」では十市根命と表記され、饒速日命の七世孫の人々のなかにあげる。『姓氏録』でも止智尼大連、十千尼大連と表示されて（和泉神別の若桜部造条、同安幕首条）、同じく饒速日命の七世孫とされる。同書では、垂仁朝に物部連の姓を賜り、五大夫の一人で、大連となって石上神宮を奉斎したこと、出雲に派遣されて神宝を検校したことや、大中姫の後をうけて石上の神宝を天之神庫で管理したという記事（『書紀』と同じ）も見える。一族の武諸隅の娘・時姫を娶り、胆咋・印岐美・金弓など五男を生むとも見える。これらの記事については、「大連」の職や連というカバネは後世のものだから、この当時の称としては疑問であり（ここでの大連は美称）、武諸隅の娘が妻（「時姫」の名もおかしい）というのも世代的に不都合がある。ともあれ、この者の時代に物部が名乗られたという伝承には留意される。崇神天皇の時期に畿内を中心に日本列島にヤマト王権（以下は、「大和王権」と記す）が確立されたのなら、その頃に国家組織の部門を担う伴造ができて不思議ではない。物部は、先ず必要な部の一つであった。

十市根命の父母については、伊香色雄命が山代《やましろ》県主祖、長溝の娘・真木姫を妻として二児（建胆《たけい》心《こり》大祢、多弁宿祢）を生み、その姉妹の荒姫を妻として二男（安毛建美、大新河）、更にその妹の玉手姫を妻として二男（十市根・建新川）を生んだと「天孫本紀」に見える。このうち、大新河と建新川とは、名前の類似や子孫の志紀県主が共通という事情もあって同人の可能性が大きい（そうすると、

「荒姫＝玉手姫」という可能性もあるか）。

物部系統の分岐と「物部」の意味

物部の系統は、「天孫本紀」では「大綜杵命《おおへそき》―伊香色雄命《いかがしこお》―十市根命」と続いたとされ、この辺の系譜は、他に伝えるところでも異伝はない。十市根の祖父の大綜杵命の世代に、穂積氏から物部氏が分岐したことになる。

伊香色雄命は、『書紀』崇神紀には、その七年八月に物部連の祖として現れる。大物主神祭祀に関してこの者を「神班物者《かみのものあかつひと》」とする卜占があり、同年十一月に祭神物（八十平瓮＝神聖な平たい土器）を作ったと見える。これが、大田田根子の奉斎などと相まって作用し、そのとき流行っていた疫病が鎮まり国内が静謐になったとされる。伊香色雄が率いる物部八十手が作った幣帛により、大物主神と倭大国魂神を祀るというから、「物部」のモノには霊魂や物の怪などの意を含むとしても、もとは「神物」等の物を製作する部民でもあった。鈴木真年も、「物部」が「品物ヲ作ル也」と記している（『史略名称訓義』）。

物部氏同族には、鍛冶関係部族が多いから、金属による兵器の生産や管理にかかわった。その職掌の範囲は次第に広がり、王権の軍事・警察・祭祀などをつかさどる「物部八十伴雄」を配下として一族の勢力を拡大させた。

崇神朝の伊香色雄命は、『姓氏録』の物部氏系統では、氏の祖として最多で名があがる。

同書に拠ると、記事が疑問な穂積臣系統らしき臣姓四氏（内田臣・額田臣・田々内臣・釆女臣〔一に連〕）及び阿刀連を除くと、矢田部連・矢集連・物部肩野連・柏原連・佐為連・葛野連・登美連・水取連・

猪名部造（以上は左京神別）、巫部宿祢・箭集《やつめ》宿祢・水取連・小治田連・曽祢連・肩野連（以上は右京神別）、宇治宿祢・佐為宿祢・宇治山守連・奈癸私《なきさい》造・奈癸勝（以上は山城神別）、真神田首・長谷山直（以上は大和神別）、若湯坐《わかゆえ》宿祢・巫部宿祢・物部韓国連・矢田部造・佐夜部《さやべ》首（以上は摂津神別）、宇治部連・矢田部首・物部飛鳥・津門首（以上は河内神別）、韓国連・宇遅部連・巫部連・曽祢連・物部・網部・衣縫（以上は和泉神別）及び尋来津《ひろきつ》首・物部・椋椅部《くらはしべ》連（以上は未定雑姓右京）という合計四一氏である。これらで、『姓氏録』全体の物部氏族の三分の一強を占める。ほかに名があげられる者も多くが伊香色雄の後裔となる（特に七世孫以降の者を先祖とする氏の全てで十八氏）。だから、こうした意味で、物部氏は饒速日命の六世孫の伊香色雄命に実質的に始まる。

「物部」とか「物部八十手」という『書紀』の表現が何時のころからかは不明であるが、物部氏族が兵器・祭器など多くの物品製造にあたったことが考えられ、上記の諸氏からも矢の製造、木工・水や巫部などの管掌が知られる。「物」と「水」とは、韓国語の音では同じという示唆もある。祭祀関係では、中臣熊凝《くまこり》連など「中臣」を冠する氏が物部一族に見える。「物部神社」等の各地の分布やその由縁などから考えると、全体的な部民制の成立以降に物部氏が成立したという見方（直木孝次郎氏など）もあるが、それよりも「物部」という語が先にあった可能性も一概に否定できない。氏や部族の成立はまた別でもある。

景行天皇の九州巡狩《じゅんしゅ》（大王の地方巡視の意）の記事が『書紀』景行十二年十月条に見え、豊後国直入郡で「志我神・直入物部神・直入中臣神の三神」を祀ったとある。この三神は今に残るが、直入物部神は現・籾山《もみやま》八幡社（大分県竹田市直入町長湯に鎮座）とされる。当地豊後の氏族分布から見ると、景行の祭祀は、抽象的に海神及び政治（軍事）・祭祀の神を奉斎したものであろう。豊後山奥の直入郡が物部氏や中臣氏の縁由・淵源の地だとみることは疑問であるが、「物部・中臣」という語がこの時点で既にあったとみてよい。

景行の東国巡狩と火鑽《ひき》り

伊香色雄の子で、十市根命の兄弟とされる大売布《おおめふ》命の事績は、記紀に見えないが、重要である。『高橋氏文』には、若湯坐《わかゆえ》連等の始祖物部意富売布連と見える。大売布は、その子の豊日連（大伴造の祖と同書註に記）とともに景行天皇の東国巡狩に随行したと記される。阿倍氏族の膳臣氏系統が伝える史料だから、とくに物部氏におもねたものではないことに留意される。ましてや、記紀、『姓氏録』等の他書に見えない豊日連まで同氏文に記されるから、これらや所伝が膳臣・高橋朝臣氏によって造作されたと言えるはずはない

『高橋氏文』はあまり知られた史料ではないから、まず簡単に紹介しておくと、宮内省内膳司に仕えた高橋朝臣氏が、同じ職掌の安曇宿祢氏と、神事御膳の行立の先後をめぐって争ったときに、その出自する膳臣の祖・磐鹿六鴈《いわかむつかり》命が景行天皇に奉仕して以来の自家の由来を述べて、高橋氏の優位を主張する。延暦八年（七八九）に上申した家記が原本であって、これに高橋氏の優位を認めた同十一年（七九二）の太政官符を付加したものと考えられている。現在は完本は伝わらず、その逸文が『本朝月令』『政事要略』などに見え、伴信友が天保十三年（一八四二）に自序の『高橋氏文考註』にまとめている。

豊日連は、十市部首・中原朝臣とつながる系にも、大部《おおとも》造・有道宿祢・武蔵児玉党とつながる系にあっても、先祖にあげられる。しかも、天皇への食膳調理にあたり「忌火《いみび》を鑽《き》り出す」（木を擦り

合わせて神聖で清浄な火を起こす）という重要な役割を担って登場する。このことは、出雲国造家に伝わる重要神事「火鑽《ひきり》神事」にも通じ、物部氏及び出雲国造家が火を用いる鍛冶部族の出という証にもなる。こうした記事が第三者たる膳臣氏のほうに伝えられるのだから、物部関係記事の造作はまず考えられない。

忌火（斎火）と「火鑽神事」についてもう少し触れると、物忌を経た者が清浄な火を火鑽りで起こして、神様や尊貴者への供物の煮炊きなどの神事に用いられてきた。宮中や伊勢神宮などの重要な祭にあたり、忌火が新しく鑽り出されるが、他の神社においても鑽火神事として行われた。伊勢神宮には火を鑽り出す忌火屋殿があり、宮中でも大嘗祭・神嘗祭の御膳は忌火による調理がなされる（『神道大辞典』など）。出雲大社では毎年十一月下旬の古伝新嘗祭の際には、全ての食事が熊野大社（出雲）から授かる忌火で調理される。ほかの神社でも、富士山本宮浅間大社（駿河国造関連）や武蔵の金鑽《かなさな》神社、上野の貫前《ぬきさき》神社で、火鑽祭（鑽火祭）が行われる。大和の往馬《いこま》大社でも火鑽り関連の伝承がある。

鑽火の記事初見は、出雲の大国主神への饗膳のときに、櫛八玉命が膳夫《かしわで》（料理人）となって燧臼《ひうち》・燧杵で火を鑽り出して神饌を炊いだと『古事記』に見える。櫛八玉命とは、出雲国造の祖の伊佐我《いさが》命のことであり、氷川社家に伝わる「角井系図」にその弟と見える櫛玉命こそ、その実体が饒速日命であった（この辺は更に後述）。こうして見ると、饒速日命の妻神の名が「御炊屋姫《みかしぎや》」（三炊屋媛）というのも、神事の巫女として意味深い。

石上神宮では、石上宅嗣《やかつぐ》の族裔となる物部綱直が十世紀後葉頃に忌火《いんび》職につき、この系統ではそれ以降五世代ほどにわたって忌火職についたと見える（『諸系譜』第十六冊の物部朝臣系図）。その後、戦国時代後期頃には、同じ一族の森氏が代々、忌火職（長官職）を世襲するようになり、江戸時代末まで神官物部氏の本宗とされた。同社宮司の代替わりには忌火による「火成り神事」が行われる。出雲大社でも世襲の別火職《べっか》があり、新出雲国造の襲職の儀式として火継ぎ神事（神火相続式）が鑽火殿で行われてきた。出雲国造に何かしらの事故があると、別火職が国造に代わって祭務を担う慣例もあった。

大売布命の東国巡狩随行

大売布命については、「天孫本紀」では大咩布が垂仁天皇に侍臣として仕え、若湯坐《わかゆえ》連等の祖と記されるくらいである。『姓氏録』でも、大売布が山城神別の真髪部造の祖（その次に記載の今木連が真髪部造の一族かは判断しがたいが）、和泉神別の志貴《しき》県主の祖とだけ見える。この程度の記事だから、後世まで続く物部氏の一員としては、さほど重要な人物とは思われない。ところが、仔細に検討してみると、その占める比重が大きくなる。

それは、大和の志紀県主や東海地方から関東にかけての地域の物部氏系の諸国造が、多くは大売布命の後裔とみられることにある。『旧事本紀』の諸本紀や『姓氏録』の記事等では、大売布命ないしはその兄弟という大新川命・十市根命の子孫と伝えるのが、これら地域の諸国造及び諸氏である。この辺りの系譜について精査してみると、異名の同人などで系譜に多くの混乱があり、実際には殆どが大売布の後とみられる。

その契機となる景行巡狩は、倭建死去の十年ほど後になされた（『書紀』景行五三年紀条。倭建命死去後との間隔は実年代ではもっと短い）。景行天皇は皇子の倭建を偲んで、その平定した東国の国々を房総や常陸南部あたりまで巡狩したという。『記』では端的には「巡狩」が見えないが、景行が「東《あづま》の淡《あわ》水門を定めた」「膳の大伴部を定めた」と見える記事は、東国巡狩の中味に当るから記紀共通となり、景行巡狩のあったことは否定しがたい。関連する記事が記紀ばかりではなく、『常陸国風土記』信太・行方郡条や『高橋氏文』にも見える。大王巡狩の目的も、亡き皇子を偲ぶという感傷的なものではなく、東国における王権の確立が実態であった。

　物部氏族から出た諸国の国造家は、「国造本紀」に拠ると、熊野国造（紀伊国牟婁郡熊野）、参河国造（三河）、遠淡海国造（遠江）、久努《くの》国造（遠江国山名郡久努郷）、珠流河《するが》国造（駿河）、久自《くじ》国造（常陸国久慈郡）、三野後国造（美濃東部）、及び四国の小市《おち》国造（伊予国越智郡）、風速国造（伊予国風早郡）、九州の末羅国造（肥前国松浦郡）と合計で十国造あって、相当多い。かつ、美濃から東海道さらに関東にかけての地域に合計で六国造もあって、集中する。

　なお、「国造本紀」に見える松津国造については、「杵肆国造」の誤記かとみる見方もあるが（その場合、肥前国基肄《きい》郡の意か）、松浦国造と記す一本もある。同書には重複掲上例がかなりあることからも、二つの文字の字形や物部・穂積氏族の肥前到来事情なども考慮し、次ぎに続く記載の末羅国造と同じものとみるのが自然である。伊豆国造も、一本に「物部連祖天蕤桙《ぬほこ》命（天御桙命）」と見えるが、これは「服部連祖」の誤記である（伊豆国造は、物部氏族とも密接近縁な関係にあり、祖の天御桙命が饒速日命の従兄弟くらいの同族か。「伊福部系譜」では饒速日命の祖父〔この辺り先祖の記載が重複で見える〕の位置に天御桙命を記すうえに、大和国山辺郡では穂積郷・石上郷と接して服部郷が位置した。その近隣、城下郡にも服部一族が居住した）。

　ちなみに、国造設置の時期としては、六世紀前葉の磐井の乱の結果として、その平定後に、大和王権が北九州に国造制を導入したとする見解もあり（篠川賢、舘野和巳、水谷千秋などの諸氏で、近年の多数説らしい）、このことから国造制設置が六世紀代とする主張もある。乱当事者の磐井の肩書きについては、記紀に筑紫君か、筑紫国造と表記があって、必ずしも国造と記さない事情などによるものだが、「君」は諸国の国造級大族に与えられたカバネであり、筑紫国造と明記されずとも、磐井は筑紫国造であった（磐井がかつて朝廷で伴として勤務した事情も記されており、畿内の王権から独立した存在ではありえない）。「国造本紀」の各項記事は、疑問な点も少なくなく、個別には具体的な検討を要するものもあるが、これら国造の設置時期の記事を全て否定することに、具体的合理的な論拠がまったくない。六世紀代に国造設置という見方にあっては、いったいどの天皇のときに、各地の諸国造として誰を国造に任じたというのだろうか。崇神朝ないし応神朝に、日本列島のなかで大和王権が確立していたのなら、地方組織として国造や県主（ないしそれらに相当する地方諸官）が置かれるのは自然である（大和王権の組織・諸官、部・カバネ等の成立時期を、記紀などの記載時期よりも遅らせる見方が、科学的な歴史観になるわけではない。戦後の津田史学影響下の古代史学における時期繰下げ論は、勘違いが甚だしく、具体的な根拠に欠ける傾向もある）。

以上に見るように、東海道に多く分布する物部氏系の諸国造（珠流河〔駿河〕、遠淡海〔遠江〕、久努）は、それらの祖先が、景行巡狩に随行の大売布から出た可能性が大きい。そして、珠流河国造と四国伊予の小市国造も関係が深く、志貴県主・遠淡海国造と伊予の風速国造とも同様であろう。そうすると、久自国造も含め合計六国造が大売布系になり、これが、大売布の東国巡狩随行の意義であろう。この根拠は、次項以下にも記す。

東海道に分布する物部氏一族

「国造本紀」の物部系国造の分布について、藤原明氏は『日本の偽書』で疑問を呈する。氏は、物部系国造の大半が尾張氏の属する東海地方に濃密な分布を示すのは重大な不審点とするが、何故に「重大な不審」なのだろうか。静岡県（駿遠豆）及び愛知県東部（参河）におかれた七ないし八の国造のうち、四国造（参河、遠淡海、久努、駿河）が物部系とされるが、これはとくに異とするところではない（よく誤解されるが、伊豆国造は少彦名神後裔で服部同族であって、饒速日命の後裔ではないし、物部氏系諸国造は三遠式銅鐸とも無関係で時期が異なる）。

これは、景行巡狩に随行した物部一族の子弟がこの地域に配置された結果である。具体的な記事から根拠づけると、「天孫本紀」に大新河命の子にあげる四男子が鍵となる。同書には、四子を武諸隅、大小市、大小木、大母隅《もろすみ》とするが、『書紀』崇神紀の記事から「武諸隅＝大母隅（矢集連の祖）」と分かる（「モロスミ」が共通で、武・大はともに美称）。

大小市は伊予の小市国造の祖とされるが、ヲチ関係は駿河から信濃にかけての地域に関連し、越智神社は信濃国高井郡に式内社として鎮座する。珠流河（駿河）国造の祖とされる片堅石《かたかたし》は、同世代の大小市と同人とみられる。片堅石は、「天孫本紀」には十市根命の子とされるが、「国造本紀」珠流河国造条には「大新川命の児、片堅石命」と記され、後者のほうが正しい記事だとみられる。

次ぎに、「天孫本紀」では、大小木を「佐夜部直・久努直等の祖」とし、片堅石の弟の印岐美が同様に「志紀県主・遠江国造・久努直・佐夜直等の祖」とするから、「大小木＝印岐美」とみられる。「国造本紀」久努国造条には「伊香色男命の孫、印播《いんば》足尼を仲哀朝に定めた」と見えるが、同書の遠淡海国造条の「伊香色雄命の児、印岐美命を成務朝に定めた」という記事に関連し、地域的に見ても、久努国が遠江国山名郡久努郷を本拠とし、佐夜も同国佐野郡に因むから、印岐美の子が印播と推される。そして、印播は同訓の印葉（武諸隅の孫）と同人とみられる。その弟として「天孫本紀」に見える伊与は、風早国造の祖の阿佐利と同人であった（「大連系図」。伊与は伊予遷住に因む通称か）。

志紀県主を共に後裔にする点で、「大新河＝大売布」という同人にもなる。『大和志料』では、かつて十市郡内に新河邑の地名があったとする。十千根すなわち十市根は十市郡の地名に由来とみられ、その兄弟の大新河・建新川（両者は同人）も十市の地に縁があった。建新川命の娘の通婚関係にも留意される。というのは、武内宿祢の子にあげられる波多八代宿祢は、蘇我臣祖の石川宿祢と同母で、「物部連祖建新川命の娘・大矢刀自」と系図に伝えるが、これはほぼ正説に近い模様である。そうした場合、これら蘇我・波多両氏の先祖は、世代対応を考えると、応神朝頃から活動したこともうかがわれる。

遠淡海国造について、藤原明氏が、『古事記』では「物部と無関係の天穂日命の後裔とされていた遠淡海国造が物部の系に取り込まれているという問題さえある」と記すが、これも氏の誤解である。どうして『古事記』の記事のほうが正しいと判断したのかが、まず疑問である。もっとも、実際には、出雲国造家は天穂日命の後裔ではないし（あるいは、「天穂日命＝天若日子（天津彦根命）」）、物部連は出雲国造家と同祖関係という事情にある。

さらに、幾つかの留意点もある。例えば、矢集連の起源の候補地が駿河国駿河郡矢集郷で、珠流河国造の本拠地のなかにあり（美濃国可児郡にも矢集郷あり）、駿河府中（静岡市）の惣社神主家が志貴、惣社という苗字で、志紀県主姓とされることや、久努国造領域には矢田部の地名が潮海寺（小笠郡菊川町）の東南にあったこと等の事情もある。

高尾山古墳と穂見神社

これら東国の物部氏の初期中心地は駿河国駿河郷（現・沼津市大岡付近とするのが、『沼津市誌』『静岡県の地名』）とみられる。大字大岡の西北近隣の沼津市東熊堂で最近見つかった高尾山古墳（墳長六二メートル余の前方後方墳）が大売布命の墳墓と推される。都市計画道路の建設予定地であり、これまでの発掘調査からは東国最古級の古墳とされる。

その墳頂には、もとは熊野神社と高尾山穂見神社の二社が鎮座しており、木棺直葬のなかに大量の水銀朱や破砕鏡（獣帯鏡）一面、鉄槍・鉄鏃という副葬品があった。沼津市教育委などでは、出土の土器（濃尾平野の土器型式。周濠内から廻間Ⅱ、Ⅲ式）や鉄鏃などから三世紀前半の築造とみるが、総じて年代遡上傾向の考古年代観に拠るもので、実際には百年ほど繰り下げることが必要である。この一帯、愛鷹山の東南麓では弥生後期から古墳時代初期にかけての大規模な集落遺跡（足高尾遺跡群）が知られ、被葬者はそのあたりの首長（族長）として、「スルガ（珠

高尾山古墳（静岡県沼津市）

流河）地域の王」ともされるが、「王」はともかく、この辺の見方には賛意を表しうる。すなわち、珠流河国造の先祖とみるわけでもある。

高尾山古墳の墳頂部・周濠からは葬祭用の大廓《おおくるわ》式土器Ⅰ～Ⅳ式も出た。同墳西北近隣の大廓遺跡（同市柳沢大廓）を標識遺跡とする古墳時代前期の同種土器で、これが房総では八個所ほどで出ており、更に広く武蔵や東北地方南部にまで拡散している事情もある。

大和では、物部氏の本拠に列島最大の前方後方墳たる西山古墳があり、垂仁朝頃の十市根の墳墓とみられるから（後述）、その弟で垂仁・景行朝に活動が見える大売布の墳墓形式として符合する。物部氏の一族・同族による熊野神祭祀の例は多く（熊野や出雲などで記述）、「穂見」は当地ではホヅミと訓み、穂積に通じる。穂見神社は、駿河から甲斐・信濃にかけての地域に十余社の同名社が分布する（甲信ではホミと訓み、保食神〔倉稲魂命〕の祭祀が多いが、他地でも富士川上流域にある甲斐国巨麻郡式内社〔南アルプス市高尾に鎮座の神社に比定〕の例などで高尾の地名と関連し、多くが甲斐高尾から分祀というが、氏族の分布や祭神とされる保食神〔浅間宮の祭神の原型とみられる〕からみて、沼津のほうに遠い源流があったのかもしれない）。

こうした諸事情から見ると、大売布や大新河からみの話は、『旧事本紀』が編纂された時点など、後世になって新たに造作されるはずがない。各々が史実に原型をもつ古い伝承に拠るとするのが自然である。「天孫本紀」と「国造本紀」との記事の齟齬からいって、『旧事本紀』の成立過程には何人かの手がバラバラに入っていることも窺われる。

久自国造と武蔵の児玉党

景行巡狩に随行した意富売布《おおめふ》の子で、大伴造の祖・豊日連は、常陸国北西部の久慈川流域一帯を領域とした久自国造の祖である。「国造本紀」には、成務朝に伊香色雄命の三世孫の船瀬足尼が久自国造に定められたと記され、豊日連の子として世代数も符合する。初代船瀬足尼の活動時期としては、応神天皇の時代が主であろう。

同国造一族はその後も火鑽《ひき》りに関連する膳《かしわで》大伴部として朝廷に奉仕し、大伴造《おおとも》（大部造）・大部首、有道宿祢や真髪部造などの諸氏を出した。なお、学究はなぜか「大部《おおとも》」を字体の似通った「丈部《はせつかべ》」と誤解しがちであるが、同国造の姓氏は、職掌の膳大伴部に由来し大伴造とも書かれるように大部造であった。

久自国造の氏神は、茨城県常陸太田市天神林町の式内社・稲村神社であり、その祭神は饒速日命及び神世七代とされる。当社の近くに佐竹寺があり、久慈郡佐竹郷の中心地で、後の清和源氏佐竹氏の起源の地でもあった。佐竹の名は、天物部二五部の狭竹《さたけ》物部に由来するというから、久自国造の先祖に従って当地に来住したものか（狭竹物部は、大和国城下郡の狭竹や筑前国鞍手郡粥田郷小竹にも同族が居住したかといわれる）。

隣の日立市水木町には、久慈郡の式内社、天速玉姫命神社があって、別名が泉神社（泉大明神）で、その由来は、崇神四十九年に久自国造の船瀬宿祢の奉請で、伊香色雄命をここに鎮祭したという。戦国時代後期の享禄三年（一五三〇）には、佐竹義篤が社殿を造営した。神社名からすれば、祭神は熊野速玉神の妻神とみられ、「天太玉命の后神、天比理刀咩命」という見方は妥当かもしれない。創祀時期も疑問だが、物部氏祖神ではあった。

久自国造の末流となるのが、平安後期になって武蔵北部に遷住し、そこで繁衍した児玉党（本姓は有道宿祢）である。武蔵七党の一つ、児玉党の系統では多くの中小武家を出し、源平争乱期にはその動きが多く見える。これらのうち、武蔵に残った氏も、畿内に遷して幕藩大名本荘氏となった流れも、防長に行き毛利家に仕えた流れでも、上古以来の系譜をほぼ同様に伝える。児玉党の諸氏のなかには、北家藤原伊周《これちか》の後とする系譜も仮冒した。

久自国造に関係する墳墓が常陸太田市の梵天山古墳群（同市島町）である。同古墳群は久慈川に臨む台地上にあり、主墳のほか、十数基の円墳と六十数基もの横穴群からなる。主墳の梵天山古墳は全長一五一㍍で、常陸第二の規模である。同墳は国造初代の船瀬足尼の墳墓と伝えられ、バチ形の後方部などからみて、年代的にもほぼ妥当であろう。葺石・埴輪はなく、主墳の発掘はされていないが、陪塚からは滑石製模造品が大量に発見された。

梵天山の西北近隣には、星神社古墳（全長約九二㍍。諏訪山古墳。同市小島町清水）もあり、特殊器台か円筒埴輪Ⅱ式かとみられる埴輪や底部穿孔壺《せんこうつぼ》を出し、梵天山に前後する最古級の柄鏡式の前方後円墳である（『全国古墳編年集成』は若干の遅れと記述）。後円部が星神社となっている。久慈川支流域の同市久米町には、前方後方墳とされる常光院古墳（墳長八〇～九〇㍍）もあり、狭竹物部の同族の久米物部に関係ある地とみられている（太田亮博士）。古墳の型式・規模等からすると、これらも久自国造関係で、常光院古墳か星神社古墳が成務朝頃の豊日連（船瀬足尼の父）の墳墓の可能性がある。

大売布の後裔には若湯坐連もあり、その子の「伊麻伎利」の後と系譜に見えるが、豊日連に若湯坐造の祖とも見えるから、近親一族となる。『姓氏録』では摂津神別に若湯坐宿祢があげられ、石

高売布神社（兵庫県三田市）

上朝臣同祖で伊香我色雄命の後と記される。現に同国河辺郡人、正六位上若湯坐連宮足らの右京職への改貫が『三代実録』（貞観五年（八六三）条）に見える。一族が祖・意富売布命を祀ったのが同郡式内の売布神社（宝塚市売布山手町。現在の祭神は下照姫・天稚彦夫妻）か、ともいう。近隣の三田市酒井に式内の高売布神社もある。

崇神王統時代の物部氏の動向

物部氏の四世紀代の動向では、武諸隅が崇神六〇年に出雲国に赴き、国造家の先祖「武日照命」が出雲にもたらした神宝を検校した。そこで、飯入根から朝廷に献上させたところ、不在であった出雲の当主、出雲振根の怒りを招き、遂には、それが王権による出雲討伐につながった。この『書紀』に見える記事は、武諸隅の世代や活動年代と年代的に合わないから、実際に起きた事件なら、実際の行動者は武諸隅の父祖という可能性がある。

「武日照命」は別名を武夷鳥《ひなとり》命ともいい、物部氏の先祖でもあった（この一族の出雲地域への最初の到来者だったか）。だから、同族という事情で物部氏の出雲派遣がなされたものか。先に見たように、垂仁朝にあっても、十千根が垂仁二六年に出雲で神宝を検校し、同八七年には石上神宮の神宝管理を委ねされたとも見えるから、「武諸隅」による出雲神宝の検校という記事自体は、これとの混同か竄入ではなかろうか。

ともあれ、出雲討伐に先立ってなされた大和王権の軍事行動では、崇神朝における吉備の討伐・平定でも、物部氏は吉備臣の祖・吉備津彦兄弟と共に関与して、征討軍の一翼を担った。備前国赤坂郡には式内社の石上布都之魂神社（岡山県赤磐市石上）という古社があって、祠官家は、上古から物部氏が世襲した。祠官家はもと金谷氏といい、江戸期に岡山藩の命により旧姓の物部に復している。この系統の系譜は、「天孫本紀」には見えないが、因幡の伊福部臣氏の系図や伯耆の物部氏分布等から考えると、これらはみな同族で、武矢口命の後裔とみられる（「天孫本紀」の四世孫・大矢口宿祢にあたるが、「四世孫」は不審。『姓氏録』和泉神別榎井部条の四世孫・大矢口根大臣命にもあたろうが、別人かもしれず、この辺の関係は後述）。

備前では磐梨郡に物部郷・物理《もとろい》郷があり、後に赤磐郡物部村（現・岡山市東区瀬戸町地域）となる。当地の磐梨別君一族（息長氏同族で、垂仁天皇後裔と称）にも物部があるから（神護景雲三年に御野郡の物部麻呂らが石生別《いなわしわけ》公を賜姓）、その別族のほうの居住地とみられる。

崇神朝以降、大和王権の勢力が列島内で拡大し、朝廷としても基盤が固まると、その朝廷組織のなかで具体的な職掌を分担する伴造諸氏の役割も定まってくる。吉村武彦氏は、大伴氏が各地から上番する舎人・膳夫《かしわで》・靫負《ゆげい》など王宮の雑務・食膳・守護として仕える人々、すなわち伴の管理を主要任務とし、一方、物部氏が武器・宝器・祭祀具等の物の管理にあたったとし、これら管理を通じて両氏が軍事的性格を強くしていった、とみる（『古代王権の展開』）。石上神宮に王権の武器庫があって、これを物部氏が管掌した事情もある。

朝廷の職掌部の成立時期を五世紀末頃とか遅くみて、この部民制成立時期以降にしか物部・忌部など「部」を氏の名にもった氏族はでてこないという見方も歴史学界には強いようであるが、これは様々に間違っている。上記のように王権の版図が拡大し、それを担う国家組織が出てきたときに、職掌をもつ「部」ができないわけがないし、管掌氏族の所伝でも異なる。しかも、物部氏は先にも触れたように穂積氏の分岐であった。

雄略朝より前の執政官では、『書紀』には武内宿祢が「大臣」に任命されたのが最初とされ（成務紀三年正月条）、「大連」の語も同書の初見が垂仁朝の物部十千根大連である。これらは、それぞれ職位というものではなく、尊称のような表記（ないし追記）だったか。実際の大臣・大連両職の初任者は不明であり、履中朝に平群木菟、蘇賀満智、葛城圓、物部伊莒弗が国事執政になったと見える。これが両職の前身の職か。「天孫本紀」には垂仁朝の物部氏の大新河・十千根兄弟以降や、中臣氏の系図でも一族に「大連」の称が見えるが、これは各々、氏族長の尊称の意であって、それも追記ではないかとみられる。

十千根の次代の族長とされるのが物部胆咋連である。『書紀』には、仲哀朝の四大夫の一として、天皇崩御に際し、神功皇后の命で武内宿祢らとともに宮中を守ったと見える。「天孫本紀」では、成務天皇のとき大臣、ついで宿祢となり、石上神宮に奉仕したとある。年代的にはこの成務朝のほうが妥当であり、かつ、神功皇后は実際には成務天皇の皇后であった（後世の記紀改編で神功皇后の位置づけが仲哀皇后に変更された。詳しくは拙著『神功皇后と天日矛の伝承』を参照）。だから、上記崩御の天皇も、実際には成務とみられる。胆咋宿祢の妻妾のなかには、三川の穂国造から出た伊佐姫がいて、一児（竹古連で、三川蘊連氏や石見の長田川合君などの祖とある）を生んだとする。

履中・雄略朝頃の物部氏の動き

胆咋宿祢の後の応神・仁徳朝の時期では、矢田部系統の動向が「天孫本紀」に簡略に見えるものの、物部本宗（五十琴宿祢ともう一代の合計二世代の時期）の動きは、なぜか記紀などの史料に見えない。これは大伴氏についても同様に言えることで、物部・大伴両氏とも、応神王統の始まり頃の応神・仁徳両天皇の治世時期には、各々の本宗関係者は史料に姿を見せない。「天孫本紀」でも、第十四代の仲哀天皇及び第十六代の仁徳天皇の時期には、物部氏から「大連」と表記される人物が出ていない。応神天皇の時でも「大臣」に物部印葉がいたと同書に記すが、この者は矢田部系（大新河系統）であって、支族の久努国造の祖の印播に相当する者だから、職掌も含めて疑問が大きい。

この応神・仁徳の両治世四十年ほどの期間にあっては、物部・大伴両氏では、その歴代・系譜も具体的な動向も、記紀ではまるで不明という奇妙な形で共通する。「天孫本紀」に記載の物部系譜にも、この時期の歴代部分に混乱が見られ、『姓氏録』の世代数と一世代合わない（「天孫本紀」に麁鹿火大連の系譜がおかしな位置づけで現れるのは、その影響か。饒速日命の十世孫の世代あたり〔仁徳朝頃に相当〕に物部本宗に大きな混乱があって、一世代の欠落があるとみられる。『姓氏録』の記事では同八世孫の世代〔成務朝頃〕に欠落が見られるが、系譜等から考えると第十世孫世代の欠落というのが妥当か）。現伝する大伴氏の系譜でも、その殆どに二世代の欠落がある。両氏が記紀に再び現れるのは、五世紀中葉の履中朝あるいは允恭朝である。

このため、戦後古代史学における応神より前の時期の大和王権・大王を否定する傾向と相まって、研究者によっては、大伴・物部両氏の発生は履中以降の新しい時期であって、両氏が急に台頭したとする見方もでる（例えば、井上光貞氏は、大伴室屋・物部伊莒弗から実在だとして、彼ら以降に両氏が台頭したとみる)。しかし、応神天皇より前の大王の存在と歴史を大和の巨大な前期古墳などを踏まえて認めるのなら、それらの動きに合わせて、当該時期にも両氏の先祖が確かに活動していた。このことは、記・紀や『風土記』『高橋氏文』などの史料から十分読みとれる。この物部・大伴両氏一族は、応神・仁徳朝になぜ活動が現れないのか、この潜伏期間には関係者はどうしていたのだろうかという問題がある。

大和朝廷の有力豪族では、武内宿祢系と称する大族諸氏の登場が応神・仁徳以降だから、こうした「長き不在」という奇妙な傾向は、ほかに阿倍臣、三輪君、中臣連でも同様にある。それぞれの氏族で、優れた族長がこの時期に出なかっただけかもしれないが、物部氏では杣之内古墳群に顕著な古墳は見られない。あるいは、応神の大王位簒奪行動に敵対した旧王統の忍熊王方陣営のほうに当時の朝廷の主な伴造諸氏が属したなどの事情があって、雌伏を余儀なくされたのではなかろうか。天皇直属の武力組織を構成した物部・大伴両氏だけに、「崇神王統の消滅、応神の大王位簒奪」という観点から見て、伴造大族の動向不明の意味がおおいに気にかかる。

履中朝の物部伊莒弗《いこふ》の後では、雄略朝に物部目が大連として登場する。それに先立つ、住吉仲皇子叛乱では、物部大前宿祢が皇太子側にあり、この反乱を察知して皇太子を避難させた。安康の即位前には、木梨軽皇子が大前宿祢の家に逃げ込んだと記紀に見える。大前が「天孫本紀」では安康朝に大連(氏の代表という意か)となったというが、疑問が大きい。応神王統のなかで王族の叛乱・排除等の事件に、物部氏が関与したことが分かる。

雄略が即位すると、物部目が大伴室屋とともに大連となって執政した。和珥氏の童女君《おみな》を妃とするよう、目大連は天皇に助言し、王族狭穂彦《さほひこ》後裔の歯田根命の処罰に関与して恵我の長野郷(河内国志紀郡長野郷、いまの藤井寺一帯）を賜った。伊勢の朝日郎《あさけのいらつこ》の乱では、物部菟代《うしろ》宿祢とともに討伐に当たり、部下の筑紫の聞《きくの》物部大斧手を率いて戦い、朝日郎を斬るなど目大連の活動はめざましい。この功により、菟代宿祢が所有する「猪使部」（一本に「猪名部」とあるのが妥当）を賜った（雄略紀十八年八月条）。同朝には、吉備の下道臣前津屋《さきつや》（割注に「或る本に国造吉備臣山」）の行動に叛乱の兆しをみて、天皇が先制攻撃をかけ、物部の兵士三十人を派遣して前津屋一族七十人を誅殺した記事もある（雄略紀七年八月条）。

目大連の兄弟の真椋《まくら》については、『続後紀』（承和十二年〔八四五〕条）及び『姓氏録』和泉神別に見える。ほぼ同様な記事で、雄略が重病の時に筑紫の豊の奇巫を連れてきて救病したので、巫部《かんなぎべ》連を賜姓し巫部を管掌したとされる。豊前の大族勇山《いさやま》氏も、その後裔か。

「大連」については、「天孫本紀」では、允恭朝の物部麦入宿祢や顕宗朝の物部小前宿祢、仁賢朝の木蓮子連、武烈朝の麻佐良連に、『姓氏録』では布都久呂大連・懐大連（河内神別の物部、左京神別の依羅連）、弥加利大連（左京神別の大貞連）、伊己止足尼大連（河内神別の高屋連）に見える。この称号が石上神宮の主奉斎者とか物部族長・長老くらいの意義や尊称・美称で使われるのなら、その辺は考えうる（朝廷の職務を伴ったものではない）。

韓地で活動する物部一族

物部氏一族は、海外関係でも六世紀初頭頃から多くの活動を見せる。古くは、韓国《からくに》連祖の塩古がおり、『姓氏録』には「武烈天皇の御世、韓国に派遣された者が復命の時に賜姓された」（和泉神別の韓国連条）と見える。『続日本紀』の延暦九年十一月条には、韓国連源の高原連への改姓記事があり、先祖の塩児が使者で遣わされた国の名に因む姓氏だと記される。塩古の派遣時期が上記記事では武烈朝とされる。鈴木真年は欽明朝の使者とみるが（『史略名称訓義』）、実際には六世紀初頭・前葉の武烈～継体朝頃とみられ、「天孫本紀」の系譜の位置づけを検討する必要がある（同系譜は雄略朝頃から混乱が多くあり、目・鍛冶師〔金〕という名の者や、今木連・軽馬〔借馬〕連の祖などが数か所に記載される。塩古は目大連の子か）。

継体朝では、物部連（欠名）が百済に派遣され、舟師五百を率いて帯沙江に進んだと『書紀』等に見える（継体九年条に引用の『百済本紀』に物部至至連と見え、『書紀』継体二三年条の物部伊勢連父根と同人か）。伽耶の港津の割譲のときのことで、記事には錯綜がある。物部伊勢連父根という者の系譜は不明である（物部建彦連の後裔という伊勢荒比田連に関係ありか）。

欽明朝になると、日系の百済官僚がおおいに活動する。『書紀』に見える名のなかには、紀、科野《しなの》（斯那奴とも表記）、許勢《こせ》とならんで、物部を名乗る者がかなり多い。欽明四年頃から物部施徳《せとく》麻奇牟、物部奈率《なそち》用哥多連、物部奈率哥非、上部奈率物部烏、物部莫哥武連、竹斯《つくし》物部莫奇委沙奇《まかわかさ》という名が見える。これらは、直接に派遣された者というよりは、倭からの派遣者が現地で地元女性を娶って生んだ「韓腹」が多かったようで、生地で百済に仕えたのだろう。このなかには、物部施徳麻奇牟・物部奈率用哥多《ようがた》連・物部奈率哥非などのように百済官人として倭国へ派遣された者もいる。いずれも系譜は不明であるが、「哥、奇、莫」という漢字が多い名前からすると、これらの殆どが近い一族か。「竹斯物部」という表示の者は中央の物部氏ではないが、塩古の韓地所生の子孫もなかにあったか。

次の敏達朝十二年には、物部贄子《にえこ》連らが百済から来日した達率《だちそち》日羅のもとに派遣され、国政を諮問をしている。推古朝十六年八月に隋からの使者・裴世清が入京し朝廷に召された時には、物部依《よ》網《さみ》連抱が阿倍鳥臣とともに客の接待をした。同朝の三一年には、小徳物部依網連乙《おと》等らが大将軍大徳境部臣雄摩侶《おまろ》の下で新羅を討つ副将軍になった。

物部同族の韓地関係者のなかでも著名なのが継体朝の穂積臣押山である。任那の哆唎《たり》国守として駐在し、継体天皇の六年条から同二三年条まで『書紀』に見える。継体六年（西暦五一二年に相当かとされるが、年代の妥当性は不明）に百済に使いし、百済からの任那四県（上哆唎・下哆唎・娑陀・牟婁）の割譲の要求を認めて、これを大伴金村大連に上奏し、任那四県は百済に帰属したが、押山・金村は百済から収賄したとの噂が流れた。翌七年六月には、押山の口添えで五経博士段楊爾が倭に献上された。この条に引く『百済本紀』には「委《やまと》の意斯移麻岐弥《おしやまきみ》」と表記される。更に、同二三年（五二九年相当か）には、百済が倭への朝貢の港を伽耶の多沙津に変更することを要請したとき、加羅王の反対も押し切り、この港津を百済に与えたので、加羅はこれを怨んで新羅と結んだとある。推古八年紀には、大将軍境部臣・副将軍穂積臣が新羅征討と見えるが、上記三一年紀の新羅征討と別事件かどうかは不明である。将軍は共に欠名で、系図に祖足臣（押山の孫）のことと見える。

大化以降では、孝徳朝白雉四年の遣唐使の学生で氷《ひ》連老人が見え、斉明朝の大山下狭井《さい》連檳榔《あじまき》や大山上物部連熊（ともに百済救援関係の出兵に将軍で参加）、天武朝には物部連麻呂、元明朝には石上朝臣豊庭も海外関係の記事（迎新羅使右将軍に任）で見える。

物部氏全盛と物部本宗家の滅亡

物部氏が軍事力を如実に示したのが、継体天皇廿二年（西暦五二八年頃）に筑紫を中心に起きた筑紫君磐井の乱に際してである。大連の物部麁鹿火《あらかい》（荒甲）がこれを鎮圧した。

これより先、継体元年一月四日には、大伴金村大連や許勢男人臣らとともに、男大迹王擁立を議決しており、翌月の二月四日には、天皇の即位とともに麁鹿火も大連となった。継体六年十二月に、百済が上表して任那四県の割譲を要請し、大連大伴金村がこれを認める上奏をしたとき、麁鹿火は、難波館にいた百済の使者に対して宣勅する使者になったものの、妻の諫言を容れ、病と称して、この宣勅使を辞退している。

継体朝末期になって、筑紫国造の磐井が叛乱を起こし、征新羅将軍の近江毛野の行動を妨害した。大伴金村の推薦で麁鹿火は将軍となり、『記』継体段に物部荒甲大連と見え、金村とともに磐井討伐にあたったが、軍功は麁鹿火のほうが顕著だったか。継体廿二年十一月に筑後国御井郡で磐井と戦い、ついにこれを斬った。次の安閑朝でも金村及び麁鹿火は大連を続け、宣化朝でも同様に金村・麁鹿火が大連とされるが、このときは蘇我稲目が大臣になっており、麁鹿火は宣化元年七月に没した（『書紀』）。こうした活動時期から見て、安閑天皇の妃・宅姫の甥（木蓮子連の孫）に麁鹿火の系譜が位置づけられるはずがない（『国史大辞典』物部氏の記事など、学究は具体的な系譜関係にどうして無頓着なのであろうか）。

磐井討伐にあたり物部一族の軍勢が北九州まで出動したことは、物部氏の墳墓とされる奈良県天理市の東乗鞍古墳や別所鑵子塚《かんすづか》古墳という古墳などに、阿蘇凝灰岩製の家形石棺が用いられる事情も傍証する。九州に物部の分布が多いのは、これに因る面もあったか。糟屋郡領に物部同族の春米《つきしね》連氏があるのも、磐井討伐の功績に因るとみられている。

欽明天皇の時代になると、任那四県の割譲の責めを負って、大伴金村大連の失脚があり、物部氏では一族の尾輿《おこし》が大連として前面に出てきた。このあたりが物部氏の全盛期とみられ、欽明朝から起きた崇仏排仏論争の延長線のなかで、物部氏本宗は滅びた。すなわち、百済から贈られた仏像・仏法を巡り、大臣・蘇我稲目を中心とする崇仏派と大連・物部尾輿や中臣鎌子（母が物部氏という）らの排仏派が長く争った。この抗争は次の用明朝まで長引き、稲目・尾輿の没後は各々の子の蘇我馬子、物部守屋に代替りして更に党争が続いた。結局、用明天皇没後まもなく、河内国渋川郡（大阪府の八尾市・東大阪市などの地域）に居た守屋大連が滅ぼされて、物部本宗家はここに絶えた。いま、「丁未《ていび》の乱」と称される。

物部本宗の旧領域から当時の渋川廃寺の遺構も出ており、排仏だけが守屋滅亡の要因ではなかった、と最近ではみられている。崇仏問題や天皇後継者などを含め様々な政治権力闘争のなかで、蘇我氏に敵対し、支持氏族の少ない本宗の守屋一派が滅ぼされたとするのが穏当なようである。その後も生き残った物部支族諸氏が多いから、物部氏全体としてまとまった動きをしたものでもなかった。当時の朝廷を構成した有力氏族と皇族の殆どが蘇我方についたとされるから、物部守屋に大武力があってもその敗北は目に見えていた。このときの長い党争・攻防関係や守屋一族の落ちのび伝承（守屋や子孫が近江の浅井郡などに逃げて、後孫を遺したという伝承がいくつかある）を取り上げても、随分の紙数を要するから、守屋滅亡事件については、本書はこれくらいの記事にしておく。

皇極二年（六四三）十月には、蘇我大臣蝦夷が私的に子の入鹿に紫冠を授け大臣になぞらえ、その弟を物部大臣と称したが、蝦夷の母が物部守屋の妹という事情から、母が財によりて威を世に取れり、といわれた（『書紀』。記事の「弟」は、「第」すなわち邸宅と解する見方もあり、「弟」の名を畝傍（あるいは敏傍）とみる見方もある）。ともあれ、「天孫本紀」には見えないが、崇峻即位前紀の記事とも併せて読むと、物部守屋の妹が蘇我馬子の妻となったとみられ（『紀氏家牒』『石上振神宮略抄』の記事でも、妹の「太媛」が馬子の妻と記される)、蘇我・物部両氏が全てで争ったわけでもない。
全盛期の蘇我氏をもってなお、物部の名で、物部本宗の膨大な資財を扱うほうが利するところがあった。滅亡した物部本宗の莫大な資産は、半分が四天王寺の建立費用、残り半分が蘇我氏に配分され、守屋一族からも四天王寺に従属した者がでたという。

大化前代頃の物部氏一族の動き

物部本宗の守屋一家は滅亡したが、その支族で石上にあった一派などはその後も残っており、まず有力支族の依網《よさみ》(依羅)氏が対外関係で活動を見せる。

依網連氏の動向では、推古朝に冠位十二階の第二位である小徳冠を帯びて新羅征副将軍となった物部依網連乙等、隋使の導き役となった物部依網連抱といった高官を出した(系図では両者は兄弟で、多波連の孫)。本宗の大連家が滅亡した六世紀末以降では、大化前代の有力氏であった。この系統は、「懐連(布都久留連)―木蓮子《いたび》連・多波連兄弟」の流れとされる。大化以後では、天平四年に朝臣姓を賜った人会(従五位下信濃守)が見える程度であり、『姓氏録』は依羅連を左京・右京・河内であげるものの、殆ど姿を消してしまう。

「天皇本紀」「天孫本紀」では、守屋大連の兄弟の恵佐古連や石上贄古連が推古朝に「大連」になったと記すが、当時の物部氏の朝廷内の勢力から見て、これら記事は信頼できない(「大連」は、族長的存在とか、石上神宮の主奉仕者という意の表記か)。この両人以降は、『旧事本紀』は物部氏で大連となったという者を記さない。

『書紀』の編纂にむけて、石上氏でも持統五年(六九一)八月に墓記の上進をした。七世紀末〜八

石上神宮・布留遺跡と周辺の古墳

世紀初頭頃に、「天孫本紀」物部氏系譜の原資料的なものが成立していて、その後に様々な追記や改変を経たようである。同書の系譜では、饒速日命十七世孫の物部連公麻呂(後の左大臣石上朝臣麻呂)が最後の世代で見え、天武朝の事績までしか記されない。この点が当該系譜の成立時期について上限を推測させる。

西山古墳とその墳丘形式

ここでは、時代を古墳時代前期まで遡って、物部一族の墳墓を考えてみる。奈良盆地東部にある諸豪族の主要な前期古墳を、まず総覧的に見ていく（◇印は前方後方墳〔大和では主に垂仁・景行朝頃の築造か〕の目印で、他は前方後円墳であり、一応の築造順で記載）。

天理市北部にある「東大寺山―赤土山（一説に◇）―和爾下神社」の諸古墳は和珥氏族の墳墓とみられ、その少し南方の「小半坊塚（消滅）―西山◇―カンス山（消滅）」などの杣之内《そまのうち》古墳群は物部氏族で、その南の大和《おおやまと》古墳群（その萱生《かよう》支群。全体を「オオヤマト古墳群」として、北から順に萱生・柳本・纏向の諸支群とみる見方もある）の「中山大塚―馬口山―波多子塚◇―下池山◇―燈籠山」の諸古墳は倭国造族とみられる。

物部氏では本拠がおかれた石上神宮付近に注目され、なかで顕著なのが西山古墳である。同墳に築造年代的に隣接・前後する小半坊塚古墳及びカンス塚古墳はともに消滅していて比較対照になりにくいが、西山古墳の概要は次のようなものとされる。

西山古墳は、石上神宮の西南一キロほどの近隣の天理市杣之内にあり、全長が約一八五《メートル》という巨大な前方後方墳（註）である。全国に約三百基あるとされる同型墳のなかでは、最大規模である。自然地形を最大限に利用した三段築成で、段築の二段目より上部は前方後円という珍しい形をとる。杣之内古墳群の中でも現存で最古級の古墳とみられ、朝顔形埴輪Ⅱ式を出土する。既に盗掘を受け、鏡（神獣鏡かという）・鉄鏃片・石鏃・鉄製刀剣類の破片、車輪石片、勾玉・管玉などの出土を伝える（具体的には不明）。被葬者としては、古墳3期とされる年代から、垂仁朝頃の物部連の遠祖・十市根が推定される。

西山古墳の北方半キロほどの同市守目堂町にカンス塚（鑵子山）古墳があり、この両墳のほぼ中間の地点には小半坊古墳があったが、ともに消滅した。

小半坊塚古墳については、墳丘全長約八五メートルとされる前方後円墳であり、「特殊な形態の円筒埴輪が出土しており、前期古墳のなかでも西山古墳よりさらに古く位置づけられる」という（寺沢薫

西山古墳（天理市）

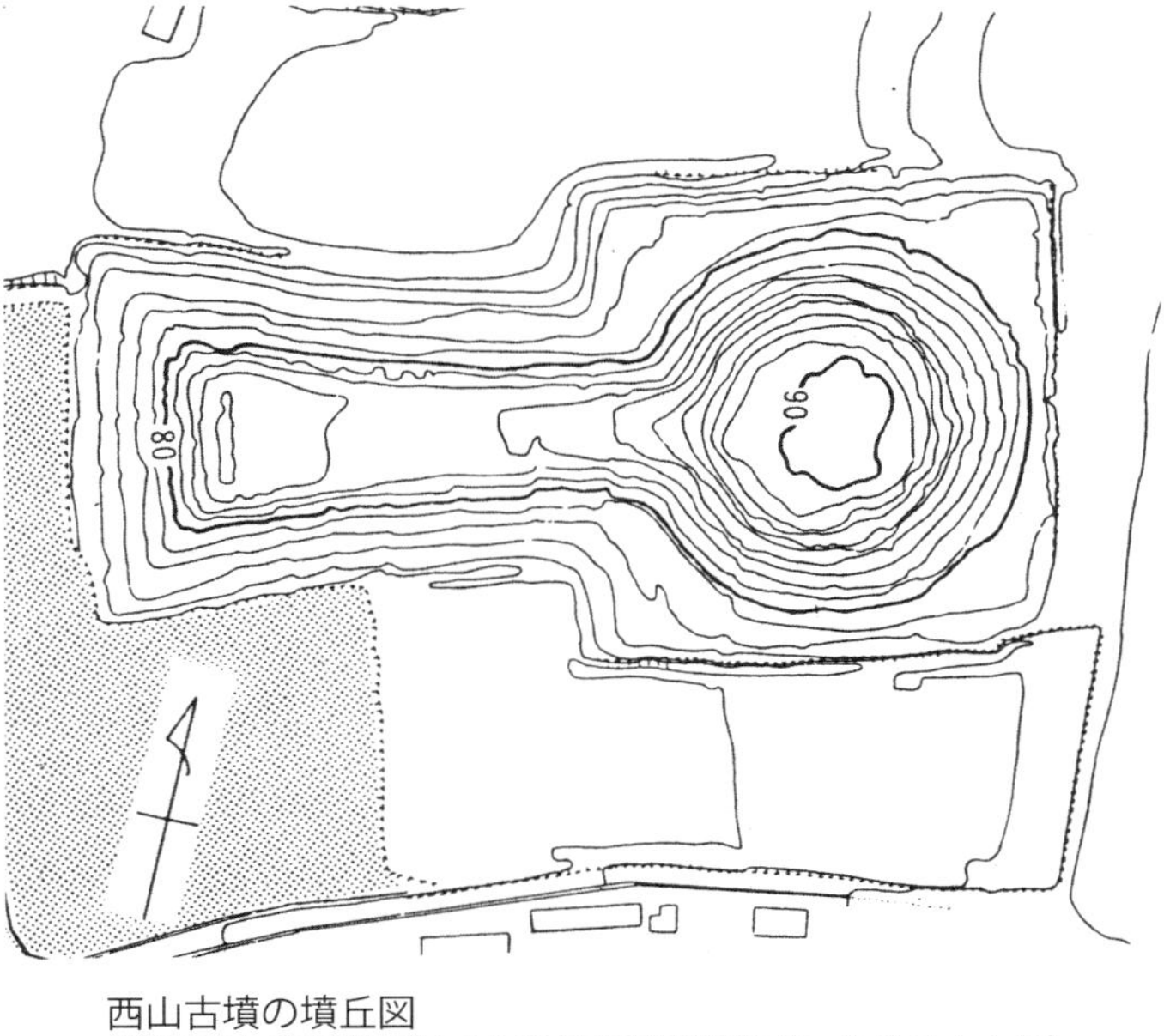

西山古墳の墳丘図
（橿原考古学研究所編『大和前方後円墳集成』２００１より）

等著『日本の古代遺跡5　奈良中部』、一九九三年刊)。関川尚功氏も箸墓・西殿塚に続くI式後半の円筒埴輪として、小半坊・メスリ山の埴輪をあげる(朝顔形埴輪I式ともいう)。こうした事情から、被葬者は十市根の父で崇神朝の伊香色雄が考えられる。

鑵子山《かんすやま》古墳の規模や築造時期は推測の域をでず、墳丘長二百メートル以上の大型前方後円墳とする見方もあるが(寺沢薫等前掲書)、この見方の否定説が強い(最大でも西山古墳程度の規模か。近藤編『前方後円墳集成』では守目堂町の鑵子塚古墳は墳丘長四七メートルと記して、その差が大きい。小島俊次著『奈良県の考古学』では、天理市別所町の鑵子塚古墳が全長四七メートルとあり、近藤前掲書には両者の混同がある)。西山古墳の北西近隣に布留宮東古墳があったが消滅しており、小半坊塚と同程度の前方後円墳だという。柳葉式銅鏃の副葬で前期後半の古墳という可能性があるとのことで、西山古墳に続くものか。これら古墳が消滅した現在、問題諸点の判断が難しいが、成務朝の族長あるいは履中・反正朝の大連伊莒弗の墳墓に当たるかもしれない。

杣之内古墳群は、天理市の杣之内・勾田・乙木の一帯に在る諸古墳をいい、その後も後期古墳として西乗鞍古墳(全長約一一八メートル)・東乗鞍古墳(同約七二メートル)・小墓古墳(同約八五メートル)等がある。古墳終末期には塚穴山古墳・峰塚古墳が杣之内にあって、円墳である。(これら諸古墳について、天理大学歴史研究会『杣之内古墳群の研究』がある)。杣之内の北、布留遺跡の北側の同市石上・別所・豊田の一帯にも古墳群があって、石上・豊田古墳群といわれる。この古墳群には、ウワナリ塚古墳、石上大塚古墳、別所大塚古墳がある。

これら諸古墳が物部一族の墳墓とみられている。西乗鞍古墳は古墳編年8期に区分されるから、この年代(五世紀後葉頃か)と規模からみると、被葬者は雄略天皇の重臣、物部目大連も考えられる。

夜都岐神社。ワラ葺きの拝殿がある。（天理市乙木町）

最近の調査で得た須恵器や円筒埴輪片から、五世紀末に築造という可能性が高まったとの報道がある。ウワナリ塚等の三古墳はほぼ一一五メートル前後の規模で、みな古墳編年9期（六世紀前半〜中葉頃か）とされるから、継体〜宣化朝頃の麁鹿火大連・木蓮子連・荒山連など物部一族の族長の墳墓が含まれるのであろう。

このほか、奈良県天理市岩屋町のハミ塚古墳は、遺物などから六世紀末頃築造の巨石を用いた方墳で、物部守屋ないし物部一族が被葬者かとみられている。奈良時代になると、東乗鞍古墳の近くから杣之内火葬墓が検出され、木櫃の中に火葬骨と銀製釵子（かんざし）、やや離れて海獣葡萄鏡一面、が見つかった。被葬者は石上朝臣宅嗣と推定されており（近江昌司氏など）、これは妥当なところか。

上記古墳の南側に隣接して夜都岐《やつぎ》神社があり、乙木《おとぎ》集落の北端に鎮座する。式内社の山辺郡の夜都伎神社の論社とされ、全国の八剣《やつるぎ》神社と関連があるともいう。同名社が、福岡県の遠賀・鞍手両郡は合計五社、北九州市にも三社あって、物部氏と何らかの関連も考えられる。

（註）〝前方後方墳〟について、若干付記しておく。この古墳形態は、特定の地域を除いては、古墳時代前期という短期間だけに集中して築かれた。総じて、前方後円墳に対して小規模なものが多い。分布は出雲及び吉備・毛野に多いが（出雲は全期にわたり、後二者は前期前半に限定）、これら地域を例外的なものとして、畿内や東国では、前方後方墳は四世紀中葉の垂仁～景行・成務朝頃の特定の一時期（拙見では延べで約四十年間）に限り、おおいに現れる。副葬される鏡には、重圏文鏡、内行花文鏡、画文帯神獣鏡、キ鳳鏡などのほか三角縁神獣鏡があるとされ、三角縁神獣鏡が主な副葬鏡とされないから、その盛行期よりも若干早い時期か（垂仁朝が主か、東国では少し遅れる）、とみられる。わが国最大規模の前方後方墳は、特異形態の西山古墳を除くと、大和古墳群の波多子塚古墳であり、全長が約一四五メートル、周濠から都月型（特殊器台型）という古型式の円筒埴輪片が出た。

辰巳和弘氏の検討でも、前方後方墳の静岡県の例（四例。現在は調査が進んで六基ある）では、それぞれ古墳時代前期にはじまる首長墓系譜のなかに最古級に位置づけられ、各地域に一基ずつしか築造されていないこと、広く中部地方を見ても、長野県松本市の弘法山古墳、新潟県西蒲原郡巻町の山谷古墳、岐阜県美濃市の観音寺山古墳、愛知県豊橋市の市杵嶋神社古墳などは、いずれも各地域における最古の首長墓であること、を指摘される。こうした状況を見ると、このとき何らかの古墳築造企画の規制が朝廷内にあったのかもしれない（なお、弘法山古墳を信濃最古とするのは疑問か）。

以上に述べてきたいくつかの特徴から大和の前方後方墳をみると、西山古墳が物部氏十市根命、赤土山古墳一一〇メートルが和邇氏大口納命、新山古墳一三七メートルが葛城氏宮戸彦命、波多子塚古墳一四〇メートルが倭国造長尾市宿祢（これに、下池山古墳一一五メートルも倭国造の次代族長、五十野宿祢か）、に各々の被葬者が比定されるか。いずれも垂仁朝当時の大和朝廷を構成する大豪族の族長で、王族ではない。

河内・摂津の物部氏一族の墳墓

物部一族の本拠は基本的に大和に在ったとみられるから、それ以外の地に物部氏一族の大墳墓を求めるのはかなり無理であろう。それでも、大阪府八尾市東部にある河内最大の群集墳、高安千塚古墳群やその付近のいくつかの古墳は物部氏との関連が指摘される。例えば、隅田八幡鏡と型式的に関係深い郡川《こおりがわ》西塚古墳（高安古墳群にある約六〇メートルの前方後円墳）について、森浩一氏は物部氏系の在地の有力者の墓とみている（『敗者の古代史』）。

摂津地方では、島下郡（茨木市）の穂積郷一帯にある紫金山古墳・将軍山古墳（ともに百メートル超）は穂積臣氏の墳墓であろう。**紫金山古墳**は前方後方墳との指摘もあり、副葬品が豊富で方格規矩鏡（棺内）・三角縁神獣鏡・勾玉文帯神獣鏡等の鏡十二面（うち十一面は棺外）のほか、勾玉・棗玉・管玉の玉類、鍬形石6・車輪石1・貝輪3、短甲、多量の鉄製刀剣や一六五本の鉄鏃等武器、筒形銅器、石製紡錘車、各種農工漁具等や円筒埴輪Ⅰ式を出した。出土鏡は、福岡県原口古墳の鏡と同笵関係がある。

その近くに将軍山古墳があり、既に消滅した。同墳からは鉄製刀剣、多数の鉄鏃や銅鏃、甲片、勾玉等玉類が出て、三角縁神獣鏡の出土の所伝もある。

同国河辺郡には若湯坐連氏（大売布命の後裔）の居住が知られ、式内社の売布神社・高売布神社の祭祀や、宝塚市切畑の**長尾山古墳**（猪名川流域では最古級の前方後円墳で全長約四二メートル、粘土槨・木棺をもつ。同郡の猪名部造の祖先にも関連か）及び万籟山古墳（全長約五四メートルで石槨。埴輪Ⅱ式や四獣鏡など、所伝で石釧・車輪石）の築造に関与したことも考えられる。

三　饒速日命とその神統譜

大化前代頃までの物部氏の主要動向を見たところで、物部氏の起源やその神統譜を考える。ここでは、その始祖神とされる饒速日命や、更に遡る祖系についての伝承を検討する。

饒速日命の東遷

饒速日命（『古事記』では邇芸速日命と表記）は、アマテラス大神から十種の神宝を授かり、天磐船に乗って河内国の河上の哮峰の地に天降り、その後、大和の鳥見の白庭山に遷したと『旧事本紀』の「天神本紀」に伝える。『書紀』では、①神武が東征出発前の地で塩土老翁《おじ》から聞いた話として、東方にある四周が青山の良き地（大和）に天磐船で饒速日が降臨したこと（神武即位前紀、甲寅年条）、②大和に入ってからは、長髄彦の言として、天神の子の櫛玉饒速日命が天磐船に乗り天羽羽矢などその徴象をもって天上より降臨し、妹の三炊屋《みかしぎ》媛を娶り可美真手命を生んでおり、これを君として仕えること（同、①の四年後の戊午年十二月条）、が言われる。

饒速日命を長とする物部部族の東遷は、先ず太田亮博士や鳥越憲三郎氏が、それぞれの出発地と到着地など地名や物部氏族分布を具体的に考察した。その後も谷川健一・守屋尚・安本美典など多くの研究者が基本的にこれに賛同して、それぞれ検討を補強してきた。この東遷随伴者などの分析から見て、移遷の地理等には具体性があるとされ、物部氏の研究者にあっては殆どが、当該東遷が神武東征の前の時期にあって、それが史実に裏付けがあるとして受け入れられてきた。これが邪馬台国そのものの東遷ではないことも、鳥越氏を除いて、これら研究者のなかでは通説である（関連で言えば、神武東征も邪馬台国東遷ではない。そもそも、「邪馬台国東遷はなかった」ということである）。応神前代の記紀記事を否定する立場の学究からは、当該物部東遷は「造作」あるいは「潤色」として無視されるが、これは乱暴な切捨て論理である。饒速日命の意味が「雷神、稲妻」で神武前代の「神」だとしても、これを現実の人ではないとする合理的根拠がない（また、「神武＝崇神」でもない）。畿内には神武の到達以前にすでに饒速日命が降りており、その降臨・移遷の地あたりを「虚空《そら》見つ日本（ヤマト）の国」と名付けたこと、かつ、饒速日命は神武同様の天孫族の徴証たる神宝を持ったことも、併せて伝えられる。饒速日命が天津瑞（記。『書紀』神武紀では天羽羽矢及び歩靫《かちゆき》〔矢筒〕、「天孫本紀」では天璽瑞宝十種）を保有したと認められている（天羽羽矢は、天稚彦が天照大神から授与された可能性があり、その場合、饒速日はその血脈となろう）。

これら記述にしたがうと、『書紀』に見える神武は、敵側の饒速日命が天孫族の一員だと認めたことになる。その場合、具体的な出発地は九州のどこか、東遷の経路や到着地など当時の地理事情がどの程度まで分かるのか。また、随行者などの「天神本紀」などに見える事情が伝承どおりだったのか。これらについて、以下に見ていくこととする。

磐船伝説とその舞台

天磐船に乗って饒速日命が天降りしたのは、河内国の河上の哮峰の地と伝える。この「哮峰」については、諸説あるが、生駒山に関連をもつ北方の大阪府交野市私市の天野川渓谷にある磐船神社（岩所神社。祭神は饒速日命）あたりとみる説が、かなりある。太古の淀川が枚方付近まで長く入江となっていて、これを溯上して交野辺りに着き、そこから天野川を溯るのが大和入りに至便だという見方にもなる。磐船神社は延喜の式内社ではないが、神体は巨大な磐座とされるほか、境内地や付近に磐座・巨石群があり、物部一族の肩野連の本拠地でもあった。饒速日命随伴の天物部二十五部のなかにも肩野物部があげられ、こちらが先住か。とはいえ、交野私市あたりでは大阪湾口から遠すぎるから、当時の船による移動経路をもっと具体的に考える必要があろう。

当時の地理事情を踏まえて考えれば、天上から船で降下してきたわけではないから、海ないし河川を船で移動するものとして考えてみる。上古当時には、現在の河内平野に大きく入り込んでいた

磐船神社（大阪府交野市私市）

湾入（難波内海、河内湖）があったから、淀川湖上よりも河内湾入の経路のほうが移動として自然である。その場合、生駒山あたりの高山を目指して進み、湾入の沿岸部に到着し、そこから先ず落ち着いた地が河内の生駒山西麓辺りといえよう。

往時の湾入の最も東に位置したのが日下《くさか》（草香。東大阪市東北端）であり、名前のとおり「日の元」で太陽祭祀の中心地とされる。関連して神武東征伝承を見れば、神武が着いたのが河内の草香邑《くさか》の白肩の津とされ、この地から大和入りを目指して行軍中に孔舎衙坂《くさか》（日下坂）で、長髄彦の迎撃に遭い、神武軍が敗れたと『書紀』に見える。生駒山越えの道について、山頂北方側を通る「日下越え」を選んだ結果であろうし、これが当時の知られた経路の一つであった。この事情から、饒速日命についても、同様な経路が考えられる。

日下のすぐ南の近隣が石切であって、この地に古来、物部支族が住んだと伝える。その西方で航路手前の摂津国東生郡高津（大阪市中央区高津）には、高津宮が生國魂神社の北にあって、祭神の比売古曾《ひめこそ》神（天日矛妻神）が天磐船に乗って降りたといい、その船の祠を磐船大明神（磐船神社）と号したという。豊臣秀吉の大坂城あたりであって、もとは石山本願寺の地であり（更に昔は四天王寺の地）、その名のとおり巨岩の多い地域であった。比売古曾神は女神であるが、その行動は饒速日命に通じる。ただ、「磐船」は文字通りの岩の船ではなく、実際には楠材で堅固に造られた船（埴輪などに見る準構造船か、「石楠船」。出雲関係の神話にも「熊野諸手船」が見える）とされよう。大明神の地は坐摩《いかすり》神社行宮ともいわれるが、物部氏同族の凡河内国造（都下国造）が奉斎したのが坐摩神社である。

そうすると、饒速日命が実際に到着したのは、生駒山西麓の日下から石切にかけての沿岸地であろうし、「哮峰」とは航行の目標で、それが生駒山頂（吉田東伍説）ということに妥当性が大きい。こうした事情があって、饒速日命が磐船で降臨した地だと表現されたのであろう。河上の哮峰は、饒速日山とか、日下山というが、生駒山の北端の峰をさすともされ（『住吉大社神代記』）、昔は饒速日命を祀る神社があったともいう（饒速日山は高安山だともいうが、生駒山系の目標たる高山ということで、生駒山頂辺りとして概ね誤りはなかろう）。

その後の物部関係族の分布から見ると、式内の跡部神社（八尾市亀井町）がある渋川郡跡部郷あたり（八尾市の渋川・久宝寺・跡部・亀井の一帯）が物部守屋大連の最期のときの根拠地、渋河の家（阿都の別業）の所在地として知られる。物部氏の初期分岐たる阿刀造・阿刀連の本貫も跡部郷にあった。このため、跡部郷からその東北方の生駒山頂真西の山麓で式内の石切劔箭《つるぎや》神社（東大阪市東石切町）にかけての一帯が注目される。この辺りが饒速日命一族の畿内到着地、物部の初期居住地ではないかとみられる。両神社とも祭神で饒速日命など物部一族を祀るし、地理的にもこのほうが妥当であろう。石切の神社は、『三代実録』に河内の「石剣神」と見える（貞観七年九月条）。

石切の北側の「日下越え」は先に触れたが、石切の南側を通る街道もあって、生駒山頂の南山腹の暗《くらがり》峠を通って大和生駒に抜ける「暗越え」といい、この路を筆者自身もかつて歩いたことがある。跡部郷とその周辺には、弥生遺跡の亀井遺跡、久宝寺遺跡がある（一キロほど南に縄文～古墳時代の大遺跡、長原遺跡があるが、物部氏関連かどうかは不明）。**亀井遺跡**（八尾市南亀井町）は中河内地域の拠点となる大規模な環濠集落であり、銅鐸形土製品・銅鐸破片・貨泉・銅鏃・小型倭製鏡等が出土した。最近では、出土の石製品が国内最古のてんびん用分銅とみられている。久宝寺遺跡は複合遺跡で、古墳時代前期の墳墓群・建物も含むが、久宝寺四四号墳（前方後方系で庄内式新相）から高杯や手焙形土器などが出た。

石切劔箭神社は河内郡の式内社で、饒速日命及び宇摩志摩治命の二座を祀る（各々、山腹の上之宮、山麓の下之宮〔現本社〕で祀り、神体は「神武天皇の蹴上石」という霊石とされる）。同社左奥の登美霊社では、饒速日命の妃（長髄彦の妹、宇摩志摩治の母）を祀り、神体は磐座とされる。社司の木積《こつみ》氏は創祀以来連綿と奉仕してきたと伝える。初めは氏を穂積と称し、後に功積とか大積と改めたとも言われるから、この所伝どおりなら、具体的な系譜は不明も、物部氏の初期分岐であろう。社宝は、四世紀代とみられる前期古墳からの出土物（銅鏡、玉、巴形銅器、銅剣など）とされる。穂積堂と呼ばれた摂末社もある。

神武東征の河内上陸当時、長髄彦と物部部族とが連合を組んでいたら、石切・日下辺りに物部部族が居て、その情報を得て長髄彦が河内まで出向いてきたものか。「国造本紀」に凡河内国造（摂河泉三国を領域）及び山代国造（山城南部を領域）が神武朝に設置とあるが、当初の神武当時は実際には県主（県造）級の官であったとしても、この両国造家は近江の三上祝と同族で天目一箇命後裔であり、これらの

石切劔箭神社（東大阪市東石切町）

祖先・意富伊我都《おおいかつ》命が饒速日命の兄弟ということであれば、上記政治連合体は畿内及び周辺の広域にわたった可能性もあろう。

鳥見の白庭山

河内から饒速日命一族が遷った先が大和の鳥見の白庭山とされ、ここに饒速日命が埋葬されたと「天孫本紀」に見える。この地は富雄川流域で、現在の大和郡山市矢田町の矢田坐《にます》久志玉比古神社を中心とする一帯とみられる。

この辺りには、物部氏一族の矢田部造氏が古代に居住した。社名の「久志玉比古」は饒速日命の別名、櫛玉命に通じる（なお、葛城・鴨氏族の祖にも櫛玉彦命がおり、延喜式内社の高市郡飛鳥の櫛玉命神社や広瀬郡の櫛玉比女命神社のほうは、饒速日命関係ではない）。久志玉比古神社の北東近隣には、長髄彦と深い関係がありそうな登弥《とみ》神社（奈良市石木町）が鎮座し、ともに添上郡の式内社とされる。久志玉比古神社の西南一キロには白庭山と伝える場所があるといい、境内には「舟人神」と称する天磐船の石（磐船の欠片）とされる場所もある。

富雄川東岸にある登弥神社では、祭神のなかに登美建速日命をあげるが、これが長髄彦にあたる可能性が大きい。中田憲信編『諸系譜』第六冊所収の「長公系譜」には、長国造（阿波南部）・長我孫や都佐国造（土佐）の遠祖として、建日別命という者が事代主神の孫に見え、これが登美建速日命にあたる。鈴木真年も「飛鳥ノ事代主神ノ子トアリ」と記述しており（『史略名称訓義』）、長髄彦は蝦夷でも醜類でもなかった。

登弥神社には、物部一族の登美連氏の奉斎も伝える。その境内東方の字一ノ谷には広範な祭祀遺跡が確認され、盤・高坏・小型土馬などが出土した（『奈良県の地名』）。『大和志料』では、元来の鳥見の本拠が当社よりはるか北方の磐船越えに沿った山間部とするが、これは哮峰を交野の磐船神社辺りとする見方に影響されている可能性がある。

生駒山地に寄り添うように矢田丘陵が南北に走っている。その矢田丘陵の北の端から東側にかけて、白庭台とか富雄、鳥見町、登美ヶ丘といった地名が目につき、後世の命名でもあろうが、白庭台の白谷地区には「長髄彦本拠」と「鳥見白庭山」という石碑もある。このあたりも含めて、かつての登見郷なのだろう。白庭台の近隣には岩船社があり、現在は住吉神社（生駒市南田原町）の摂社となっている。これら近隣の生駒市小明町の山中には、「饒速日命墳墓」と称される山伏塚（または檜窪塚）もある。これら地元の伝承がどの程度信頼できるかは疑問が大きいが、概ねの把握としては許されるものか。

ともあれ、長髄彦の本拠地「鳥見」が富雄川沿いの地域にあったとみられ、大和でもう一つのトミ（等弥）神社のある桜井市鳥見山よりは妥当であろう。桜井市のほうは、その境内からヤタガラスの神像が出土したといい、この神社のうち上ツ尾社はいま祭神を大日孁貴尊（天照大神）とするが、本来は太陽に関連する八咫烏を祀ったことが分かる。

白庭台（生駒市上町）にある「長髄彦本拠」の碑

饒速日東遷に随伴の諸神

「天神本紀」には、饒速日命に従って降臨に随伴した部将的な存在の三十二神の名があげられる。これらはそのままでは全く信頼できず、同書の編者がどこからこれら神々の名を引いてきたか不明である。というのは、いくつかの氏族系統の祖神について、同一神が別名の形で様々に重複してこの記事に一緒に現れるほか、数代にわたる先祖と子孫が一緒に登場という奇妙さもあるからである。また、天孫・瓊瓊杵尊の降臨に随行と記紀に伝える天児屋根命（中臣連の祖）ほか五部神も、饒速日命の随伴神からははずしたほうがよい。随伴神とされる伊佐布魂《いさぶたま》命は天孫族の遠祖神だし、対馬県主祖神の日神や壱岐県主祖神の月神、宇佐国造祖神の天三降命なども、地域的に見てまずありえない。このほか、神名の誤記・誤伝もいくつか見える。こうした分析や認識は、これまで何故かなされなかった。

具体的に神々の主な系統をあげて三十二神を分類・整理してみると、①少彦名神の流れ（鴨県主・間人連・神麻績連・倭文連・鳥取連・三島県主・安芸国造・玉作連・忌部首・秩父国造などの祖神）、②その兄の天目一箇命の流れ（凡河内国造・山代国造・久我直・鏡作連・額田部湯坐連などの祖神。皆が近江の三上祝の同族）、③大伴連と同族で天手力男《たぢからお》命の流れ（紀伊国造・川瀬造・壱岐県主などの祖神）、及び④天児屋根命の流れ（中臣連・中跡直・畝尾連などの祖神）、⑤海神族の流れ（阿曇連・尾張連などの祖神）、という五つにグループ分けができる。

以上のうち、④のグループの神々が饒速日命に随行したことは、疑問が大きく、⑤にも疑問がある。要は、随伴神は、少彦名神・天目一箇命兄弟の近親か、紀伊国造・大伴氏の一族の祖神ということである。後者のほうは、神武東征のときには紀伊北西部の紀ノ川下流域に既に在ったから（出雲・伯耆の楯縫や楯縫神社の鎮座地も関連か）、饒速日の随伴・同行はありうる。しかも、『姓氏録』和泉神別には、紀伊国造同族の物部連もあげる。この同行事情は、饒速日命の母が多久神社祭神の天御梶姫（天甕津日女）で、これが多久頭魂命の娘なら、多久頭魂とは紀伊国造族祖の天手力男命だから肯ける。「天孫本紀」に饒速日命の妃と記す天道日女命（この者が天香語山命の母とする記事は疑問）が多久豆玉命の孫で、楯縫連の祖・彦狭知命《ひさこしり》（但馬国気多郡式内の楯縫神社〔豊岡市日高町鶴岡〕の祭神）の姉妹という系図もあるから、この点でも物部氏と紀伊氏族との通婚や結付きが知られる。②のグループは天目一箇命の流れで、物部同族だから、この辺も史実としてはありうる。

以上のように整理すると、「随伴三十二神」の記事は、多くが後世に編纂されたものとなる。だから、饒速日命の畿内入りに随伴した神々がいても、ごく少なかった（とはいえ、各氏族で伝える祖神の名をあげる意味で、誤伝があっても、記事は興味深い）。この随伴神の大部分を除去した残りの五部人・五部造や配下の物部が、実際の随行者であろうが、これも内容的には後世の表記がありえよう（次項にもいうが、出雲～播磨の経由地には配下の分布があまり見られない）。五部制の組織は、高句麗・百済にもあり、天孫ニニギの降臨にも五部神の随行が伝えられるから、ツングース系に通じる天孫族の特徴がよく現れている。

饒速日命の東遷記事は、神武東征の随行者より具体性があるともされるが、実のところ、神武のほうは東征出発時から大部隊の規模ではなかったし、饒速日命の東遷だって似たような規模である。饒速日命の東遷経路はまるで記されないから、当然に瀬戸内海・吉備を経由したとは言えず（瀬戸内沿岸部の物部の同族分布は、少ないか後世的）、経路の点では神武東征のほうがまだ具体的な形で『記・紀』に見える。

饒速日東遷の従者たち

祖先が饒速日命の従者だと「天孫本紀」に見える諸々の「物部」は、系譜や姓氏が不明であり、その末裔が『姓氏録』では「未定雑姓」に分類されるから、高天原の主流の神々の系譜からはずれた存在の祖先を持った。この辺の伝承はほぼ信頼してよさそうであるが、全てが饒速日命の当時にその配下で存在した「物部」かどうかは不明である。仮に垂仁朝の十市根命のときに初めて物部という呼称ができたのなら、饒速日命当時は「□□物部」とは呼ばれなかったのであろう。その場合、二十五物部の祖先にあたる者が随行し、子孫がそのように数えられたことになる。なかには、後世に分岐、従属した物部もあるか。

「天孫本紀」に天物部等二十五部としてあげるのは、二田物部、当麻物部、芹田物部、鳥見物部、横田物部、嶋戸物部、浮田物部、巷宜《そが》物部、疋田物部、酒人物部、田尻物部、赤間物部、久米物部、狭竹物部、大豆物部、肩野物部、羽束物部、尋津《ひろきつ》物部、布都留物部、住跡物部、讃岐三野物部、相槻物部、筑紫聞物部、播磨物部、筑紫贄田物部である。その殆どが畿内に地名の痕跡が残り、このほか、阿刀物部、網部物部、筑紫弦田物部などもある。これらのうち、二田、芹田、酒人（坂戸）、久米（来目）、肩野（交野）の諸物部は割合有力で、なかには種族的に列島原住民の流れを汲む久米種族の関連、混淆も考えられる。

ともあれ、二十五物部等の上古代の地域配置を考えることによって、河内・大和あたりから北九州の遠賀川流域の筑前国鞍手・遠賀両郡や企救郡あたり、更に筑後のほうまで遡って祖系を辿れる可能性がある。このことは、鳥越憲三郎氏などが早くに指摘しており、総じて妥当といえよう。畿内では、遷住後に河内・摂津・大和などの各地への定着が、地名や諸氏の分布から分かる（注意すべきは、饒速日命一代で九州から畿内まで移動したかという問題である。様々な傍証から考えると、結論的には、饒速日の父の代に九州から出雲へ行き、饒速日は出雲で生まれて畿内入りしたのではないかとみられる。この辺の諸事情は、追って記述していく）。

このほか、饒速日命降臨に供奉したとされる五部造・五部人は、船長として跡部首、梶取（舵取）として阿刀造、船子として倭鍛師、笠縫部、為奈《いなべ》部の各々の祖先があげられる。物部氏に属する品部として、鍛冶・神事用の笠作り・木工職（船作りか）があったことが知られる。ここに、物部氏の初期分岐とされる阿刀連関係が見えることに留意される。

これら物部の従者系統のうち、畿内で勢力のあったものは『姓氏録』の未定雑姓（以下では「未」として記載）であげられる。そうした主なものに、原造（未、右京）、峴度《さかと》造（坂戸造）、坂戸物部（未、右京。同上族）、二田物部（未、右京）、二田物部首（贄田物部首）、物部二田連、二田造（物部二田造）、相槻《なみつき》物部（未、山城）、竝槻《なみつき》宿祢、当麻物部、阿刀部（未、摂津）、阿刀造、跡部首、尋来津《ひろきつ》首（未、右京）などがある。

「天神本紀」に五部造の一として見える大庭造は、饒速日命の天降りで伴領として天物部を率いたという。氏の名の大庭は、和泉国大鳥郡大庭寺の地名に見え、筑前国上座郡把伎郷の大庭（現・福岡県朝倉市大庭）も先祖縁故の地か。ここは筑後川中流北岸で、天神社と大刀八幡宮が鎮座する。その祖とする天津麻良命は、「天神本紀」に物部造らの祖とある天津麻良でもあり、天目一箇命に同じとみられるから、物部同族となろう。各地の地名等の近在から見て、坂戸物部・坂戸造は大庭造に近い同族ではなかろうか。

これら物部を名乗る部族は、「物部」の職掌に因るが、支配系統の長（伴造）が必ずしも物部連一族とは限られない模様である。とくに北陸道・出羽に分布の諸物部は、大彦命や大幡主による北陸道の遠征・平定に軍事部隊で随行、定住したものか。二田物部・芹田物部は、越の各地から出羽まで日本海沿岸部にも広く分布した（山形県酒田市には芹田と穂積の地名が近隣する）。二田物部の後裔が越後国三島郡二田村の式内社・物部神社の神主として後世に残り、長橋連姓と称したなど、関係する苗字が三島郡に見える。同郡多岐郷に多岐神社があり、物部五百足の名も木簡に見える（『木簡研究』十六。一六〇頁）。二田（贄田）物部の後裔が常陸国多賀郡の佐波波地祇神社の神主家にもあって、穂積を名乗った。

芹田物部は、加賀国加賀郡や信濃国水内郡に芹田郷があり、後者では長野市稲葉中千田に芹田上神社・芹田下神社（いま祭神は諏訪神系）が鎮座する。芹田の地名が新潟県の上越市安塚区芹田・南魚沼市芹田、山形県酒田市芹田、秋田県にかほ市芹田と連続する。丹波国氷上郡には式内の芹田神社（祭神という高雄神命は水神か）があり、出雲にも熊野大社の西南方近隣に大原郡式内の西利太《せりだ》神社（風土記の世裡陀社。島根県雲南市大東町清田）が阿用郷にあって、この一帯が古代の鉄産地にふさわしく、鍛冶神金山彦神を祀る。その西北近隣には、伊佐山神社（風土記の伊佐山社。同郡屋裏郷で、同市大東町遠所）も見える。

坂戸（尺度）物部も美濃・三河から相模・上総・武蔵・常陸、

芹田上神社（長野市）

更には陸前にまで展開し、東国にはサカトの地名が陸続する。相模国鎌倉郡には尺度郷（藤沢市坂戸）が『和名抄』に見え、出雲の東隣にも伯耆国汗入《あせり》郡尺度郷があって、平城宮木簡に「伯耆国汗入郡尺刀郷」と見える。穂積臣の祖・内色許男命の母が近江の三上祝から出た坂戸由良都媛であったことで、倭建東征には穂積一族とともに坂戸物部も随行したか。上総の君津郡袖ケ浦（現・袖ケ浦市）の坂戸市場にある坂戸神社では、「一目御供《ひとめごくう》」という神事があったと伝え、天目一箇命を想起させるし、同社は望陀《まくだ》（馬来田）国造の奉斎が考えられ（鈴木仲秋氏、『日本の神々』十一）、同国造は天目一箇命後裔の三上祝同族であった。当地は、倭建東征往路近辺で木更津の北方近隣に位置した。常陸の鹿島神宮摂社にも坂戸神社がある。

畿内では、大和に平群郡坂門郷（坂戸郷）や十市郡式内の坂門神社（橿原市中町の阪門神社。祭神は経津主神など）、河内の古市郡尺土郷（羽曳野市尺度）がある。河内尺土の西南の利雁《とかり》山に鎮座の式内社、利鴈神社にも関与したか。同社は、明治に富田林市宮町の美具久留《むぐくる》御魂神社（石川郡式内社）に合祀で摂社となり、旧社地の尺度にも同名社が再建された。

唐古・鍵遺跡の主人公

上古の物部氏族の主居住地についてもふれると、「穂積」とその遺称地に着目される。河内への降臨伝承が残る石切劔箭命神社の社家が、初め穂積と称したことを先に見たが、大和の添下郡登美の後に、東南方向に進み奈良盆地東部の十市郡に移遷した。

その地・保津（奈良県磯城郡田原本町保津）は穂積に由来する。当地は、弥生後期を代表する大遺跡たる唐古・鍵遺跡の南西二キロほどの近隣に位置し、保津・宮古遺跡（前者とほぼ一体かもしれない）

㊤鏡作伊多神社
㊦環濠を残す保津集落
（いずれも田原本町保津）

もあって石鏃・勾玉などが出た。明治期の鈴木真年も『史略名称訓義』で、可美真手命が大和国十市郡穂積里に居たとして、穂積氏本宗説を記すから、広く保津を含む一帯として捉えてよい。保津には鏡作伊多神社もあり、祭神を石凝姥命として、摂社に宇間志麻遅神社がある。鏡作造は先祖を石凝姥命とするが、物部氏の同族一派とみられる（その先祖・天科刀見命は饒速日命の兄弟か）。

さて、弥生期大和の最大集落跡とされる唐古・鍵あたりに居た住民は、高度の青銅器（及び若干の鉄器）や土器製作の技術を持ち、近畿地方に広く分布する銅鐸を製作した。唐古・鍵遺跡は、奈良盆地の中央部にあって、初瀬川や南北道の下ツ道が近隣を通る水陸交通の要衝に位置した。平成四年（一九九二）の調査で環濠集落と確認され、大量の銅鐸・銅剣・銅鏃鋳型や、後には勾玉も発見された。銅鐸と銅剣の同じ場所での製造は、九州と近畿の代表的な銅器文化を持った部族の居住を示している（『唐古・鍵遺跡の考古学』）。遺跡内で出た銅鐸片と出雲の加茂岩倉遺跡出土の銅鐸は、

唐古・鍵遺跡（奈良県田原本町）

唐古・鍵遺跡出土の銅鐸鋳型外枠
（田原本町教育委員会提供）

成分が極めて類似するとされる。

弥生後期には、同遺跡の環濠は四、五重に巡らされ、環濠帯の広さも最大規模となって、遺跡の面積は近畿地方最大級とされる（外壕を含め約四二ヘクタールとの試算もある）。弥生中期末頃から周辺の環壕が消滅するなかで、この環壕遺跡が巨大化して権力の集中を窺わせ、楼閣を持った建物には支配者が想定される。これが、神武到来前のウマシマチの時期か。

同遺跡から北九州産とみられる土器も出土し、近畿では初めての発見とされる。この土器は瓶の口縁部の破片である（北九州の立岩遺跡類似の土製投弾も出た）。これは須玖式土器に近いともされ、土器の時期は弥生中期中ごろ（具体的には紀元前一世紀ごろか）とされるが、最近の弥生期年代の遡上の見方には、私は疑問があり、もっと遅い後末期ではなかろうか。同遺跡から東海や中国地方の土器も既に確認されており、田崎博之愛媛大教授は「後の時代の魏志倭人伝に奴国や伊都国として記された地域の土器だろう。唐古・鍵との間で人の往来があったのでは」とみる。この集落は古墳時代前期頃（三世紀末頃か）まで存在していて、その後は主体がどこかへ移動したとされる。移動先については、初瀬川水系上流で三輪山麓の纒向遺跡という説（石野博信氏）もあるが、これには疑問がある。

上古の大和朝廷の初期ないし前期の段階において、二つの大遺跡のなかで交替的な形が生じたのが確かだとしても、唐古・鍵遺跡の主体たる物部氏は布留遺跡（天理市布留町・三島町・守目堂町の一帯）などに移り、纒向遺跡のほうは別途、王都として大和王権により造成、建設され、崇神天皇がその主となったとみられる。

纒向遺跡の規模は唐古・鍵遺跡の二倍超もあり、唐古・鍵から纒向遺跡への移遷はなかったとみるものである（奈良盆地東部に限定して王権勢力の移動を考えるのは、視野が狭い難点がある。なぜなら、盆地西部の葛城地方では御所市の秋津遺跡の発掘が最近進み、大型建物の存在と規模の大きさで注目される。布留1、2式土器の出土などで四世紀代の遺跡かとみられているが、出土銅鏃の形状等から時期を更に古くみる見方もある。近隣の中西遺跡まで含めると面積規模がさらに拡大し、付近には第六代孝安天皇の室秋津宮の伝承もあるから、当時の王都の可能性すらある。奈良盆地の遺跡発掘が更に進むと事情が分かるが、上記石野氏のような、盆地東部に限定した議論は問題が大きい）。

布留遺跡出土の馬歯と馬骨（5～6世紀）
＝埋蔵文化財天理教調査団提供

布留遺跡では、杣之内地区の大溝から須恵器や土師器などの多数の土器とともに、鍛冶関連の遺物や滑石製模造品の祭祀遺物、馬歯・馬骨が出土した。大溝に面した北西部と南東部に多くの掘立柱建物跡や竪穴建物群が見つかり、その建物跡から鉄鉗《かなはし》や鉄滓、ふいご羽口破片らが出土して、この付近が玉作り、ガラス・鍛冶の工房とが分かる。布留遺跡からは、渡来人との関わりを示す五世紀の韓式系土器なども出た。

石上神宮に関与して、物部氏の祖の伊香色雄や十市根は、十市郡穂積辺りに居た本宗から分かれ、神宮の西側周辺から南方にかけて位置する布留遺跡に本拠を移したのであろう。穂積氏のほうも、ほぼ同じ時期に

布留遺跡出土の鍛冶関連遺物（埋蔵文化財天理教調査団提供）

保津遺跡辺りから山辺郡に移遷したともみられる。（その頃、別途、穂積氏は摂津の島下郡方面にも進出した）。その後、物部嫡宗家は代々山辺郡の天理市中央部辺りを本拠とした。山辺郡にも穂積郷（現在の奈良県天理市前栽付近に比定）をあげる『和名抄』一本もあり、これが妥当ならその郷域内になるかもしれない。布留遺跡周辺の杣之内古墳群や石上・豊田古墳群が物部一族の墳墓とみられることは先に触れた。

豊中市南部の穂積遺跡から出土したのが弥生後期の土器様式「穂積式」であり、大和の布留遺跡から出たのが古式土師器として有名な「布留式」であって、これらが物部氏の故地・遠賀川流域の遠賀川式土器につながる。近畿で遠賀川式土器を伝える史跡が東大阪市の鬼塚遺跡（箱殿町・豊浦町など）であり、北に隣接する西ノ辻遺跡と併せて規模が大きいが、その真北一キロほどには穂積一族が古来奉斎してきた石切劔箭《つるぎや》神社が鎮座する。

守屋滅亡時の河内は、物部氏の本拠地のように多くみられているが、尾輿大連のころまでは大和が本拠だとみられる。河内は、「阿刀の別業」の名が示すように、もとは別荘地域であった。守屋大連が「弓削大連」といわれるように、当地の弓削連との母系の所縁が強く、この辺りに居住したことで、蘇我氏との主戦場に河内がなっている。

和泉の池上曽根遺跡

布留遺跡に関連して、和泉の池上曽根遺跡にも触れておく。

この遺跡は、大阪府の和泉市池上町と泉大津市曽根町とにまたがる弥生期の大環濠集落遺跡で、二重の環濠で囲まれた居住区が約二五ヘクタール、総面積で六〇ヘクタールに達する。高床式大型建物、鉄製品の工房も検出された。環濠内からは、膨大な量の土器、石器（サヌカイト製の打製石器、石包丁）、日常什器、漁具、農耕具や、鳥形木製品や男根状木製品など特殊な祭祀遺物も出た。環濠外では二十基の方形周溝墓や土器棺墓群もあるが、ここでは環濠の主築造者に検討対象を限定しておく。わが国の環濠集落は、高地性集落とともに弥生期の軍事的緊張状態を反映する遺跡と考えられている。

環濠集落の最盛期は弥生中期（現在、紀元前一世紀後半頃とみられている）頃とするのが多く、そうした年代を具体的に示唆するものとして、出土した大型建物の柱材の年輪年代法による算出数値（紀元前約五〇年）がよく知られる。この数値は、炭素14年代法による算出数値と並んで、自然科学的手法による「理論計算値」である。それが、弥生土器などによる従来の考古学的手法により積み上げられた年代数値を大幅に遡上させるものである（多数説的にいえば、百年ないしそれ以上の遡上）。総合的な検証抜きで、この数値だけが一人歩きするのは疑問でもある（適正な較正曲線が設定されているかが疑問）。この池上曽根遺跡や河内の亀井遺跡からは、故意に破壊された銅鐸破片が出土した事情もあり、多く弥生中期の遺跡とされるも、これでもまだ遡上しすぎではなかろうか。

池上曽根遺跡の終焉は弥生後期（畿内Ｖ期）の後半代かとされる。池上曽根遺跡の史跡指定地のすぐ西側に曽祢神社（和泉市北曽根町天神）があるが、古墳時代初頭の土器が同神社付近でまとまって確認され、この時期には集落の中心部が西方に移動していた。さらに、池上曽根遺跡からみると南方に約一・五キロ離れる豊中遺跡があり、特殊な木製品や銅釧などの出土事情から中核的な集落とみられ、その辺りには和泉国府址（和泉市府中町五丁目）があって、古来から和泉の中心であった。

池上曽根遺跡に関係したとみられる氏族・部族を考えると、物部氏の配下にあった久米部族関係者ではなかろうか。曽根遺跡近隣の「二田・曽根」という地名に着目されるからである。曽祢神社奉斎に代表される曽根連が有勢であり、二田の地名や同社境内の二田物部神から物部二田造の存在もあった。その氏人には物部二田造塩がおり、大化五年（六四九）に蘇我倉山田麻呂の首を斬っている（『書紀』同年三月条）。曽根連（曽祢連）は、『姓氏録』では物部連支流とするが（同書に伊香色男命後裔と伝えるが、「天孫本紀」に見えない気津別命が祖とされ、大和の真神原の真神田曽祢連の流れとされる）、各地の曽根・曽爾などの地名分布などもふまえて考えると、本来は物部の配下にあった久米部族の出とみられる。

池上曽根遺跡

久米物部（来目物部）は、饒速日命に供奉した天降り（東遷）随行者のなかにあげられ、後に蘇我蝦夷大臣の命を受け境部臣摩理勢を絞殺した来目物部伊区比がいた（『書紀』舒明即位前紀）。こうした畿内来住の時期から考えて、池上曽根遺跡の主居住者が久米部族であったのなら、同遺跡の最盛期も弥生中期末か弥生後期とみるのが妥当とあろう。古氏族の系譜に拠る限り、曽根遺跡の最盛期は西暦二世紀前葉頃までしか遡らない。年輪年代法による算出値が出される以前の考古学者の多数説ですら、それが紀元一世紀中葉頃だったとすると、これであっても五十～百年ほど年代推定値が早過ぎると考えられる（弥生時代の年代推定は、従来から、総じて遡上しすぎではないかという反省が必要と思われる）。

曽根連の本宗的な存在が大和国広瀬郡川合村の広瀬神社（廣瀬坐和加宇加売命神社。現・廣瀬大社で、北葛城郡河合町川合に鎮座）の神主家であり、『書紀』天武天皇四年条には大山中曽根連韓犬《からいぬ》の斎主への任命が見える。祠官一族に曽根、樋口などの諸氏があって長く続き、平安中期の有名な歌人、丹後掾曽祢好忠もこの一族の出か（具体的な系譜は不明）。

饒速日命の祖系

物部氏族ではその始祖饒速日命について、天押穂耳尊の子で天火明命と同人だという伝承をもっていた。これが皇室系統の伝承と合致しなかったことなどの事情で、記紀では天孫系の系譜を暗示する表現にとどまる（天火明命が天忍穂耳命の子だと書紀の一書第六及び第八に記されるが、それにもまして、九州系統の出で神武に先立ち大和に入り、その支配階級となったことも忌避されたものか）。これに加え、尾張氏の系譜仮冒では天火明命が尾張氏族の祖とされており、これも書紀の一書に採られ、『姓氏録』

はこの路線を踏襲する。

饒速日命が天孫族の血筋にあったことはまず間違いない。記紀ともに「天神の子」と記されるが、ここでの「天神」とは天孫族の神の意である。神武について、『古事記』は即位するまで一貫して十二例で「天神御子」と記される例からも言える（この表現は、ニニギの命と木花開耶《このはなさくや》姫命姉妹との婚姻に関して、父親の大山祇神が述べる言葉のなかに、ニニギについても用いられる。ただ、神武の十二例のなかには、ニニギについて言われるものも含むか）。

『書紀』には、饒速日命が大和に携えてきた表象物は「天羽羽矢と歩靫《かちゆき》」とされ、神武天皇も長髄彦が提示するそれら宝物を見て、天孫族の同族だと認めている。ニニギの降臨のときにも、大伴連の先祖神が「天羽羽矢と天磐靫《いわゆき》」を持って随行した。天鹿児弓・天羽羽矢は、天稚彦が葦原中国に派遣された時に高皇産霊尊から賜ったとあり、これを取って雉を射殺したと見える。

これに関連し、神武の東遷を「天神御子の天降り」と言う『古事記』の表現にも留意される。東北アジアの古習俗では、先祖の地、故地からの移遷が「天降り」と慣用的に表現される。わが国でも、天孫族ニニギのほかは、饒速日命や鴨族の祖にしか同種伝承がない。

それでは、饒速日命の祖系が具体的にどうだったのかという問題になる。太田亮博士は、『姓氏家系大辞典』モノノベ条ではなんら触れない（同辞典の最初に見える「皇室御系図」では「天孫本紀」を引く形で記事あり）。『押小路家譜』でも、饒速日命の父祖について触れず、系図は饒速日命から始める。次ぎに、「天孫本紀」に記されるように、天照大神の子の天忍穂耳尊の長子という天火明命と饒速日命とが同人かという問題もある。天忍穂耳尊の長子が饒速日命だとする系譜は、『亀井家譜』や『本荘家譜』にも見えるが、疑問が大きい。「皇孫本紀」ではニニギ尊の子に「火明命（工造らの祖）」

と見えるのに符合しないし、こちらの記事にも疑問がある。ともあれ、この辺は後世の物部氏一族の僭称とされよう。

その関係の見方の第一は、饒速日命の名前が異様に長いことである。『旧事本紀』では、「天照国照彦天火明櫛玉饒速日尊」とされるが、これは、「天照国照彦天火明」なる者と「櫛玉饒速日尊」という別人二人の名前の接合とみられる。『書紀』では神武即位前紀に、最初に「櫛玉饒速日命」と見えて、次ぎに二個所は饒速日命とのみ見える。『姓氏録』では、饒速日命は天神で、天火明命は天孫（天照大神の系）として、両者をまったく別とする取扱いをする（天火明命を尾張連の祖とするのは、尾張氏による系譜仮冒で、火明命の嫡系は実際には邪馬台国王家につながる）。なお、胆杵磯丹杵穂《いきしにきほ》命は饒速日命の別名ともされるが、実際には別人（饒速日命の祖父）であり、天照御魂神のほうは饒速日命の別名ではない。

第二には、饒速日命の世代や活動時期が合わない。饒速日命の妻が長髄彦の妹で、これと同世代であり、その子のウマシマチが神武朝の大夫と伝え、神武と同世代となるから、こうした世代対応からすれば、饒速日命は神武の父たる火遠理命と同世代になる。だから、饒速日命が火遠理命の兄弟という位置づけならともかく、瓊瓊杵命の兄弟で、しかもその兄とされるのは、世代が符合しない（火明命を火遠理命の兄弟とする所伝もあるが、本来別人）。

『姓氏録』では、物部氏族諸氏を天孫部に置かないで、天神部に置く。これは、天孫としてどこに位置づけるかについて編者が確証をえなかったことに因るのであろう。饒速日命を天火明命と同神にも、その子にも、置きがたいという同書の判断がうかがわれる。

谷川健一氏は、少彦名神を祖とする鳥取部と物部との近縁性、物部・鳥取部がともに鍛冶技術に優れたことを指摘する（『白鳥伝説』など）。少彦名神が出雲の大穴持命の国造りに協力したことは記紀等に見える。少彦名神と天目一箇命の兄弟が出雲で活動したことは、各々に比定される神々が別名で表記とはいえ、『出雲国風土記』に見え傍証される。出雲国造家も、同国意宇郡の大庭や山代郷に本来の本拠をもち、熊野大神を奉斎した。実際の出自は、天目一箇命の後裔と推される（天穂日命は後出の神。拙著『越と出雲の夜明け』参照）。

饒速日命の父は誰か

ニギハヤヒが神武天皇の一世代前の人と位置づければ、考えうる系譜の可能性としては、次の三つが主なケースと思われる。それが、①高天原の主（邪馬台国王）の天火明命の子、②天降りして「日向」の主（筑前の伊都支分国の王）となったニニギの兄（ないし子）、③天孫族同族の天目一箇命の子、というものである。これらのうち、火明命とニギハヤヒとが別神だとすると、②の可能性はまず消える。しかも②では、大和への侵攻者神武との血縁関係が近すぎるという難点もある。

①のほうは比較的無難である。というのは、ニギハヤヒと天火明命とが同神だとの伝承があり、かつ、太田亮博士などの指摘にもあるように、筑後国の御井・山本両郡あたりには、物部関係の氏族・神々・地名の分布が濃厚で、物部氏の遠い淵源があること（これは私も同旨）、「高天原」たる邪馬台国の中心地域が御井郡一帯の筑後川中・下流域とみられるなどの諸事情があるからである（守屋尚氏の推定がこの立場）。しかし、こうした①の所伝は殆ど残らない（そうした所伝も偽書かそれに近い存在の書に見えるが、問題が大きい）。

それ以上に、a古代氏族の奉斎神の実態及び物部氏族の奉斎神・氏神がフツヌシであること、b

古代の鍛冶部族の殆ど全てが天目一箇命後裔に出ており（天目一箇命の兄弟の少彦名神の後裔となる鳥取部造にも鍛冶部族の色彩がある。わが国の繊維・衣服関係氏族は殆どが少彦名神の後裔という例もある）、物部氏族には鍛冶部族の性格が強いこと、c山代国造と物部氏とがイキシニホを共通の祖神とすること、d物部の祖ウマシマチが神武天皇に降伏した経緯から見て、神武のほうが邪馬台国・伊都国の王統に近かった雰囲気があること（これは感触に過ぎないが）、などから、結局は③の立場を私はとるようになった。

これをもう少し説明すると、近江国栗太郡物部村（現・守山市勝部）の勝部神社の祭神事情がある。同社は式内社ではないが、『文徳実録』及び『三代実録』に「物部布津神」として記載される国史見在の古社であり、物部布津神を主神とし（『肥前国風土記』三根郡条にも物部経津主神と見える）、火明命・宇麻志間知命を祭神とする。この三神は「物部布津神―火明命（この場合、饒速日命同神を指すものと解される）―宇麻志間知命」という物部祖神の歴代をあらわすように受け取られる。経津主神について、吉野裕氏（東洋文庫『風土記』）や水野祐氏は、『古事記』の「布都の御魂」と対応する剣の神ないしその神格化とみており、風土記の島根郡山口郷条に見える都留支日古命《つるぎひこ》（「剣彦」の意。須佐能袁命の御子（実は後裔の女婿か）と記述）や意宇郡山代郷条に見える山代日子命（大穴持命の御子と記述も、これも「女婿」の意か。山代国造の祖にもなる）につながる。畑井弘氏は、朝鮮語の解釈を通じて、饒速日とは「雷光・砥ぐ（磨く）・刀」の意と受けとめ、フツノミタマそのものにほかならないと指摘する（『物部氏の伝承』）。フツノミタマとは経津主神に当たるが、近親の饒速日命にも同様な性格があった。

山代国造が祖とする伊岐志邇保命《いきしにほ》（「天神本紀」）は物部連の祖・五十研丹穂命（「伊福部系譜」で伊

伎志爾冨命、『姓氏録』河内神別の若湯坐連や未定雑姓和泉の大部首〔両氏は大売布の後裔〕の条では胆杵磯丹杵穂命と表記）と同神であり、この神は筑紫の大己貴命の子（娘婿が実態。娘婿も「子」に含めて表記される場合がある）にあたり、実体は天津彦根命（天稚彦。天目一箇命らの父神）にあたる。天神の徴たる天羽羽矢を天稚彦も、天照大神から与えられたと伝えるなど、天稚彦と饒速日命とは葬礼に関し共通点（使者で速飄《はやかぜ》の派遣、弔いの期間）があり、両者が同じ血脈にあると戸矢学氏は指摘する（『ニギハヤヒ』）。

これらの諸事情や、物部氏族の鍛冶部族性、武神的性格や出雲との関連から見て、経津主神こと鍛冶神天目一箇命（別名が天津麻羅命、天御蔭命、天御影命、都留支《つるぎ》日子命、天鳥船命）の子に饒速日命を位置づけるのが最も妥当だと判断される（ここに詳細に書ききれないが、物部氏遠祖と山祇族諸氏との通婚や、磐船と天鳥船命の関係から見ても、この感触が深まる）。天目一箇命は出雲の天夷鳥命とも同神であり、「角井系図」に天夷鳥命の子で、出雲国造祖の伊佐我命の弟とされる櫛玉命こそ饒速日命である。ここで、出雲国造家と物部氏族の分岐過程が明確になる。

『姓氏録』和泉神別の大庭造は、物部氏族グループから離れて置かれるが、「天津麻良命の後」と記される。この「天津麻良」が饒速日命随行の舵取・船子のなかに見える「天麻良、天津麻浦、天津麻占」にも当たる可能性があり、鍛冶にもつながる。

饒速日命の父が天目一箇命なら、世代的にも問題がないし、凡河内国造・山代国造や天御影神を祀る近江の三上祝とも同祖となる。天目一箇命の弟の少彦名神の後裔となる玉作部・安芸国造一族から物部文連・物部鏡連が出た事情や、経津主神の後裔と称して物部や兵器に関連深い弓削連・矢作連が少彦名神の後裔に出た事情にも留意される。饒速日命の母は不明だが、山祇族系の紀伊国造族の出か（月神関連祭祀や紀伊氏族の同行などの事情）。

問題は、饒速日命が北九州の遠賀川流域から直接に河内に来たのか、それとも祖神の活動も見える出雲あたりを経由したのかということである。

様々な資料を見ると、物部氏の出雲経由に傾くが、出雲にはその端的な痕跡や物部分布があまりない。饒速日命の随行者にはイナベ（為奈部、猪名部）という船造り木工集団もいたから、あるいは出雲から陸路で播磨へ行き、そこから船で河内へ移動した可能性も考えられる。『播磨国風土記』揖保郡広山里条には「品太天皇（応神）の御世に出雲の御蔭大神が神尾山に居て、行く人の半数を殺した」ので、朝廷は額田部連久等を派遣して祈願させたと見えるから、御蔭大神（すなわち天目一箇命）が出雲の神と知られる。広山里の次の枚方里条には、たんに「出雲の大神」が神尾山に居るとも見える。

これに関連して言えば、丹波一宮の出雲大神宮（名神大社。京都府亀岡市千歳町出雲）は、元出雲ともいわれる。御蔭山を神体とし、山腹にある磐座群での祭儀が今も行われる。今は主祭神が大国主命夫妻だが、配祀とされる天津彦根命・天夷鳥命こそ、出雲国造の祖であり、本来の祭神とみられる。天夷鳥命は、その別名が天御蔭命、天目一箇命であった。

物部の上古代分布は、瀬戸内海沿岸部にあまり多くない。かつ、四国伊予の物部一族の来住が応神朝頃で、時期がすこし遅れる。出雲と紀伊の地名類似も鏡味完二氏が指摘するから、これは紀伊氏族の出雲からの移遷を示唆する。饒速日の随伴神には、紀伊氏族諸氏の祖神もかなり見えるし（前述）、同族の楯縫連に因む出雲国楯縫郡も島根半島にあった。

『旧事本紀』の神々は抹殺されたか

神武より前に物部氏族の王国が大和にあったとみて、それを「物部王朝」とか「饒速日尊《みこと》王朝」と名づけて、饒速日を神武の前の大和の統治者とみる立場もある（鳥越憲三郎、安本美典氏、戸矢学などの諸氏）。こうした見方からは、物部氏の祖先神・神統譜や歴史は、饒速日命も含めて抹殺されたとみる説がある（その抹殺主体として、蘇我氏とか藤原氏とかを考える）。しかし、これは恣意的な拡張解釈に過ぎない。そもそも、「王朝」とは、支配に血縁的連続性をもつ継承（世襲）がなされた歴代君主の集合、と定義されるのが普通だから、饒速日命一代の勢力が大きかったと認めても、これでは「王朝」に値しないし、国家としての統治機構があったとも思われない（原始国家的な首長連合体まで認めても、「王国」の組織が具体的に見えない）。物部氏の歴史も、ことさらに記紀から抹殺されたといえるものではない。

記紀の記事を見ても、饒速日命の天孫族出自をとくに否定していない。その携行した天孫の象徴という神宝の記事もあるからである。その事績も、大和入り後にさほど目ぼしいわけでもない（早くに死去したものか？）。饒速日の父親が実際にも天照大神の長子・天忍穂耳尊ではなかったのだから、「天孫本紀」に物部氏が天孫族嫡流というのは、自らの系譜の仮冒・誇称にすぎない。『書紀』では、「神武天皇は、東方に美しい土地があり、天磐船で先に降りた者がいると塩土老翁《おじ》から聞いた」という事情も記される。

鳥越憲三郎氏は、長髄彦こそ物部氏を代表とする首長であったが、朝廷の祖先に敵対したこの者を物部氏の直系の祖先とするのを憚って、系譜で消されたとみる（『神々と天皇の間』）。これも穿ちすぎであり、長髄彦は別系で三輪氏族のほうの傍系祖先であり、物部氏の祖先ではない。だから、歴史から抹消されていない（物部氏の王国が邪馬台国だとみる鳥越説も同様に拡張解釈すぎる。饒速日命は三輪の大物主神ではありえず、海神族の祖系にはなかった）。

鎌田純一氏は、記紀にあっては、「故意に物部神話を除いたということではなかった」と解する（『日本の神々』）。これが、史実解釈としても穏当なところであろう。

天照御魂神とは何か

全国の式内社・古社で、天照御魂神社がいくつかある。延喜式内社の中では、「天照御魂」を名乗る神社が四社（大和に二社、山城・摂津に各一社）あり、「天照」を名乗る神社が四社（河内・丹波・播磨・対馬）あるほか、国史見在社にも「天照」を冠する神社が見られる。その多くが火明命を祭神とするように伝え、物部関係氏族が祭祀する例があった。そこで、天照御魂神は、天火明命とか饒速日命とかの男神とみられたり、皇祖神とは別系の男性神格をもつ太陽神とみられた事情もある。これらは、この神の実体を取り違えている。

すなわち、天照御魂神といえば、自然神としての日神（太陽神）を意味するが、しかもそれを体現した特定の人格神を指すことにも留意される。具体的には、大王家を含めて各地の天孫族系古代豪族が奉祀するアマテル神は殆どが同じであり、それが皇祖神・天照大神（活玉神）という具体的な男神であった。戦後の歴史学界では、大王家が奉祀したアマテル神が国家神へと変貌し、しかも女神だと受けとめる見方が多いようであり、これが記紀成立期頃の天武～文武朝に皇祖神・天照大神として誕生（造作）したとみられている。

しかし、東夷ツングース系の天孫族は大陸・朝鮮半島にあったときから日神祭祀（太陽神信仰）

や鳥トーテミズム、天上からの降臨伝承、巨石・石神の信仰をもっていた。日本列島や畿内に来てからの話ではない。火明命は男神天照大神の孫に位置づけられるが、この実体は本来、饒速日命ではない。天孫族の諸氏では、天皇家のほかでは、物部連、出雲臣、額田部連などを代表とする。この種族の源流は、中国古代の殷・周・羌族などの東夷系（北狄ともかなりの混血か）に通じ、扶余王家の同族の流れ（ないし箕子《きし》朝鮮の王族族裔）としてよさそうである。地域的には、朝鮮半島南部の伽耶（とくに安羅。現・大韓民国慶尚南道の咸安《ハマン》郡）→忠清南道→中国の遼西から、山西省や更に遠い淵源は黄河上流部の大湾曲地帯（中国・内モンゴル自治区南部の黄河大屈曲部の内側のオルドス地方）まで遡る可能性がある。

天孫族は、日本列島の到来したときの始祖神を五十猛神（角凝魂命。スサノヲ神、八幡神でもある）としており、その子孫も男系が連綿と続くから、途中の歴代世系のなかに女神が入る余地はない。高木神（高魂命、高皇産霊尊）の子となる活玉神（生国魂神）こそ、記紀の天照大神に相当する「男神」である。わが国の天孫族は、天照大神以降に支族分岐を始めるから、それら諸氏の遠祖神として天照御魂神の名で各地で奉斎されてきた。

天照御魂神を祀る式内社について個々に見れば、次のとおりで、祭神に火明命があげられることが多いが、祭神は神社名とおりの天照御魂神とするのが妥当である。

①大和国城上郡　他田坐天照御魂神社（奈良県桜井市）　奉斎の経緯は不明で、比定される論社もいくつかあるが、大王家が日奉部などで関係したものか。

②大和国城下郡　鏡作坐天照御魂神社（奈良県磯城郡田原本町）　祭神に石凝姥命・天糠戸命も併せてあげられ、地域的にも物部同族の鏡作連氏が奉斎したか。鏡作連の祖・天科刀見命（又名、

鏡作坐天照御魂神社（田原本町八尾）

刀奈己利命）は饒速日命の兄弟とみられる。

③山城国葛野郡　木島坐天照御魂神社（京都市右京区太秦）「蚕の社」とも呼ばれ、地域的にみて鴨族（葛野県主）の奉斎で、東夷の流れをくむ秦氏も祭祀に関与したか。

④摂津国島下郡　新屋坐天照御魂神社（大阪市茨木市の福井、宿久庄及び西河原に論社が鎮座）。地域的に見て、穂積臣か三島県主かが奉斎。近隣の茨木市東奈良で銅鐸鋳型が多数発見され、伊勢国朝明郡の穂積神社（川島明神）付近からも銅鐸が出た。

また、饒速日命など物部族が畿内に遷住する前の居住地、北九州の遠賀川流域にも、旧福岡県鞍手郡宮田町磯光、現・宮若市域に天照神社（粥田《かいた》荘の惣社）がある。

以上のように見ると、物部氏の広い意味での同族（少彦名神後裔氏族も含む）が「天照御魂神」を奉斎した。その実体はともあれ、物部氏の日神信仰は明らかである。

ウマシマチの兄弟の流れ―武蔵国造と同族の東国諸国造

武蔵国足立郡大宮（さいたま市大宮区）、氷川神社の祠官家に西角井《つのい》氏があった。その系図が、『埼玉叢書』第三所収の「武蔵国一宮氷川神社書上」のなかに「西角井従五位物部忠正家系」として記載される。この家は武蔵国造の支流の出で、もと大部《おおとも》直、次ぎに武蔵宿祢姓となった内倉氏が元であるが、江戸時代に同族の物部直後裔の角井重臣が養嗣に入って物部姓を名乗った。その系譜では、出雲国造の遠祖の天夷鳥命の子の伊佐我命（一名櫛八玉命）の弟にあげる出雲建子命が先祖とされる。出雲建子命は、又名を櫛玉命、伊勢都彦命といい、始めは伊勢国度会県に居たが、神武天皇の御宇に東国に来たと伝える。

氷川神社（さいたま市大宮区）

その伝承は、『伊勢国風土記』逸文にも見え、神武が伊勢に派遣した天日別命により、伊勢津彦が伊勢から追い出されたとされる。その退散時には、大風を四度も起こし、光輝いて日の如くとあるから、「金鵄」や出雲の佐太大神（後述）のような天孫族の特徴を顕著に示した。宣長などからは、伊勢津彦を諏訪神建御名方命と混同されるが、上記特徴からしても別族別人であった。『播磨国風土記』には揖保郡林田里の伊勢野の条に見える「伊和大神の子」（実態は出雲の大穴持神の女婿）の「伊勢都比古命」とも同神であり、この意味では上記「西角井家系」の記事と風土記記事とは符合する。

しかし、時代等を考えると、出雲建子命とは「櫛玉命＝

饒速日命」であって、現実に伊勢から東遷の「伊勢都彦」のほうは、その子の神狭命に比定される（「国造本紀」には、神狭命に「二井之宇迦諸忍」とよく分からない複雑な修飾語が付くが、「宇賀迦」とも記すから、或いは、王権に逆らい怪光を発した悪神と神代紀に伝える星神・天香香《かが》背男〔天津甕星〕にも当たるか。饒速日命に当たる佐太大神が出雲の加賀岩窟で誕生のとき発光したというから、その近親か。香香背男は悪神にも拘わらず、奉斎神社は伊賀や東国の常陸・両毛・両総などに数多い〔田中卓氏は、久我直祖の天背男命に当たるとみるが、疑問。天背男の子孫が香香背男となろう〕。茨城県那珂郡東海村石神外宿の石神社の御神の巨岩がこの神の形というから、この点でも饒速日命に通じる）。谷川健一氏も、九州勢力の大和侵攻（「邪馬台国東遷」と表現）に伴い、畿内周辺部にいた物部氏傍流はこの政権中核に参加することなく、「蝦夷」と共に行動し東国へ後退とみる（『白鳥伝説』。ただし、「邪馬台国東遷」や、長髄彦を「蝦夷」とみることは疑問大。蝦夷とか醜類・異族とみるのも誤りだと既述）。

そうすると、饒速日命の子には、ウマシマチ以外にも男子がいたことになる。神狭命の子には身《む》狭《さ》耳命が見えており、この「ムサ」が上・下二国に分かれて、ムサ上が相模、ムサ下が武蔵となったとみる説もある。「国造本紀」には、相武国造条に「志賀高穴穂朝（成務天皇朝）、武刺国造祖の神伊勢都彦命の三世孫、弟武彦命を国造に定める」とある。相模の高座郡や同郡大庭郷などの地名は物部氏一族に通じるし、大庭郷の式内・大庭神社は、奈良期の大規模集落址から見て熊野神社（藤沢市大庭）と確認されると志賀剛氏がいう（『式内社の研究』第六巻）。頼朝に対立した雄族・大庭景親は実は相模国造族の後裔であった。

相模一宮で高座郡の寒川神社は、武蔵一宮の氷川神社とは名前が通じそうであり（一説にサムもヒも「鉄」の意ともいう）、下総国千葉郡にも式内の寒川神社がある。武蔵の氷川社のうち女体神社には、古代まで遡るかは不明だが、磐船祭の祭祀遺跡もある。

伊勢津彦が居たという度会郡には興味深い古社がある。神宮内宮の摂社の一つで式内社の狭田国生《さだくなり》神社がそれで、もと寒川社とも称された。近くを流れる外城田川の古名が寒川といい、倭姫命が、天照大神を奉じて伊蘇宮から寒川を遡った時に速河彦命が参上して、その地を「畔広の狭田の国」といい、そこに当社を定めたという由来をもつ。「狭田」は出雲の表記と同じく、佐田、佐太であり、現在の地名を三重県度会郡玉城町佐田という。この由来で、サダと寒川が結びつくことが分かる。速河彦の素性は不明だが、伊勢津彦が当地に残した後裔かもしれない。相模の寒川神社に祀られる寒川大明神（寒川比古命）は、太古に相模・武蔵を中心に広く関東地方を開拓したと社伝にいい、関八州鎮護の神と称されるから、実体は伊勢から関東に遷住した伊勢津彦（含む後裔）を指すとみられる。同社の神事に武佐弓祭があり、出雲の佐太大神の風土記に見える弓矢伝承を想起させる。

寒川神社（神奈川県高座郡寒川町）

寒川神社と上総一宮の玉前《たまさき》神社（千葉県長生郡一宮町）は同じ東西線（北緯二五度二二分）の上に位置しており、後者は相武国造同族（天穂日命後裔と称）の伊甚《いじみ》国造が奉斎した。いま「玉前神」の実体が不明で、熊野速玉神か眷属神とみられ、境内社に熊野神社がある。付近の南宮社は、美濃国の蹈鞴師穂積氏が金田郷に移住してきて鍛冶神金山彦を祀ると伝える。出雲国出雲郡の式内社のなかに伊甚神社（風土記では伊自美社。松江市宍道町伊志見）があり、穀物神の稲倉魂命・武御名方命などを祀るから、伊甚国造の出雲系を傍証する。また、相模國足上郡の式内社、寒田《さむた》神社はかつては相模田神社、佐牟太神社などと称したから、創祀は出雲の佐太大神に関係したものか（佐太神と物部氏との関連は後述）。

　ともあれ、身狭耳命の後裔が上古の東国各地に繁衍して、多くの国造家を出した。そのなかでは、武蔵国造（无邪志、武刺、胸刺と表記）、相模国造（相武）や房総の上・下の海上国造・安房国造・菊麻《きくま》国造・伊甚国造・千葉国造、常陸の新治国造・多珂（高）国造が後裔だと伝える。武蔵国造は、无邪志《むさし》直を姓氏としたが、その一族に物部直もあり、聖徳太子の時代の舎人物部連兄麻呂（武蔵国造を賜ると『太子伝暦』に見える。連姓は疑問だと太田亮博士もいう）や、天平神護二年に入間宿祢を賜姓の物部直広成、さいたま市大宮の氷川神社の祠官家で大祝の岩井氏や上記角井氏につながる。

　この東国物部のなかでも、初期分岐が遠く陸奥・出羽まで行った可能性がある。奥六郡の安倍氏に長髄彦関係者の陸奥への遷住伝承があるのも、これを示唆する。陸中の胆沢郡、現在の岩手県奥州市水沢区黒石町に天台宗の寺院、黒石寺《こくせきじ》がある。その本尊、木造の薬師如来坐像には貞観四年（八六二）十二月の年紀のある墨書銘が胎内に記され、そのなかに保積部岑雄、宇治部百雄、物部近延、（二人の名が物部朝□□）、物部哀黒丸などが結縁の人々で見える（『平安遺文』金石文編一一）。この年の六月、同じ黒石町で北側近隣の陸奥鎮守府正六位上石手堰《いわてい》神（黒石神社で、社伝では陸奥国二宮。寺・社ともに胆沢城南方）が官社になり、黒石寺はその神宮寺的な存在であった（同寺の蘇民祭は日本三大奇祭の一つ）。いま天忍穂耳命とする祭神は、本来は水神（瀬織津姫）で、物部・穂積一族の祖神を祀ったものか。

陸奥国行方郡にも、高座神社（福島県南相馬市原町区押釜）がある。同社は江戸期には「白山権現」と称した事情があり（いま高皇産霊尊とか倉稲魂神などが祭神とみられている）、付近に石神の地名があるのも、物部部族に関連か。陸奥には、式内社を見ても石神社が多い（黒川郡の石神山精神社、賀美郡の賀美石神社、玉造郡の温泉石神社、桃生郡の石神社、栗原郡の遠流志別石神社、胆沢郡の磐神社〔岩手県奥州市衣川区石神にあり、巨岩が神体。アラハバキ神〕など）。

饒速日命の子女と尾張連の祖

ここで、「天孫本紀」に饒速日命の長子と記される高倉下命《たかくらじ》について、その系譜を考えてみる。同書には、饒速日命が天上にいたとき天道日女を娶って尾張連の祖・高倉下を生んだと見える（ここでの「天上」とは畿外の地とみられ、天道日女の実際の所生が上記・神狭命か）。

『姓氏録』では、天火明命の後裔と称する諸氏を見ると、尾張連・伊福部連・津守連を代表として左京・右京で二五、その他畿内地域も合計し六八氏を数える（一に五三氏ともいう）。氏族グループで見ると、尾張氏族は物部氏族に次ぐ大きなウエイトを同書で占める。

記紀によれば、神武軍は畿内に入って進軍中に、熊野で悪神の毒気により倒れたが、高倉下がもたらした剣の霊験で覚醒したという。この剣の入手経緯は、天照大神と高木神が一緒に高倉下の夢の中に現れて、建御雷神が差し出した剣を高倉下の倉に届けたので、これを神武に献上した。この剣は布都御魂ともいい、いま石上神宮に祀られる、と記される。なぜ、こうした役割を高倉下が担ったのかの説明はない。

高倉下は、「天孫本紀」の記事では「饒速日命＝天火明命」の子で、天香語山命（天香山命）と同一人物だとされる。しかし、「天香語山命」の名に相応しいのは、大和三山の香具山に絡まる月神信仰をもつ中臣氏の祖神である。神代に現れるそうした神としては、物部氏系図の記事からは「武《たけ》乳速《ちはや》命」、『延喜式』神名帳からは「天香山坐櫛真命（元名は大麻等乃知神）」がこれに相当し、具体的には天児屋根命（ないしその父神・建御雷神）に当たる（高倉下が建御雷神の剣を神武に届けたことで元の持主神と混同されたとか、天村雲命の父神という点で混同された可能性もある）。明治期の粟田寛も『国造本紀考』で、天香語山命が高倉下命とは信じられないと記しており、私も同じ見方である。

天火明命とは天孫系王統の嫡系にあたる者で、その子孫はほかの史料に見えない。妃の天道日女は紀伊国造一族と伝えるから高倉下命の生母の可能性はあろうが、天香語山命は天孫系につながらず、高倉下と同神ではない。これら諸事情から、天孫族王統から高倉下につなげる系譜には無理がある。海部直・津守連など海神族系の諸氏を一族にもつ尾張連氏が、天孫系の物部連氏と男系で同族のはずがない。物部関係には海事専門氏族が見当たらず（阿刀氏や系譜不明の物部海連くらい）、祭祀・職掌の差異は無視できない。

高倉下が「天孫本紀」で饒速日命の子に置かれるのは、その記事に「異母妹の穂屋媛を娶る」とあることに関係しよう。神統譜や『風土記』の関係では、「娘婿」のことを「子」と表現するケースがまま見られる。だから、穂屋媛が饒速日命の実娘であれば、それ故に婿の高倉下が饒速日命の子の位置におかれた可能性がある。同本紀の尾張氏系譜は、饒速日命を天火明命と同一視することで物部氏を天孫系に位置づけ、高倉下を天香語山命と同一視して石上神宮への奉仕の根源の前提を語るという見方もある。案ずるに、尾張氏のほうが先に火明命に結びつけたことで、物部氏としてもこれを尊重したのであろうか。異母妹との婚姻という形は、「天孫本紀」の原型がそうした婚姻例が多かった敏達～推古朝頃の事情を反映し、その頃に尾張氏の系譜附合の所伝が成立した可能性を窺わせる。

尾張氏族が天孫族の流れというのは、明らかに系譜仮冒であるが、『姓氏録』でも『旧事本紀』「天孫本紀」でも、高倉下を天孫に置く。「国造本紀」尾張国造条には、志賀高穴穂朝（成務天皇朝）に天別天火明命十世の孫、小止与命を国造に定めたと見える。

高倉下が神武創業の後に居たという「高尾張邑」が、葛城山麓のどこかは不明である。後世の海神族関係者の居住などから見て、津積《つつみ》郷のある忍海郡あたりが妥当であろう。高倉下は別名を「手《た》栗彦《ぐりひこ》」といい、栗栖郷も『和名抄』では同郡にあげる。忍海郡の笛吹神社（葛城市笛吹）は古社で、尾張氏族の笛吹連氏が祖神（天香山命というが、実体は高倉下を指すか）を奉斎した。笛吹神社はいま式内社・葛木坐火雷神社と合祀されるが、その伝承では、崇神朝に大彦命の陣営にあった笛吹連の祖・櫂子《かじこ》が建埴安彦の乱のときに建埴安彦を射殺する功があったという。櫂子の名は「天孫本紀」に見えないが、同書の建多乎利《たけたおり》命（火明命の六世孫で、笛吹連等の祖と記される）に相当する。高倉下の後裔には掃守《かきもり》（掃部）連もあり、居住地の葛下郡加守邑・掃守神社（葛城市加守）も笛吹の北方近隣にある。これら諸事情からみて、尾張国への移遷は後代（垂仁・景行朝か）の小止与《おとよ》のときか。

尾張国造が奉斎した熱田神宮関係では、境外摂社の高座《たかくら》結御子神社（名古屋市熱田区高蔵町）が高倉下を祭神とするとされ、「高座《たかくら》さま」と呼ばれ、尾張氏の祖神として信仰される。当社の祭神が高倉下だとしても、「高座結御子」という名義からは、「高座神の御子」（また子孫）と解され、高座神とは本来、饒速日命かその祖神を指すのではなかろうか。

高座結御子神社（名古屋市熱田区）

全国の「高座・高倉・高蔵」という名の神には、石神祭祀が多く見られる。備前の高蔵神社（岡山市北区牟佐。祭神は天照国照彦火明命とされる）がもと鎮座した高倉山頂南面に磐座がある。河内国高安郡の式内大社、天照大神高座《あまてらすおおかみたかくら》神社（八尾市教興寺）には祭殿の脇に白飯の滝があり、元宮とされる高安山中腹の境内末社・岩戸神社の地に巨岩や窟弁天という石祠がある。それらの北方近隣の高座神が伊勢津彦（既述）だと一にいう。丹波国何鹿《いかるが》郡には物部郷の地に高蔵神社（綾部市西坂町宮ヶ嶽）が鎮座する。紀伊国牟婁郡には高倉神社が多く、いま高倉下を祀るというが、熊野国造祖神の饒速日命を祀った元の実体が失われ、「高倉・高座」という神社名に影響されて、祭神も高倉下と転訛したものか（全国的にもこの傾向がある）。古代熊野に尾張氏族の繁衍もあったが、その到来時期はかなり遅れる。

筑紫の物部源流と故地

北部九州には物部関連の地名・部民・神社が濃密に分布する。これについて、畿内からの物部氏の進出とみる立場と九州が源流だとみる立場（太田亮博士以来の説）が分かれる。

前者の立場では、磐井の乱における麁鹿火大連の功績や物部氏の韓地での活動が基にあると考える。例えば、磐井の本拠地で物部麁鹿火との決戦場にもなった筑後国に、郷名・人名ともに多くの物部の関係部民が存在した。これは、磐井の乱鎮圧の功労者の物部氏に対して、乱後に部民設置が広範囲に許可されたのであろうとみる（板楠和子氏の「乱後の九州と大和政権」、『古代を考える 磐井の乱』所収）。

一方、直木孝次郎氏は、六世紀代の物部氏の朝鮮半島での目ざましい活躍を重視する。『書紀』の継体紀以降には遠征将軍や駐在使臣として物部氏の活躍が見えるが、これら活動に関連して、西日本に物部がおかれたのが少なくないとみる。肥前国三根郡の物部郷は、推古十年（六〇二）の来目皇子の新羅遠征に関係して成立という伝承をもち（『肥前国風土記』）、とくに竹斯物部・筑紫聞物部など九州北部の物部の成立には、朝鮮遠征との関係を考えるべきだとする（「物部連に関する二、三の考察」）。加藤謙吉氏もほぼ同様な立場で、『書紀』の朝鮮関係記事に多く現われる諸豪族（物部氏ばかりではなく、紀、吉備、大伴、上毛野など）が瀬戸内・北部九州の臨海部に濃密な分布を見せると言う（「古代朝鮮関係氏族に関する一考察」、『共立女子第二高等学校研究論集』四）。しかし、加藤氏の見解は、上毛野氏など個別諸氏を見ても具体的な妥当性がまったくないし、六世紀以降の韓地での活動だけで物部氏の北九州における濃密な分布を説明ができない（先に見たように、韓地関係者は物部一族のなかでも支流の出で、さほど有力とはいえず、北九州に強い地盤確保ができるような者がいない）。

そもそも、天物部二五部の多くが畿内から一斉に北九州の遠賀川流域や筑後に来たのだろうか。磐井の乱のほうが要因として説明しやすいが、物部氏一族で乱後の行賞で得たのは、筑紫君が供出した糟屋屯倉に絡む糟屋郡領の春米連《つきしね》氏くらいであろう。磐井関係の行賞なら、何故に遠賀川流域に物部の部民が濃密なのか。既に、五世紀後葉の雄略朝での伊勢の朝日郎の討伐では、筑紫の聞物部大斧手が物部目大連の配下で活動したと『書紀』に見えるが、これもまた造作だというのか。物部氏に縁由ある北九州の氏族・神社を具体的に検討して、谷川健一氏は、「すべて磐井の乱の後に北九州地方に根を下ろしたと見るのは信じがたい」と結論する（『白鳥伝説』）。

このように前者の立場には難点が多いから、物部氏の故地が北九州で、この氏族が筑後平原↓遠賀川流域↓畿内と移動したとみる説のほうが自然である。

すなわち、天孫族の一員の饒速日命一族が「高天原（＝邪馬台国）」から大和に降臨（＝東遷）したが、故地や経由地の北九州に残った一族・部民もある。それが天物部二五部のなかに見える「筑紫聞物部、筑紫弦田物部、筑紫贄田物部、竹斯物部」であった。遠賀川中流域、鞍手郡の剣大明神や分社の剣神社は物部氏の痕跡とみられる。筑後国では、浮羽（生葉）郡物部郷、竹野郡二田郷など物部の地名や物部関係神社がある。筑後国神名帳には、御井郡の正五位下物部名神ほか、「三潴郡に物部社二つ、物部山国神、山門郡に礒上物部神、物部阿志賀野神、物部田中神二社」も掲載されると太田博士は指摘する。風土記に見える福岡県小郡市の媛社神社は、時期により岩船大明神、磐船神社とも呼ばれた。

谷川健一氏も同様で、古い物部氏が磐井の乱より前に既にあり、その居住地の上に新しい物部氏が移住してきたとみる。もとの物部氏の勢力範囲が邪馬台国の領域（御井郡中心の筑紫平野）と重なるとし、筑後川流域を一望する高良山を中心とする高良神の祭祀を考える。太田亮博士の『高良山史』を参考にすると、その神は、一つは住吉や宗像・安曇など海神族の神であり、二つめは物部氏に関連の神に大別される（『白鳥伝説』）。太田博士は、高良神（高良玉垂命）が物部氏神とするが、この神こそ物部氏を含む天孫族全体の祖神で、高木神（高皇産霊尊、高魂命）のことである。

高良大社（福岡県久留米市）

高良大社には祝（大祝）として物部がおり（『平安遺文』所収の高良神社文書には、斉衡三年〔八五六〕六月十九日に祝外少初位下物部大継が見える）、その後も高良社の祠官（御厨預、祝部、神部）に物部公氏があった。同社大祝の鏡山氏や稲員《いなかず》氏などがその後裔（あるいは同族の日下部姓とも）とされる。この物部公は、中央の物部連同族ではなく、筑紫君の同族であることに留意したい（一方、景行天皇の九州巡狩に見える物部君の祖・夏花は、東国の毛野氏一族であることに注意される。筑後の物部公とは無縁で、子孫が上野国甘楽郡の貫前神社の祝部・尾崎氏や武蔵国入間郡の物部天神社祠官の宮寺氏となったと見える（『百家系図稿』巻一、物部公））。みやま市瀬高町太神にある高野宮（天慶神名帳に見える「磯上物部神」）には、七支刀を手にする古代の武人像が安置される。

地名学の鏡味完二氏は、いくつかの地域で地名の「相似的分布」を指摘した（『日本の地名』、一九六四年刊）。九州と近畿との相似地名として十一の例をあげ、「九州から近畿への大きい民団の移住ということを暗示している」と説いた。これを基に、安本美典・奥野正男氏が奈良盆地南部を限定して取り上げ、筑後川流域との地名配置の類似に着目する。こうした大枠、小枠での両地域の地名類似は妥当な指摘である。奈良盆地での関連地名の主要命名者は、神武に先行する饒速日の物部部族という可能性が大きい（太田亮博士は、中臣・大伴なども九州発祥とみるから、天皇家やこれら諸氏も、九州地名の畿内移遷に関与したか）。

四　崇神前代の物部氏の動向

闕史八代時代の物部氏歴代

神武以降で、崇神天皇の出る前の時期、いわゆる「闕史八代」の時期の物部氏の歴代について、「天孫本紀」の記事には問題がある。例えば、『書紀』に崇神朝（崇神七年八月条。垂仁二五年条の割註も崇神朝の話し）の人と見える穂積氏の祖・大水口宿祢が饒速日命の四世孫という、とんでもない世代に置かれる（生母の婚姻相手に引っ張られたか）。この辺は、上古から物部氏の系譜を伝える諸家（押小路、亀井、本荘など）の系図ではまったく異なる。

異説のほぼないところで歴代を言うと、饒速日命の子（一世孫）が宇摩志麻治命、孫（二世孫）が彦湯支命であり、その後の二世代に諸伝があって不安定で、五世孫が大綜杵命・内色雄命、六世孫が崇神朝の伊香色雄命、七世孫が垂仁・景行朝の十市根命・大新河命と続く形である。本項では、中間二世代（三世孫及び四世孫）の探索を主に行ってみる。

上記の諸家の系図では、中間の当該二世代について、三世孫が大祢命、四世孫が出石心大臣命とされており、これでほぼ問題がなさそうでもある。ところが、大祢命及び出石心大臣命の二人は、『姓氏録』にはその名がいっさい見えない。これは上古の物部本宗の歴代としては異例である。二世孫の彦湯支命ですら、河内神別の日下部条に「神饒速日命の孫、比古由支命之後」と見える。一方、当該中間二世代に入りそうな者としては、『姓氏録』等の記事には、三世孫に出雲色大臣命、四世孫に大矢口根大臣命があげられており、これらが各々、大祢命、出石心大臣命と重複しそうでもある。

①大祢命と出雲色大臣命は同人か、兄弟か

両者が同人だとみるのが守屋尚氏の説で、種々検討して私見でも同じ見方に帰着した。

というのは、「大祢」は、「天孫本紀」では「大臣」とほぼ同様な官職ないし称号とされており、五世孫の大綜杵命・大峯大尼命、六世孫の武建大尼命、七世孫の建胆心大祢命には、各々が「大尼・大祢」となって供奉したと記される。そうすると、他者と識別的な名前部分が大祢命にはないから、「天孫本紀」で兄弟におかれる出雲醜大臣命か出石心大臣命と重複する可能性も考えられる。しかも、同書には大祢命に子を記さない。一方、諸家の系図では出石心大臣命は四世孫におかれ、大矢口根大臣命と同母兄弟とされることもあるから、大祢命が重複するとしたら出雲醜大臣命のほうではなかろうか。

しかも、『姓氏録』では、若桜部造氏が出雲醜大臣命の後裔（右京神別の若桜部造条）とも十市根命の後裔（同、河内神別）とも記され、同一系なら出雲醜大臣命の子孫に十市根命がくる。同書・右京神別の小治田連は、「同上（伊香我色雄命の後）」と記されるが、「天孫本紀」には出雲醜大臣命の子の六見宿祢の子孫とされるから、ここでも「大祢命＝出雲色大臣」となる。『伊福部臣古志』でも、「出雲色雄命―内色雄命―伊香色雄命」という系譜を示すから、出雲色大臣命の後が物部本宗につなが

ることを示唆する。

「国造本紀」では国造家の祖先記事で、出雲色大臣命が見える二個所とも「物部連祖出雲色大臣命」と記される。同書の記事では、傍系の祖は「同祖」と表現される傾向があることに留意される（ただ、大新川命の例では、「同祖」と「祖」とが共に用いられる）。

この者は出雲醜大使主（『録』河内神別）、出雲色大臣（「国造本紀」）とも表記される。「天孫本紀」では、饒速日命の三世孫で、父は彦湯支命、母は出雲色多利姫とされ、懿徳天皇の時代に、食国《おすくに》の政申す大夫となり、ついで「大臣」となって石上大神を奉斎した。「大臣」の号はこのときに始まるというから、物部氏初期段階の大立て者であった。これに大祢命の事績を加えれば、先の安寧朝に既に侍臣となっている（天皇本紀も同じ）。倭の志紀彦の妹を娶り、大木食命（三河国造の祖）、六見宿祢（小治田連の祖）、三見宿祢（漆部連の祖）を生んだ、と同書に見えるが、この辺にも疑問がある。

すなわち、小治田連は先に見たが、漆部連については、同じ「漆部」を号する氏の分布・地域等から見て、本来は久米氏族の可能性がある（物部氏の一族とするには疑問）。「国造本紀」では、三野後国造（美濃東部）条に出雲色大臣命の孫の臣賀夫良命が、参河国造条には出雲色大臣命の五世孫の知波夜命が、共に成務朝に定められた、と見える（懿徳朝と成務朝との世代間隔は中間に四世代が妥当だから、三野後国造の記事はどこかに誤りがある。後ろで検討）。これら諸事情から、出雲色大臣命の後裔と伝える氏が直接の後裔とするには疑問がある。

②出石心大臣命と大矢口根大臣命との関係

出石心大臣命は、「天孫本紀」では、饒速日命の三世孫とされ、孝昭朝に大臣となり（天皇本紀も同じ）、石上大神を奉斎し、新河小楯姫を妻として二児（四世孫の大水口宿祢・大矢口宿祢）を生んだとする。この記事では、出石心大臣命と大矢口宿祢は親子だが、両者を同母兄弟と伝える系図もあるから、両者が近親で密接な関係と分かる。両者は明らかに異なる命名で別人でありそうだが、これ以上の検討材料がなく、その他諸事情も併せ考え、別人で兄弟ないし一族とみておく。出石心大臣命は、穂積氏と物部氏との結節点の位置にあるが、『姓氏録』に出石心大臣命の名が見えない事情は、不明である。

以上の検討で、闕史八代の時期の初期物部氏の歴代がほぼ固まるが、「天孫本紀」の系譜には三世孫・四世孫の二世代で誤記がある。併せて、崇神前代では物部支族の分出が大和・河内の範囲に止まる。すなわち、二世孫の味饒田《うましにぎた》命が河内の阿刀連らの祖となるが、この子孫から熊野国造などが分出するのは、所伝からみて崇神朝以降である。三世孫〜五世孫の者からもめぼしい氏の分出を伝えないし、出雲色大臣命の流れでも、東国の美濃や三河への分出は成務朝頃からであった。「天孫本紀」に出雲色大臣命の後裔だという小治田連や漆部連も大和居住で、若桜部造、勇山連は河内・和泉に居たと『姓氏録』に見える。

こうして見ると、大和王権が崇神朝以降に日本列島主要部に顕著な拡大・展開を示すことと、初期物部氏の動向や支族分岐は軌を一にする。この辺は地域的に見ても整合性があるのだから、「神武＝崇神」だとして、中間の闕史八代を切り捨てる姿勢は問題が大きい。

布留式土器の管掌

弥生時代の後末期から古墳時代初期にかけての時期に、土師器《はじき》（酸化焔焼成による軟質素焼きの土器）

として先ず庄内式土器、続いて布留式土器があらわれ、これらが古式の土師器とされる。庄内式土器は、土器形式の古さでは弥生V期に続くもので、畿内を中心に本州から九州までの範囲で広く分布した。大阪府豊中市庄内で最初に検出されたのでこの名があるが、畿内での分布の中心は中河内の渋川郡（八尾市・東大阪市一帯）あたりにある。土器の源流は筑前東北部の遠賀川流域（ないし吉備）とみられており、物部氏の故地や畿内の居地との符合からみて、庄内式土器の原型は物部系の人々により北九州から畿内に伝えられたとみられる（佐藤裕一氏の『日本古代史入門』〔二〇〇六年刊〕や安本美典氏もほぼ同旨で、物部氏の関与とみる）。

布留式土器（天理大学附属天理参考館提供）

このことは、前代と一線が画されて、文化交流の増大や部族移動等の広域化を意味する。背景には畿内ないし北九州からの政治的統合の進展を考える説もあるが、土器分布から、ここまで考えるのは行き過ぎであろう。

四世紀頃になると、土器に規格性と斉一性が強くなり、薄い陶壁で煮沸効果が高い布留式土器が出てくる。吉備・出雲や尾張など伊勢湾沿岸地域の技術の影響があり、専門集団の存在も基盤にあった。布留式土器が古墳時代の土器で、庄内式土器については古墳初現期前後だとみられている。布留式土器は、山辺郡の布留遺跡（天理市）を中心とする地域で最初に出土したので、その名がある。物部氏の大和での本拠地がこの遺跡あたりであり、石上神宮との位置からも密接性がいえる。豊中市穂積（庄内の北隣地域）から出た土器を標式にして、穂積式と呼ばれる土器もあり、唐古の第五様式がこれに対応するというから、摂津の庄内・穂積地域への物部氏族の進出は割合、早い時期だったものか。

天物部のなかには羽束物部があげられる。ハツカシベ（泥部）は土工で、土作・造瓦等の職務を担い、『延喜式』兵庫寮条には雑工戸に摂津国有馬郡羽束工も見える。『姓氏録』の摂津神別・天孫にあげる羽束氏は、「天佐鬼利《さきり》命」という正体不明の遠祖をもつが、羽束物部と同系統か（この神は「天狭霧命」で、安の河原での天照大神とスサノヲの誓約のときに息吹きの狭霧から生まれたという神のことか。あるいは宇佐ないし天日矛の同族か）。鴨氏族にも同様の西遅部がおり、乙訓郡羽束郷で羽束師坐高御産日神社（式内大社。羽束志神）を奉斎した。

物部氏が土師連氏（出雲国造の支流）と同族であった事情も、その土器関与を裏付ける。ちなみに、『書紀』雄略十七年条には、天皇は土師連に対し、朝夕の御膳を盛るべき清器の進上を命じ、この任に当たった部曲が「贄《にえの》土師部」だと見える。贄土師連の祖・吾笥《あけ》は同条に見え、その前の雄略九年条の記事では、その兄の土師連小鳥が紀小弓宿祢の墳墓を田身輪《たむわ》邑（泉南の淡輪）に造るよう命じられた。兄弟の父は意冨曽婆《おおそば》連とされ（『好古類纂』八所収の「菅公系譜」など）、贄土師連の『姓氏録』（大和神別）の記事には、「同神（天穂日命）十六世孫の意富曽婆連の後」と見えて、『書紀』や系図と符合する。

最近では、年輪年代法や放射性炭素年代法などの手法で、考古年代値をかなり遡上させる動きもあるが、これら年代遡上値の総合的な検証はまだ的確になされていない。むしろ様々な思惑と問題が根底にあるので、従来の土器年代観に基づき、庄内式土器を三世紀後半頃、布留式移行を四世紀初頭前後の頃とみるのが無難である。これは、古墳時代の初現期を三世紀後葉ないし末期頃とみる立場につながり、いわゆる箸墓古墳の被葬者は実質的な初代の倭国大王たる崇神天皇とみて、築造時期は四世紀前葉頃とみるものである。

鍛冶・兵器製造者としての物部部族

四世紀後葉頃から倭国王権の韓地への進出・展開がなされた。そうした活動などを基盤、背景にして、応神による新王朝も始まる。その後ほどなく、倭国は韓地諸国ともども中国南朝の冊封体制のなかに入った。大陸・韓地から渡来する人々が次第に増加し、文化・技術の交流も進むが、鉄器・須恵器や甲冑などの武具の製造・生産体制も整えられた。

そうしたなか、鍛冶遺跡も大和・河内で現れる。当初は、倭国では多くが韓地南部から鉄素材を輸入して鉄製品に鍛冶加工したが、鉄需要の爆発的増加とともに、五世紀には鉄の鍛冶加工・製鉄の最新技術やそれを持つ人々を韓地から導入して、たたら精錬による鉄精錬や、鉄の国内自給に展開した。その場合、鉄滓の組成分析からみて、近江の鉄が原料として大県《おおがた》遺跡に持ち込まれた可能性もいわれる。同遺跡では、五世紀後半の多数の韓式系土器や陶質土器壺、砥石も出た。布留遺跡からも五世紀の韓式系土器が出ている。

畿内の鍛冶工房や鍛冶関連遺物を出す古墳の分布は、総合的にみると、布留群・忍海群（南郷遺跡など）・大県群など六グループがあった。五世紀前葉から六世紀初頭にはそれぞれの群が操業を開始するが、六世紀前葉～後葉には大県群・布留群という専業集落を除くと操業を停止するとの指摘がある（花田勝広氏「倭政権と鍛冶工房」）。なかでも、大県群の中心の大県遺跡では五世紀後半に鉄器生産の飛躍的発展があり、六世紀には畿内最大の鍛冶専業集落としての位置を確立した（村上恭通氏『倭人と鉄の考古学』）。

布留群が物部氏、忍海群が葛城氏のもとで各々運営されたとして、大県群は朝廷直属（ないし息長氏も関与）、河内の森遺跡・森古墳群では物部氏族（肩野物部）の可能性が考えられる（布留・大県・森はすべて物部氏管掌下とみる菱田哲郎氏『古代日本　国家形成の考古学』の見方もあるが、根拠が不明で疑問）。王権やこうした大氏族集団が、当時の鉄器・鍛冶を管掌していた。大陸・韓地との軍事も含む様々な交流のなかで、関連技術の進歩、農業生産力の増強がなされ、これらを基盤に五世紀代の巨大古墳築造にもつながった。

物部氏を鍛冶部族だとみる説はかなり多い。例えば、谷川健一氏はその著『青銅の神の足跡』などで、物部氏や息長氏関係にまつわる様々な鍛冶伝承などを記す。そのなかで、饒速日命の性格を「金属の利器を製造する工人集団が信奉する雷神」「鍛冶部族の尊崇する雷神であり、日神」とし、鍛冶部族や金属精錬には鳥の伝承が深く関わり合うと指摘する（『白鳥伝説』）。畑井弘氏の著『物部氏の伝承』では、初期段階の物部氏の人名を朝鮮語で分析をして、彼らが鍛冶に関係する名前だと主張する。畑井氏の手法は必ずしも納得がいくものではないが、物部氏が当初からもつ剣神祭祀といい、歴代の名前からいっても鍛冶部族性は疑いない。それは、頻出する「凝（コリ、シコ）」が金属塊を意味するからであり、初期段階の人々の出雲醜《シコ》大臣命（出雲色男命）、伊香色《シコ》雄命や、出石心《コリ》大臣命、建胆心大祢命という名のなかに、その意が含まれる。

先に、物部氏がわが国鍛冶部族の始祖たる天目一箇命の流れを汲むとしたが、同神の別名が天津麻《ま》羅《ら》命といい、饒速日命降臨に随行した五部人のなかにも天津麻良（物部造らの祖）、船の航行にも天津麻良（梶取、阿刀造らの祖）及び天津真浦《まら》（船子、倭鍛師らの祖）として、「麻羅」の名を持つ者が多く見える。『古事記』天の岩屋戸段では、鏡製造のため、天の金山の鉄を採り、鍛冶師の天津麻羅をして石凝姥《いしこりとめ》（鏡作部の祖）に鏡を造らせたと見える。「天皇本紀」や『書紀』でも、綏靖の兄・手研耳命に対するクーデター事件では、弓部稚彦が弓を造り、倭鍛部の天津真浦が鏃《やじり》を、矢部《やはぎべ》が箭《や》を造ったと見える。

穂積・物部氏の初期居住地の保津には、鏡作伊多神社が鎮座し、鏡の鋳造を管掌する鏡作部・鏡作造が奉斎した。祭神の石凝姥命は、天目一箇命の妻神とみられ（姥、度売は女性を表す）、物部氏祖神でもあろう。近隣の大字石見には鏡作神社もある。

伯耆西部の日野川流域（鳥取県日野町周辺）にも物部支族が居住したが、近辺のタタラ師が祀った楽々福神社（ササ＝砂鉄、フク＝タタラを吹く）は、この物部氏の奉斎神社であった。

物部氏一族の伊福部臣も鍛冶部族とみられる。「伊福部」の意には、景行天皇の子の五百城入彦の名代部とみる説、笛吹き部説、天皇等の食物の煮炊きなどの火吹部説、製鉄の踏鞴など製鉄関係部説など諸説がある。『伊福部臣古志』には、祖先が「祷祈《とうき》を以て気（いふき）を飄風《はやて》に変化」させていたことを以って、第二十代若子臣が允恭天皇のときに「気吹部《いふきべ》臣」を賜姓したと見える。この伝承は、製鉄関係部説に有利であろう。伊福の地名分布と銅鐸出土地の関連もありそうである（谷川健一氏『青銅の神の足跡』など）。

鍛冶に必要な木材を管掌する同族が物部氏にあった。宇治山守《うじのやまもり》連氏は、宇治は山城国宇治郡の地名に因むが、山守は山守部の伴造であり、伊香我色雄命の後裔と伝えた。勇山連は、山部の一種の膽狭山部・不知山部（ともにイサヤマべと訓む）の管掌氏族であった。

鍛冶部族に付きものの巨石信仰・石神信仰も、物部氏族に多く見られる。石上神宮の背後東方にある布留山《ふるやま》（標高二六六メートルで円錐形）の山中には磐座があり、奥の院の大国見山頂（桃尾滝〔布留滝〕の北近隣で、標高四九八メートル）にも磐座の址とみられる巨石の重なりがある。備前の石上布都之魂神社などでも磐座が知られ、因幡の宇倍神社でも本殿の上の亀金岡に石囲いの中に二つの石（双履石）が祀られ、小型の磐座とみられている。交野の磐船神社でも巨石祭祀が見られる（このほか、水神、白山神信仰や熊野信仰を通じてみると、最も古い刀鍛冶集団

楽々福神社（鳥取県日野郡日南町）

の一つ、陸奥国磐井郡の舞草《もくさ》鍛冶も初期物部部族の影響があったのかもしれない）。

穂積の系譜

「物部」の氏の名が垂仁朝に起るとの伝承を先に見たが、初期の大和王権を構成する氏族・部族の名称はその頃までなかったわけでもない。そうした原始的なウヂとみられるのが「積（ツミ）」（太田亮博士は、「津見」とも書き、「原始的カバネの一」とする）が付くものである。例えば、アヅミ（阿曇）はその例で、これは一般にアマツミ（海積）の略とみられることが多いが、私見では葦積の略とみる。阿曇の分岐の和珥氏に脚身臣《あつしみ》（後に吉身臣）が出ており、筑前の葦原中国にも由来する。和珥臣自体も本来はトーテミズムに因る鰐積であろう。現に鰐積という氏があり、天武紀に大和の添下郡人で見える（天武五年四月四日条に、添下郡の鰐積吉事が瑞鶏を献上）。出雲臣は出雲積から変わったものとみられる。

前置きが少し長くなったが、同様の目で見ると、物部氏は原始的ウヂの穂積から出て、穂積臣氏の分岐とみられる（津田亜流学究の「穂積氏が物部氏と同祖というのは観念」という見方は根本的に誤り）。この場合の「穂」とは、「火（ホ）」に通じ、本来は火を用いる鍛冶・製鉄に関わる部族を表した。「火祇（ホツミ）」の義だという説もあるし、天孫族遠祖の名にも天忍穂耳命や天火明命、五十研丹穂命と見える（併せて、稲積信仰もあるが）。ちなみに、尾張連では、同族に津守があり、原始的ウヂが『和名抄』の郷名にもある津積とみられる。

穂積臣の祖は、物部連の祖よりも早く、『書紀』開化即位前紀に現れる。そこでは、開化天皇の母が欝色謎命《うつしこめ》で、穂積臣の遠祖欝色雄命《うつしこお》の妹と記される。『古事記』でも孝元段に「穂積臣等の祖、内色許男命の妹、内色許売命を娶り」、開化天皇など三柱を生むと見える。次いで、『書紀』崇神七年八月条に、大物主神の夢のお告げに関し、「穂積臣の遠祖大水口宿祢」が大物主神を祀ることの神託をうけたと見える。『姓氏録』でも、大水口宿祢は穂積臣の祖（左京神別・穂積臣条）、采女朝臣の祖（右京神別・采女朝臣条）とされ（「天孫本紀」も同様に両氏の祖とする）、神饒速日命の六世孫だと采女朝臣条の記事にある。

開化天皇の次の崇神天皇については、記紀ともに母が伊香色謎命（伊迦賀色許売命）として差異はないが（実際には、崇神の生母は別人とみられる）、伊香色謎の父の記事は異なり、『記』は「内色許男命の女」（孝元段）と記すのに対し、『書紀』には「物部氏の遠祖大綜麻杵の女」（崇神即位前紀）と記される。これは、「天孫本紀」や各種系図から見て、『書紀』の記事が正しく、崇神前代では穂積氏のほうの優勢を示唆する。ところが、平安前期の『姓氏録』編撰の時代では、物部氏系統が明らかに優勢だから、穂積朝臣も采女朝臣も「石上同祖」とまず記され、大水口宿祢の父の名も「神饒速日命の五世孫香色雄命」（「香」はおそらく「欝」あたりの漢字の誤記か）とか「伊香賀色雄」とかにされて、穂積氏が物部氏主体の系譜のほうに取り込まれた（大水口と伊香賀色雄とは、共に饒速日命の六世孫で、従兄弟関係）。「天孫本紀」の系譜でも、大水口宿祢兄弟の位置づけが間違えられている。

穂積氏と物部氏との系譜関係を整理すると、饒速日命の五世孫に内色雄と大綜麻杵の兄弟があり、前者が穂積臣系統の祖、後者が物部連系統の祖である。同じく六世孫として大水口（内色雄の子）と伊香色雄（大綜麻杵の子）があり、この世代が崇神朝頃にあたる（『姓氏家系大辞典』のホヅミ氏の記事には混乱が多いので要注意）。大和の十市郡や山辺郡での居住地近在や天照御魂神の祭祀などから見ても、穂積氏と物部氏の同族性は疑いない。

物部氏が連姓氏族なのに、同族のはずの穂積氏がなぜ臣姓氏族なのかが疑問であるとの見方もある。これは、饒速日命後裔にあっては、本宗が臣姓の穂積氏で、その支流で伴造氏族として連姓を負ったのが物部氏だ、という嫡庶関係を理解すれば、とくに疑問はない。

天皇家との通婚と倭建東征の随行

崇神前代には、先に見たように、穂積氏一族と天皇家との通婚が記紀に見える。その後も、穂積氏は后妃を出しており、系譜等に見えるところでは、大水口宿祢の子の建忍山宿祢の娘、大橋比売命及び弟橘比売命（弟橘媛）の姉妹が倭建命の妃となり（『常陸国風土記』、『書紀』景行四十年条など）、その妹の弟財郎女が成務天皇の妃となった（『記』）。

倭建の妃で東征随行の弟橘媛が海神の怒りを鎮めようと荒れ狂う相模の走水の海に投身した伝承は、記紀ともに見える。穂積一族は倭建の西征・東征に随っており、両遠征の行路辺りに残る穂積の一連の地名がそれを示唆する。とくに東征の帰路とみられる両毛地方には、穂積神社が下野国塩谷郡（栃木県さくら市穂積。元は那須郡の八幡宮）にあり、栃木県下都賀郡穂積村（小山市中央部の穂積地区。近隣に生駒、鏡の地名あ

三浦半島の走水神社にある弟橘媛のレリーフ像（神奈川県横須賀市）

り）の地名がある。

上野国では穂積明神が佐位・多胡両郡に各一社ある。上野の二社は「上野国神名帳」に「佐位郡従四位穂積明神」（群馬県伊勢崎市境保泉〔↑穂積〕の勝山神社。豊受大神を祀る）、「多胡郡　従五位穂積明神」（同県高崎市吉井町本郷の穂積神社）と載せる。前者の東側近隣には武士《たけし》村（伊勢崎市の境上武士、境下武士一帯）があって、モノノフは物部に通じると太田亮博士は言い、武士神社では菊理姫命を祀る（白山媛のこと。偶々、近隣には佐位釆女に由来という旧釆女村）。後者のほうの近隣に、「従三位物部明神」（同じ高崎市吉井町石神の大武神社）もある。

両毛地方の前後の行程にも、旧地名での穂積村が福島県安積郡、長野県南佐久郡にあった（前者は現・福島県郡山市三穂田町一帯、後者は同郡佐久穂町穂積で後世的かもしれないが）。後者の北方に佐久郡跡部村（佐久市跡部で、千曲川西岸部。西側に伴野の地名）、佐久の北側の小県郡にも跡部郷（『和名抄』。『日本霊異記』に跡目里、現青木村・上田市あたりか）がある。近隣の丸子は大伴氏関連で、佐久郡望月に式内の大伴神社もあり、ともに倭建東征随行が起源か。

福島の安積郡穂積村には、式内名神大社の宇奈己呂和気《うなころわけ》神社があり、瀬織津比売（菊理姫と同体）が祀られる。太々神楽を伝えることや、「己呂」が金属塊を意味する「凝」で、鎮座する高旗山に金産出があった事情などから見て、東国の金産出地を行った倭建東征の関連と穂積氏の祭祀が窺われる（同社の西方近隣に武士沢の地）。上総にも現・市原市に武士《たけし》の地があって、鹿島大明神が鎮座する（物部氏と倭建の伝承がある武峯神社〔千葉県長生郡長柄町六地蔵〕の西方近隣）。常陸では、中世武家に武士氏があり、守護代小野崎氏や守護佐竹氏の家臣で見える。北陸の越後国頸城郡の物部郷は武士郷ともいい（新潟県上越市清里区武士《もののふ》・南田中の一帯）、当地に式内の物部神社（日吉社・田中神社ともいう）がある。

上野・岩代・上総と信濃のこれら穂積・物部関連の地名や三角縁神獣鏡の分布は、『書紀』の倭建命行程記事とも符合する。倭建命が甲斐の酒折宮から北方に向かい武蔵・上野を経て碓日坂《うすい》（祭祀遺物事情から、現在の碓氷峠よりも南方の入山峠とみる白石太一郎氏の見方に惹かれたが、氏族分布や祭祀等から鳥居峠とするのが妥当）を越えたという。武蔵国には、足立郡に穂積神社（さいたま市西区峰岸）、葛飾郡に采女の地名（埼玉県三郷市采女）があるが、これらは常陸から甲斐に入る路程にある。

由来や奉斎氏族が不明な甲斐国山梨郡式内の物部神社（論社が笛吹市石和町松本）も、倭建の東征絡みか。当初の鎮座地が北西に背後の御室山山頂（大蔵経寺山で標高七一六メートル。酒折宮の北東三キロ余）と伝える。山頂の北東側中腹にある吾妻屋宮（同市春日居町鎮目）は、そこから南方一キロほどの式内論社・山梨岡神社（同社の創祀地も御室山頂という）の摂社であり（甲斐奈神社の論社の一つともいう）、日本武尊・穂積氏の弟橘姫命を祭神とする。

物部神社（山梨県笛吹市石和町）

上記の山梨郡の式内社の関係が複雑だが、いずれも倭建東征との関係を窺わせる。御室山麓の物部神社から約八キロ北東に位置する山梨市西の大石神社も、元は物部神社といい、物部山に鎮座し巨岩を磐座として大石大神とも号した（『甲斐国志』など）。山梨県には南巨摩郡にかつて穂積村もあった（現在の同郡富士川町域）。酒折宮の南方には稲積神社があり、正ノ木稲荷と称して宇迦之御魂神を祀り、地下深くから湧き出る神水も境内にある。

　これら諸事情に関連して、栃木県那須郡那須町の大字高久丙には「穂積、山梨子、大石」という地名が小字で残る。このような一連の地名・神社の分布を見ると、東征の帰路では、岩代・下野から常陸の新治・筑波を経て、武蔵を通って甲斐に入ると伝える行程も肯ける。那須の南の芳賀郡では、明治中期に物井村が近隣の横田村などと合併して物部村（現・真岡市物井あたり）となったが、「物井・物射」はそもそも物部からの転訛とされる。

　東征往路では、駿河、相模を通り三浦半島から上総に渡って、下総の千葉郡物部郷（千葉県四街道市物井。その南側近隣に山梨）あたりや、匝瑳郡（同県匝瑳市木積。白山神社が鎮座）を経て常陸、磐城（福島県いわき市平北白土穂積）まで、穂積・物部一族の足跡が陸続する。常陸の多賀郡に江戸期豪農の穂積家（高萩市上手綱）があり、同郡の佐波波《さわわ》地祇神社（北茨城市華川町。当初は北西近隣の贄田に鎮座）の祠官家は高

青麻神社（仙台市宮城野区）

波、後に穂積といった。

磐城以北では穂積関連でめぼしいものが少ないが、陸前の宮城郡に注目される。現・仙台市宮城野区岩切（陸奥国府や多賀城の北西近隣）の青麻《あおそ》神社の神主家が古来、穂積氏（鈴木も称）であった。中風病退除等の特殊信仰や、清水が湧く岩窟があって日神（天照大神。本来は罔象女神か）・月神・星神の三光の神を祀り、近傍に鉄滓も出るから、仁寿二年（八五二）創祀と社伝にいうものの、資料滅失の事情もあり、本源はもっと古い倭建東征にあったか。同県刈田郡蔵王町の青麻山頂には、総鎮守として白鳥大明神（式内名神大社の刈田嶺神社）があり、日本武尊を祀る。青麻山南方の白石市域には跡部の名字が多く、中世では黒川郡鶴巣（現・宮城県黒川郡大和町鶴巣幕柳）の佐和城に黒川氏の配下の跡部氏が居た。

青麻神社の近隣には熊野神社が多く見え、黒川郡式内の鹿島天足別神社・石神山精《いわかみやまずみ》神社もある（宮城県黒川郡富谷町大亀に現在、後者の論社が合祀）。両社のうち、前者は東征随行の中臣氏一族が祀り、後者には巨石祭祀が見られる。穂積氏関連の陸奥国宮城郡や同・安積郡には、大伴氏に関連する丸子郷も『和名抄』に共に見え（宮城郡利府町域及び郡山市北部あたりか）、福島市には現在も丸子の地名が残る（信夫郡域か）。「丸子」は、倭建東征の主力たる大伴氏一族が関係地に遺した地名である。宮城郡とその北隣の黒川郡が東征北限に近いうえに、平安前期の承和年間には宮城郡権大領の物部已波美《いわみ》（後述）、黒川郡大領の靫伴連黒成が共に外従五位下に叙された（『続日本後紀』）。両郡より北方の胆沢郡水沢の胆沢城近隣に位置した黒石寺の胎内銘に保積部や物部が見える（先述）。

なお、物部氏の后妃伝承では、「天孫本紀」に、九世孫の物部五十琴姫が景行天皇の妃（五十功彦命の母）、十世孫の物部山無媛が応神天皇の妃（菟道稚郎子皇子・矢田皇女等の母）となったと見えるが、これらの記事は疑問が大きい。伴造ランクの物部氏からこの当時の后妃が出るのは疑問であり、「天孫本紀」だけの記事では信頼し難い。『書紀』に見える安閑天皇の妃として物部木蓮子大連の娘・宅媛がいたことは認められようが。

穂積氏の古代の動向

穂積氏が十市郡から山辺郡穂積邑や摂津国島下郡に遷居したことは、先にも触れた。建忍山宿祢とその娘たち以降の穂積氏は、動向がしばらく知られない。系図からは、建忍山の孫の真津《まつ》臣が穂積臣氏となったようだが、この当時の動向不明は物部本宗にも通じる。

継体朝になって、嫡裔の押山臣が活動する。押山は百済への使者となり、任那の哆唎《タリ》に国守として駐在し（現・忠清北道南部に居たか）、百済への任那四県割譲の問題に関与した。欽明十六年には、穂積臣磐弓（押山の子）が大臣蘇我稲目宿祢とともに、吉備国に派遣され白猪屯倉を置いた。子孫の祖足《おやたり》臣（忍足臣）も韓地関係で活動し、推古朝に征新羅副将軍となった（『書紀』記載は欠名の穂積臣）。その子の咋《くい》臣（囓臣）は大化年間に東国国司に任じ、蘇我倉山田大臣の問責もした。咋臣の子の百足・五百枝の兄弟は、壬申の乱で近江方の将として戦い大伴吹負軍に敗れて、兄は斬殺、弟は捕らえられ後に赦免された。その後、虫麻呂（百足の子）は、天武十三年（六八四）の八色の姓制定で穂積朝臣となる。官位が直広肆で新羅使饗応のため筑紫に派遣され、天武の死去に際して誄《しのびごと》をした（『書紀』）。

虫麻呂の子に山守（副将軍・式部少輔）・老の兄弟がおり、各々が『続日本紀』に見える。正五位上大蔵大輔となった老は万葉歌人として知られ、官人としての経歴は当初順調であったが、養老六年（七二二）に天皇を非難したとの理由で十八年余も佐渡に配流になり、最後には許されて帰京したものの原位復帰に止まった。

老の次の世代では老人や多理（女性）が現れるなど、その後も六国史に叙爵した穂積氏一族が散見するが、中央では次第に勢力を失っていく。平安前期には、延暦十八年の中監物正六位上穂積朝臣道長（『正倉院文書』）や貞観十二年の穂積朝臣興弓（『正親町家旧蔵文書』）が見えるくらいで、平安中期になると中央の穂積氏は殆ど姿を消してしまった。

穂積臣氏の一族支流は、早くに美濃（本巣郡穂積郷）・尾張（丹羽郡穂積郷）にあり、播磨国賀茂郡、摂津国島上郡、伊勢国壹志郡（天平宝字元年の「西南角領解」に嶋抜郷の穂積臣浄麻呂）にもあった。とりわけ有勢なのは紀伊南部、熊野の穂積臣氏で、この地で中世に栄えた鈴木氏を出した（後ろの熊野に関連して記す）。明治の有名な民法学者で男爵となった穂積陳重《のぶしげ》は、父祖は伊予宇和島藩士の鈴木氏であり、穂積は改姓だった。

近江国坂田郡では、天長九年（八三二）から承和六年（八三九）にかけて副擬主政大初位下で穂積臣（欠名）がおり、それに続く北陸道の越中でも元慶七年（八八三）三月の砺波郡擬大領従七位上で穂積穀守が見える（ともに『平安遺文』）。砺波郡の郡司のなかには舂米吉良（擬主政、八五二年）や物部連茂生（擬少領、八九七年）も見えるから、具体的な系譜が不明なものの、物部一族の分流が早くに越の地域にあった。

物部氏族として『姓氏録』右京神別に見える内田臣氏は、伊勢国安濃郡の内田郷（『和名抄』）に起こったか。右京神別には「伊香我色雄命の後」とあるものの、穂積臣と同様、祖先の名が転訛した可能性がある。伊勢には、朝明郡に式内社の穂積神社（朝明川北岸の四日市市広永町に鎮座。論社が三重郡菰野町田口の福王神社（祭神が饒速日命）があり、安濃郡に跡部郷があった。鈴鹿郡式内社の布気神社及び忍山神社も、穂積氏祖神を祀る。河曲郡式内社の大木神社とも関連があったか。これら伊勢北部の諸古社と穂積氏は関係をもち、内田臣や田々内臣（一本に内田臣。摂津神別）が出たとみられる。美濃の方県郡志淡郷の六人部臣（天平十七年の写経所解）も穂積臣の同族か。穂積郷は、美濃国本巣郡（岐阜県瑞穂市穂積）及び尾張国丹羽郡（愛知県一宮市千秋町穂積塚本の一帯）にあって、三河へ続いていた。

摂津の穂積氏が奉斎した神社としては、同国島下郡式内社の新屋坐天照御魂神社という可能性も考えられ、その論社が茨木市の福井・西河原・上河原の三社にある。

采女臣氏の分出

采女《うねめ》臣氏は穂積の分れである。職掌として宮中の官女を管理したのは、弟橘媛の遠征随行という穂積一族の伝統を踏まえてのことか。律令制前の時期に宮中の采女（郡領級の地方豪族から貢進される官女）を管掌したのが采女氏・采部で、臣姓と造・連・直などの姓があった。采女臣氏は天武十三年十一月に朝臣姓を賜った。令制下でも采女司の長官に氏人が散見する（例えば、天平十七年の「内膳司解」に見える奉膳正六位上兼行采女正の采女朝臣比等《ひと》）。

『記』神武段に宇摩志麻遅命の後裔として、采女臣は物部連・穂積臣とともに記され、『姓氏録』では右京神別に采女朝臣をあげて、饒速日命の六世孫、大水口宿祢の後と記す（「天孫本紀」も大水口宿祢の後。和泉神別の采女臣が伊香色雄命の後とするのは訛伝か。こちらは、一本や太田亮博士は連姓とする）。

数多い物部氏族諸氏のなかでも代表的な存在の一つであり、国史編纂に当たっては墓記の提出を行った。

その起源や系譜は単独の史料としてはないが、穂積臣一族の系図のなかに関係記事が見え、建忍山宿祢の曾孫・田狭臣が氏祖の模様である。田狭臣の子が宮手古臣であり、この者の時（鈴木真年説）、允恭朝十一年三月に采女司に任じて諸国の采女を総領したことに因り、采女臣姓を負うと伝える。宮手古臣の四世孫とされる采女臣摩礼志が史料初出で、『書紀』舒明即位前紀に見え、大伴鯨連の発言に賛成し田村皇子を推した大夫のなかにある。

その後の系譜は知られないが、氏人に采女臣使主麻呂《おみまろ》（『紀』大化五年三月条）、采女臣竹羅《ちくら》（同、天武紀十年七月条など）や、采女朝臣枚夫《ひらふ》（比良夫。『続紀』慶雲元年正月条などや『懐風藻』に漢詩一首）、采女朝臣首名（『続紀』天平十一年正月条）、采女臣阿古女（同、延暦八年正月条）など、六国史には氏人がかなり見える。

上記の人々のうち、采女臣竹羅（筑羅）は小錦下で遣新羅大使となった。後に朝臣姓で見え、直大肆で内命婦の事を誄すとあるから、采女臣の本宗であった。この者について、「采女氏塋域碑《えいいき》」が残る。竹羅の墓所について公認を得て示した碑で、同碑文（現在は所在不明で、拓本のみ伝来）に拠ると、「飛鳥浄原大朝廷（天武朝）の大弁官、直大弐の采女竹良卿が請ひて造る所の墓所、形浦山の地の四千代、他人上りて木を切り傍地を犯すなかれ」と記される。この碑建立は「己丑年」（＝持統三年、六八九年）二月廿五日と見え、「形浦山」は大阪府南河内郡太子町春日の現「片原山、帷子山」とされる。竹羅の子孫は奈良の春日大社に供奉して梅木と号したという。

後裔には、平安中期に長徳五年（九九九）采女令史に任じた正六位上采女朝臣為方がいた（『除目大成抄』）。鎌倉中・後期の正応元年（一二八八）に正六位上で采女朝臣遠重・采女朝臣延春、正和元年（一三一一）に左近将監采女国弘が『鎌倉遺文』に見える。同書には、文治四年二月の京都府宮津市大垣出土で籠神社蔵の経筒銘に采女秋重の名も見える。

摂津国島下郡の采女臣一族（右大舎人采女臣家麻呂、采女司采部采女臣家足ら四人）は朝臣賜姓で『続紀』に見える。『常陸国風土記』には、筑波の国号は采女臣の同族、筑簟《つくばこ》命の国造補任に因むと伝える（采女臣などの物部氏系統と、筑波国造など三上祝系統とが同族〔天御影命後裔〕だとの意味）。『和名抄』では、采女郷が三河国碧海郡及び伊勢国三重郡（四日市市采女町。同郡式内の加富神社も采女氏関係か）に見える。三河には、縿（下学集にウネへと註）氏もあり、豊田市域には采女の地名も穂積の近隣に残る（現・愛知県豊田市畝部《うねべ》東町采女で、碧海郡采女郷に比定）から、これら諸事情で参河国造との近縁が示される。畝部の北側近隣の鴛鴨町の矢迫遺跡は古墳時代後期以降の遺跡で、鉄滓類など鍛冶関連遺物も出た。采女氏（采女部）は因幡や但馬・丹後（二国はともに采女直）・丹波（采女部）、近江に見える（『古代人名辞典』など）。

三河国では、賀茂郡足助の平勝寺（現・豊田市綾渡町）の聖観音像（国指定重文）の胎内文書に、平治元年（一一五九）十月付けで物部則近の家女・穂積行道の愛子や物部氏・穂積氏の氏女の名が見える（『平安遺文』金石文編三六六六）。

五　石上神宮及び熊野大社の祭祀

石上神宮の創祀と役割

石上神宮は、奈良県天理市にある式内名神大社（石上坐布都御魂神社、石上振神宮。旧社格は官幣大社）で、現在は神社本庁の別表神社にあげる。山辺郡石上郷の布留山の西北麓に鎮座する。『書紀』に記される「神宮」とは伊勢神宮と石上神宮だけであり、先に十市根命の祭祀に触れたが、最古級に設立された神宮で、物部氏が永く祭祀してきた。「天孫本紀」には物部一族の奉仕者が「神宮を斎奉」と記され、これをとくに強調して記される。

社伝等によれば、韴霊剣《ふつのみやま》（布都御魂剣）は大己貴神の葦原中国平定の際に使われた剣であり、神武東征のとき熊野で神武軍が危難に陥った時に、高天原の天照大神等から夢で啓示を受けた高倉下《たかくらじ》がこれを得て神武一隊の危難を救い、神武の手に渡った（先にも触れた）。この剣はその後、神武より下賜され物部氏により宮中で祀られ、崇神天皇七年には、勅命で物部氏の祖・伊香色雄命が現在地に遷し「石上大神」として祀った。これが当社の創祀とされる。「天孫本紀」でも、崇神朝に伊香色雄が建布都大神社を大倭国山辺郡の石上邑に遷して、饒速日命が天よりもたらした天璽瑞宝も蔵して、石上大神といい、国家のため（王権の宝物庫・武器庫という意味）、物部氏の氏神のため、奉斎したと見える。

石上神宮が布都御魂の社と呼ばれるから、祭神は布都御魂大神であり、物部経津主神でもあった。この神は饒速日命ではないが、実体は父神にあたる剣神（天目一箇命）とみられる。時代に応じて、その祭神数に増減があるが、本来はこの一座とみられる。当社の祭事には、六月の神剣渡御祭（三島町の神田神社への神剣の渡御・還御祭事）もある。

次ぎの垂仁天皇のとき、皇子の五十瓊敷《いにしき》入彦命が剣千口を作り神宮に納めた。これら神宝の管掌はその妹の大中姫命を経て、物部氏の十市根命に引き継がれたとされる。こうした祭祀経緯から、神宮創祀は四世紀の前・中葉となる（戦後の古代史学界ではなんでも時期引下げ気味に考える傾向があって、当神宮創祀を五世紀代とする見方もあるが、根拠が薄弱）。

石上神宮は神剣祭祀の神社であり、それとともに、大和朝廷の膨大な神宝・武器を保管する倉庫でもあった。物部連・物部首氏という奉斎氏族の祖神（各々が宇摩志麻治命、木事《こごと》命）も合祀される。納められた武器や神宝のなかには、スサノヲ神の斬蛇伝承の剣（十拳《とつか》剣）や上記の五十瓊敷入彦命

七支刀（石上神宮提供）

の一千口の剣のほか、丹波国で犬が喰い殺したムジナという獣の腹から出たという八尺瓊《やさかに》勾玉（垂仁八七年紀）、刀身に金象嵌銘文が刻まれた百済王からの七支刀（国宝指定）、鉄盾二枚などもある。『書紀』に見える出雲の神宝もあったろう。住吉仲皇子叛乱の時には、皇太子（履中天皇とされる）が神宮に逃げ隠れたとも伝える。

天武天皇三年（六七四）には、忍壁皇子（刑部親王）を派遣して神宝を磨かせ、諸家の宝物は皆その子孫に返還したとされる。それでも膨大な武器が残り、延暦二十三年（八〇四）二月に武器庫にあった武器類を山城国葛野郡の兵庫寮へ移したとき、延

禁足地（石上神宮提供）

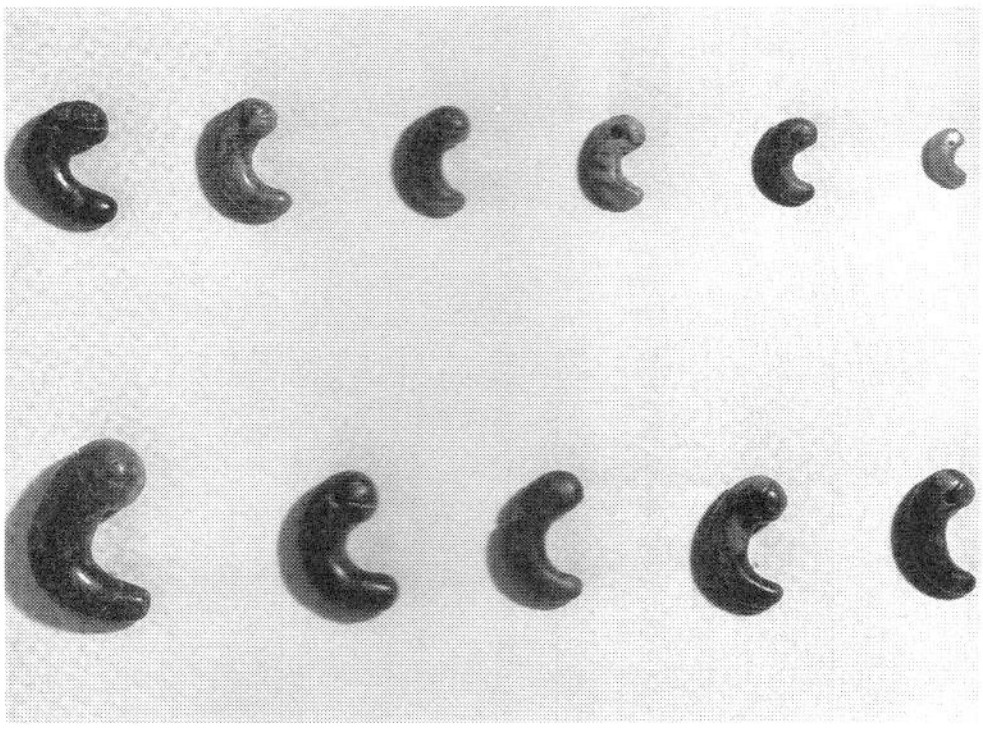

禁足地出土の勾玉（石上神宮提供）

べ十五万七千余人の人員を要した（『日本後紀』）。この移動により倉がひとりでに倒れ、桓武天皇も病気になるなど怪異が次々と起きたので、使者を石上神宮に派遣して、女巫に布留御魂を鎮魂させ、天皇の歳と同数の僧侶を集めて読経させ、神宝を元に戻したともある。

神宮には本来、本殿は存在せず、拝殿の奥の聖地を「布留高庭」「神籬」「御本地」と称して祀り、この禁足地には二つの神宝が埋斎されると伝えられた。この地は今も布留社と刻まれた剣先状石瑞垣で囲まれている。明治七年・同十一年（一八七四・一八七八）の禁足地発掘で出た剣（布都御魂剣、天羽々《あめのはは》斬《きり》剣）や勾玉などの神宝を奉斎するため、本殿を建造し、それが大正二年（一九一三）に完成している。

石上神宮の奉斎氏族

神宮には物部連と物部首という両氏が奉斎した。物部首の祖については、『書紀』垂仁三九年十月条割注に見え、「春日臣族の市河」とあげられる（ただし、後の仁徳朝の人）。物部連とはまったくの別族（海神族系）で、皇別を称する和珥氏の一族から出ており、後に本宗が布留宿祢（『姓氏録』大和皇別）となる。物部首日向は、壬申の乱の時、大友皇子が鎮圧のため各地に派遣した使者の一人で、派遣先の倭の京で逆に捕らえられ、赦されて吉野方に寝返った。この者が布留宿祢の祖で、同族の物部がいくつか『姓氏録』に見える。

これら物部両氏が代々世襲して奉斎した。このため、神宮の配祀神には、宇摩志麻治命・市川臣もあげられる。当社の祭祀には大伴・佐伯両氏も関与したという（『延喜式』）。

物部氏族による祭祀は、宅嗣《やかつぐ》の兄弟の息嗣《おきつぐ》（奥継）の子孫が代々石上神宮の神主を世襲して現代に至る。物部振麻呂なる者が神祇官のメンバーになったという記録もある。

石上神宮の重要摂社には出雲建雄神社があり、境内に鎌倉期の拝殿（国宝指定。「割拝殿」と呼ばれる形式）がある。祭神の出雲建雄神とは、草薙剣の荒魂というが、実体はツルギ神たる天目一箇命（物部氏や出雲国造の遠祖神）のことか。かつては、天理市田井庄町の八剣神殿なども境外末社とされた。関連して、備前国赤坂郡に式内社の石上布都之魂神社があり、吉備の物部氏が奉斎し石上神宮の神剣・断蛇剣を原蔵したと伝える。

各地の物部神社

物部神社という名の神社は、式内社では石見国安濃郡の物部神社、美濃国厚見郡の物部神社（両社はともに後述）など、全国に合計十七社がある。そのうち、伊勢・美濃・尾張で合計五社、越後・越中・佐渡で合計四社、丹波・丹後・但馬で合計三社と三地域に十二社が集中し、残りは散って武蔵・甲斐・播磨・石見・壱岐に各一社ある。本書で適宜取り上げるが、総じて言えば、宇摩志麻治命を祭神とする社が多く、奉斎した氏が不明なことも多い（物部氏の初期分岐か配下部族が奉斎した故か）。式外にも有力社があり、推古朝に聖徳太子の弟・来目皇子が新羅征討をする際、肥前国三根郡物部郷の物部神社を前進基地とした（『風土記』）。

地名の物部郷は、下野・下総から筑後・肥前、壱岐まで広く分布し、十世紀の『和名抄』には合計十八個所があげられる。美濃には本巣・安八・多芸の三郡に物部郷が見える。

越後には、頸城郡に式内社の物部神社があり、同郡に物部郷も『和名抄』に見える。同国三島郡二田村の式内社・物部神社を二田物部の後裔が奉斎し、佐渡国雑太《さわた》郡にも物部神社があった。越中国射水郡の物部神社は、大彦命の北陸巡撫の随行で来た物部一族が当地に留まり奉斎したといわれ、近隣に矢田の地名も見える。これら北陸の物部神社は、多くが四道将軍遠征に随行した天物部二五部の後裔が奉斎したかで（あるいはそれ以前もあるか）、由来が古い模様である。播磨国明石郡の物部神社（神戸市西区押部谷町細田の可美真手命社。同区伊川谷町の惣社は論社というが疑問）は、播磨物部が奉斎し、鍛冶に関係したとみられている（生澤英太郎氏「古代播磨における物部氏と鍛冶・製鉄技術者について」など）。

陸奥・出羽には、式内の物部神社も『和名抄』の物部郷も見られない。それでも、物部氏にとって無視できない地域事情もあり、この辺は既に倭建東征絡みなどでも述べてきた。

阿刀連氏の族人と動向

物部氏族が奉斎した重要な神社に紀伊の熊野大社があり、その奉斎者として阿刀《あと》氏一族を見ておく。この一族は物部氏の初期分岐と伝え、『姓氏録』と「天孫本紀」の記事は符合していて、系譜に異伝はない。前者には、左京・山城・摂津・和泉の神別に阿刀宿祢・阿刀連をあげて、饒速日命の孫で、宇摩志麻治命の子の味饒田《うましにぎた》命の後裔とする。阿刀氏の氏人の『書紀』初見が天武天皇元年（六七二）と遅くとも、この氏の早い発生を否定するものでない。阿刀氏の祖先一族では、熊野などで崇神朝頃から動向が見える。

アトの表記は、「安斗、阿斗、安刀、安都、阿杼、迹、跡」などと各種あり、ここでは主に「阿刀」の表記を用いる。姓は、本宗がはじめ連で、後に天武十三年十二月の八色の姓制定のときに宿祢となる。一族には造姓もあり、造からも後に宿祢賜姓があった。起源の地は河内国渋川郡跡部郷（大阪府八尾市の跡部・渋川の辺り）で、『延喜式』神名帳に所載の跡部神社（同市亀井町）はこの一族の奉斎であった。部民には阿刀部、跡部がある。
饒速日東遷に供奉した梶取の天津麻良が阿刀造らの祖とする所伝（「天神本紀」）があるように、阿刀氏の水運での活動が窺われる。摂津国菟原郡本住吉の楫取明神や和泉国日根郡の楫取神社は、ともに阿刀連氏が奉斎とみられ、『姓氏録』は両国に阿刀連を掲げる。『太宰管内志』には、戦国時代後期の弘治年中に筑前国鞍手郡中山村（現・同郡鞍手町中山）の劔城主阿刀部安芸守が同郷の松尾左馬頭と合戦をしており、阿刀部氏は代々、嶽大宮司（八剣神社か。近隣に剣岳や新北《にぎた》・新分〔ともに贄田物部ないし二田物部の関連地名〕）といったと見えるから、遠賀川流域にアトの源流があった。新北が今、「にぎた」と訓むが、阿刀氏の祖・味饒田《にぎた》命にもつながるか。同じ鞍手町の古門には布留御魂社・剣神社もある。

アトの地名は『書紀』記事には河内・大和で四か所ある。そのうち、用明二年四月条に物部守屋の別邸の地の「阿都」は河内国渋川郡の地名とされるが、雄略七年是歳条の倭国の吾砺《あと》の広津《ひろきつ》邑（百済からの技芸工人の居場所）、及び阿斗の桑市（敏達十二年是歳条。百済からの日羅の居場所）及び阿斗の河辺館（推古十八年十月条。新羅・任那の使人の居場所）は大和国の地名かとみられる。大和では、城下郡阿刀村（磯城郡田原本町坂手辺りに比定。唐古・鍵遺跡の約二キロ南）という説もあるが、『奈良県の地名』が記すように、平群郡飽波《あくなみ》郷の安堵《あと》邑（現・奈良県生駒郡安堵《あんど》町）のほうが妥当か。同じ平群郡の竜田の立野から起こる立野連は、物部氏一族にあった。

平群郡の飽波郷には外来色の強い牛頭天王を祀る飽波神社もあり（駿河国益頭郡の同名社の古い祭神は瀬織津姫というから、祭神はこれが妥当か）、近隣の高安（斑鳩町域）とともに河内から遷された地名か。『姓氏録』逸文（『太子伝玉林抄』所引）には、城上郡椿市村（奈良県桜井市金屋）に阿刀連が居たとし、山辺郡にも跡連が居て、釈善珠禅師はその出という（『日本霊異記』下、卅九）。ヒロキツ（広津）邑は、天物部のなかの尋津物部や『姓氏録』未定雑姓・右京にあげる尋来津首の居住地とみられる。

これら地名は守屋別邸の阿都をのぞき、渡来人の留置・掌握や韓地外交の記事に見られており、大和の阿斗は大和川水系の要地であった。こうして見ると、「アト」は水口の意かもしれない（『古代地名語源辞典』）。天孫系の物部氏族に水運関係の氏が出るのはやや奇異だが、遠祖の天目一箇命の母が海神族大己貴神の娘・下照媛であれば考えうる。

渡来系の知識摂取に好適な環境にあった阿刀氏の居住をふまえてか、一族関係者から義淵（母が阿刀氏）、玄昉（聖武天皇の信頼が篤く、橘諸兄政権を支えた）、善珠（『扶桑略記』に玄昉の息）といった仏教界・政界で活躍した人々が出た。大学助・主計頭を歴任の阿刀宿祢真足（宝亀二年十一月ほか）、空海の外叔父で教師役となり伊予親王の侍講も務めた阿刀宿祢大足、撰日本紀所へ出仕した太政官史生の安都宿祢笠主、などの学者も一族から輩出した。

飽波（安久波）神社（奈良県安堵町）

六国史に見える氏人では、壬申の乱で大海人皇子の配下としてその吉野脱出に活躍した安斗連智徳（天武元年六月条など）は、後に宿祢姓で見えるから、阿刀本宗とみられる。一族に、智徳の従弟で同じく天武方の安斗連阿加布（天武元年六月条。玄昉の父という）や、井上皇后廃后事件に連座・流罪の安都堅石女（宝亀三年三月条）らがいる。造東大寺司主典、造石山寺所別当として活動した安都宿祢雄足や、写経所に出仕し平城京の東西大溝遺構から自筆とみられる木簡が出土した阿刀連酒主もいた。

平安中期頃には、遣唐録事・左大史（太政官で弁官局に属する四等官で、公文書の記録・作成が任務）で阿刀連春正（『太政官牒』昌泰元年十月。延喜年間には『類聚符宣抄』『外記補任』に大外記阿刀宿祢春正と見える）、左大史兼春宮大属で阿刀宿祢忠弁（『太政官牒』延長二年二月。『類聚符宣抄』では、延喜十九年に左少史阿刀忠行と、延長三年に左大史阿刀宿祢忠行と見え、忠行が正記。春正の子か）や、式部少録阿刀宿祢佐友（『本朝世紀』長保元年五月条など）が見える。

延喜式神名帳の山城国葛野郡に見える阿刀神社（京都市右京区嵯峨南野町）は、山城居住の阿刀氏が奉斎した。このほか、山背国の愛宕・相楽両郡、摂津国豊島郡や越前国坂井郡にも一族が居住した。「安堵」の表記では、美濃国本巣郡に安堵郷があり、跡部郷は伊勢の安濃郡、美濃の武芸郡などに見える（『和名抄』）。同族と称した者では、『三代実録』貞観四年（八六二）条に陰陽允の阿刀物部貞範が見え、玄蕃大允の阿刀連粟麻呂、主殿大属の阿刀宿祢石成ら同族とともに良階宿祢姓を賜った。

阿刀氏は弘法大師空海の母の実家という事情で、永く真言宗・高野山に関与した。高野山の政所（慈尊院）別当職も世襲し、紀伊の官省符庄を管理した。その家伝に拠れば、阿刀大足（弘信）の次男元忠が空海に従い、伊都郡西谷村に居住したという。後裔一族には、政所の中橋氏（「中橋家文書」は国文学研究資料館所蔵）や官省符庄の四庄官家の高坊・田所・亀岡・岡があり、中世には武士化した。

大足の長男真杲の系統は、京都の東寺の政所別当執行家となり、執行家として永続し「阿刀家文書」（京都国立博物館所蔵）を残した。

物部支族で系譜が不分明な氏は、阿刀支流の可能性がある。河内神別の積組《つぶくみ》造は高安郡の都夫久《つぶく》美《み》神社（八尾市水越。式内社）付近に居り、『姓氏録』に阿刀宿祢と同祖という。「積組」が船の組立に関係するとの黛弘道氏の指摘は、阿刀一族という系譜と居住地から肯ける。同社の北方近隣には愛宕塚古墳（六世紀後葉の物部一族の墳墓か）や熊野神社もある。

阿刀氏から出た熊野国造

阿刀氏の初期段階については、崇神朝に分岐した熊野国造の系譜に見え、『亀井家譜』にも言及がある。この氏の系統でも、穂積・物部の本宗と同様、崇神前代では分岐氏族を出したと伝えない。『姓氏録』の熊野連（山城神別）の記事には、味饒田命の後と見える。

『亀井家譜』の記事に拠ると、崇神朝に川内国安斗邑の大由乃支《ゆのき》命が大猪を射て、その血の跡を追いかけると木の国の熊野二河の間の大斎原《おおゆのはら》の櫟の木のもとに死んでいたが、その木の枝に月神が現れ、大由乃支命及びその子の大安斗命が祀った。天皇の夢にも二貴人が現れたので大水口宿祢を熊野に派遣して、両人に話を聞き、結局、二河の間（中洲）の布留の村の高庫の地に神籬《ひもろぎ》（神の御座所）を建て神戸を置いたが、これが本宮（熊野坐神社）だと記される（ほぼ同様に神社縁起等にも伝える）。熊野国造の系譜では、大阿斗命が熊野国造の祖となり、弟の小阿斗命がもとの河内阿斗邑に住み阿刀連の祖となったとする。

この伝承で、「猪の血の跡」というのが比喩だとしたら、熊野に豊富な鉱物資源（銅、銀、鉄）を示唆する。熊野酸性層群に多くの鉱物資源が含まれ、とくに三重県熊野市紀和町の紀州鉱山には金・銀・黄銅の豊かな鉱脈がある。この辺りの鉱山の歴史は古く、『続紀』に見える大宝三年（七〇三）の牟漏郡からの銀献納記事がこれに当たるとみられており、那智勝浦町（往古は色川村）にも妙法銅山があった。熊野明神は鋳師の神とされる。

熊野国造は、紀伊南部の熊野国（後の紀伊国牟婁郡で、和歌山県南部と三重県南部に跨る）を領域とした。「国造本紀」には、饒速日命の後裔（「五世孫」と記事にあるが、系譜では六世孫で、このほうが妥当か）、大阿斗《おおあと》足尼が成務天皇朝に熊野国造と定められたと見え、系図ではその子（実際には孫か）の稲比が熊野直の姓になったという。

熊野国造の系譜では、後裔一族が本宮祠官を世襲し、牟婁郡の大領など郡領を輩出した。奈良時代には、牟漏采女の熊野直広浜が聖武天皇から四代の天皇に仕えた（『続紀』神護景雲三年の従四位下広浜の卒去記事）。延暦期には熊野連姓となり、昌泰三年（九〇〇）に牟婁郡大領熊野連広方が叙爵の日に橘姓を称した（橘朝臣良殖あたりの猶子となったか）、という。

その嫡裔が本宮の年預長官となり、伊都郡和田庄に住んで和田庄司を号した。和田氏は、神仏習合の時代に中央の後盾をえた熊野三山社僧勢力の筆頭・熊野別当の勢力に圧されたが、子孫は土豪として紀伊・河内各地に勢力を持った。その支流が伊都郡橋本村、さらに分かれて河内国石川郡に住み、これが南朝の忠臣とされる楠木正成の家につながる。和田・楠木の一族は紀伊・河内に多く、『太平記』に活躍が見えるが、ここでは省略する。

支族の真砂庄司も平安期には「真砂の長者」として栄えた。安珍・清姫の伝説（道成寺縁起）では、清姫は真砂庄司清次の娘と伝える。真砂氏は牟婁郡真砂村（田辺市中辺路町真砂）が起源で、熊野八庄司の一つにもあげられ、熊野詣での滝尻王子社にも関与したか。

熊野三社の奉斎

熊野では、本宮・新宮・那智という熊野三社で祭祀がなされた。本宮が家都御子神《けつみこ》（家津美御子神）、新宮が速玉神、那智が夫須美神《ふすみ》を祀る。主な社家は、各々、熊野姓の和田氏、穂積姓の鈴木氏、尾張姓を称する潮崎氏（実態は熊野部姓か）であった。

熊野三社の祭神を考えてみよう。

本宮の家都御子神は、一に女神の御食津神ではないか（「ケ」は穀霊を表すという見方）ともいうが、素戔嗚尊とされることが多い。熊野の木々の繁茂もあり、木種を播いたとされる五十猛命（実はスサノヲと同神）に当たるとしてよさそうでもある。出雲の熊野神社が櫛御気野命を祀り、これが素戔嗚尊とされるから、この辺とも符合する。那智の神は『延喜式』神名帳にも六国史にも見えないことから、那智の祭祀は新しいとされる。後ろで触れるように「滝宮」と称され、神は自然の大滝そのものであった（二河良英氏『日本の神々6』）。

速玉神を祭神とする新宮は、神階では常に本宮より上位にあり、熊野の中心の神とみられる（「新宮」という名は「熊野本宮」に対してではなく、旧社地たる「元宮」の神倉神社から「新しい宮」速玉社に移った経緯に由来）。新宮の摂社として神倉神社（新宮市神倉）があり、その神体とされるゴトビキ岩（戦後、下から銅鐸破片が出土）という巨岩が速玉神の最初の降臨場所（根本聖地）として名高い。通称の「火祭り」で知られる奇祭、御燈祭《おとうまつり》にも注目される。同社は、いま高倉下を祭神とするが、戸矢学氏は、これが速玉社の元宮で、本来の祭神が速玉神とみる。神武東征当時の高倉下の居所は、伝える地名

熊野本宮大社（和歌山県田辺市）＝熊野本宮大社提供

熊野速玉大社（和歌山県新宮市）

が「熊野」でも、紀南の熊野地方ではなく、実際には紀北の紀ノ川中流域とみられ、これは妥当な指摘であろう。

「ゴトビキ」とは紀州一円の方言で「ヒキガエル」（蟾蜍）のことだから、ここに遠江の井伊谷の渭《い》伊《い》神社と同様（後述）、月神関連の祭祀が見えており、物部部族が関与したものに違いない。こ

神倉神社のゴトビキ岩

の神社で祀る「玉依姫」とは神武の母ではなく、月の女神とみられる。

速玉神とは、イザナギの黄泉《よみ》の国訪問に一緒に出る神（イザナギの唾から化生した神が速玉之男、掃いものから化生した神が事解之男とされる）のなかの神ではなく、饒速日と櫛玉からくる「速玉」で、熊野国造や穂積氏の祖神・饒速日命のことだ、という見方もできるかもしれない。全国各地の熊野神社を見ると、速玉男命・事解男命《ことさかお》・伊邪那美神《いざなみ》（伊弉冊神）を祀るのが多く、この辺が若干気になる（那智は女神としたら、水神罔象女神《みずはのめ》かもしれない）。速玉男命は、高座神にも当たるが（前出の高座神参照）、天津彦根命（天稚彦。饒速日命の祖父神）など物部氏の父祖を指す可能性もあろう。事解男命のほうを饒速日命とみる説もある。

最後に、那智の夫須美神は、他の地域に見るように物部氏と滝宮・多伎都比古命（出雲、伊予、美濃等）、瀬織津姫神（災厄抜除の女神で、水神の罔象女と同体。伊勢では天照大神の荒魂とされる）との密接な結びつきからして無視しがたい（後述）。大和布留の石上神宮でも、真西の奥に布留の滝（桃尾の滝）があり、神宮の元宮とも伝える。那智社の場合、大滝そのものを飛滝《ひりゅう》権現として神体とし、無社殿で社の根源であった。その「御滝本神事」のなかで、「光り石」と呼ばれる玉垣に囲まれた丸石から、古伝の秘事を行って光ヶ峰（東方に聳える神奈備の山で、山頂に磐座）を遥拝する儀式がなされる。陸奥の早池峰《はやちね》信仰圏の祭祀例などからみて、水神瀬織津姫が滝神の実体と考えられる。田楽舞の伝統も那智にある。

熊野国造一族から出た氏として中臣熊凝《くまこり》連、中臣習宜《すげ》連がある。両氏共に、養老三年五月に朝臣姓を賜り、『姓氏録』右京神別には味瓊杵田命の後裔と記される。前者は大和国平群郡額田郷（熊凝道場）、後者は添下郡菅原郷（習宜池）に起こり、神祇職関係の従事に因み「中臣」を冠して複姓を名乗ったか。ちなみに、山城国神別の中臣葛野連氏は同じ物部氏族でも別系統であり、「饒速日命の九世孫・伊久比足尼の後裔」と記される。

紀伊熊野や三河の「熊野部」姓の中世武家諸氏では、石垣・鵜殿や潮崎が有力であった。系譜は、高倉下後裔の尾張連一族ではなく、実態は高座神後裔の熊野国造一族かとみていたら、石垣氏についてはその詳系が見つかって（早稲田大学図書館蔵の『真香雑記』に所収）、それが大伴支族の仲丸子姓と分かった。

出雲の佐太神社とアラハバキ神

熊野で祀られる速玉男・事解男両神に関連していうと、出雲では、意宇郡式内の速玉神社（松江市八雲町。現在は熊野大社の摂社）で祀られる。秋鹿郡の式内社で出雲二宮の佐太神社（佐陀神社、佐太御子神社。松江市鹿島町佐陀宮内）でも、両神は祀られる（『雲陽誌』など）。同社の佐陀大神楽、佐陀神能が出雲流神楽の源泉といい、鑽火神事もある。安芸国沼田郡の阿刀明神社（現・広島市安佐南区沼田町阿戸殿山）でも出雲流神楽舞を伝えるから、出雲の佐太大神には物部氏祖神（饒速日命）の匂いが強い。そこで、佐太神関係を次ぎに見る。

石見一宮の物部神社付近でも石見神楽を伝え（出雲流神楽の系統で、佐太神社の御座替祭を源流とする）、越後国刈羽郡の二田物部神社や各地の熊野神社でも神楽を伝える。河内の茨田郡には佐太郷が見え、佐太神社（守口市）の近隣一帯が中世に大庭の地となる。秋鹿郡の佐太神社の境内社に式内の御井神社もあるが（出雲郡にも同名の式内社が一社）、同名の御井神社が美濃にも式内社で二社（各務・多芸郡）あって共に物部氏関連とみられる。

佐太神社や出雲大社などの摂社で島根県に多く見られるのが「アラハバキ神（客人《まろうど》神、門客神）」である。氷川神社など

出雲の熊野大社（松江市八雲町熊野）

佐太神社（島根県松江市）

石見神楽

の埼玉県（武蔵国造関係）や愛媛県（越智・風早国造関係）、愛知県三河東部（三川縵《かずら》連関係）にも分布が多い。この神が物部氏と出雲族に密接に関連するとの指摘もある。

　これが伊勢神宮内宮の「矢乃波波木神」や「箒神《ははきがみ》」に通じるとしたら、韓地伽耶の安羅《あら》（荒）あたりから列島に渡来の天孫族の始祖・五十猛神のことか（伊勢神宮の第一別宮とされる内宮別宮の荒祭《あらまつり》宮の祭神は天照大神の荒魂といい、「アラハバキ姫」とも伝えるが、実体は水神で瀬織津姫のこと。五十猛の妻神）。アラハバキ神には巨石信仰が伴っており、柳田國男が『石神問答』で「神名・由来ともに不明」とした謎の神である。これを、谷川健一氏などが蝦夷の神とするのは俗伝・俗説（『東日流外三郡誌』等）に惑わされすぎである。岩手県花巻市東和町谷内にある丹内山《たんないさん》神社は、神体がアラハバキ大神の巨石（胎内石）として著名であり、当地の物部氏が関与したと伝える。これら諸事情が手がかりになろう。

　佐太神社の真西の神名火山（現・朝日山）の真下の地（神社の西北約一・二キロ地点）、志谷奥遺跡から銅剣六口と銅鐸二口が昭和四八年（一九七三）に出た。「佐太大神」とは、平田篤胤の著『古史伝』に言う猿田彦神ではない。この神は佐太御子神という名で風土記に見える。麻須羅神の子で、誕生の時に金弓で洞窟（加賀の潜戸）を射通したとき光り輝いたという（島根郡の加賀郷、加賀神埼条）。この伝承から武神と太陽神の性格が知られ、「麻須羅神」が天麻羅命であるのなら、佐太大神は饒速日命となろう（その場合、「速玉男・事解男」も同神となるか）。吉野裕氏は、上記伝承から賀茂県主の祖の一族ではないかとみるが、これにも通じる。越後国頸城郡では式内社に佐多神社があり、この論社が糸魚川市宮平の剣神社とされる事情もある。同じ頸城郡に物部郷や式内社の物部神社もある（上越市清里区南田中の日吉社に比定）。九州には、地名の佐田に関し、物部氏の原郷付近に筑前国上座郡柞田《さた》郷があり、朝倉市北部の佐田川流域（大字佐田あたり。南岸近隣に大庭の地名）に比定される。

出雲国島根郡には東から加賀郷（佐太大神の誕生地）、多久郷（松江市鹿島町講武地区の多久川流域で、天御梶姫を祀る多久神社が鎮座）、生馬郷（生駒に通じる）と続き、この地理配置も天御梶姫が多伎都彦こと佐太大神の母と窺わせる。楯縫郡多久村（現・出雲市多久町）の式内・多久神社のほうでは、多伎都彦命・天御梶姫を祀り、大船大明神ともいわれた石神である。多久神は「多久頭魂命《たくつたま》」（紀伊国造・大伴氏族の祖の天手力男命と同神。既述）に通じる。

佐太大神は出雲の四柱大神の一であり、狭田《さた》之国（ほぼ秋鹿・楯縫両郡）が領域とされた。中世でも杵築大神に次ぐ神威をもち、島根半島のほぼ全域がその信仰圏であった。『出雲国風土記』には楯縫郡に郡司主帳無位で物部臣（欠名）が見え、同郡人の物部知米為（飛鳥藤原宮土木簡）、物部大山（出雲国計会帳）も奈良時代に見える。

熊野三党の鈴木氏

熊野の新宮、速玉大社の有力社家に穂積臣姓の鈴木氏がある。先祖の穂積臣濃美麿《のみまろ》が牟婁郡に住み熊野神宮を奉斎したとも、その子の穂積臣忍麻呂が速玉社祢宜になったとも伝える。この親子が活動した時代は奈良時代初期となるが、鈴木本宗の藤白（現・和歌山県海南市）の鈴木氏には、更に古い時期に系譜が遡る趣旨の伝承が残る。

始祖饒速日命の五世孫、千翁《ちおきな》命の血脈をうけ、熊野神に稲穂を捧げて穂積の姓を賜ったといい、それ以来、熊野三党の一つとして鈴木氏は勢威をもった。残る宇井・榎本の両氏は道臣命の後裔の大伴氏族の出で、一に同族ともいう。熊野の古社の一つ、牛鼻神社の由緒では、新宮神官の宇井、鈴木、榎本三氏の祖が熊野村の千翁命として、景行天皇の悪神退治に際し、稲と兵を献上した功績により穂積姓を賜ったとされる。千翁命は熊野神とともに登場するともいうから、「亀井家譜」所載伝承に見える穂積臣氏の祖・大水口宿祢に当たるようであり、その場合、時期も崇神朝か。早く熊野国造創置の頃から、穂積の一派が熊野にあった可能性がある。そうした古くからの流れを、後に濃美麿などが受けたか。

鈴木氏は、紀伊では戦国末期まで続き、一族から鉄砲名人の雑賀孫一を出したが、出雲の熊野大社の北方近隣にも雑賀の地名があり、大社の付近には稲葉の地名もある。

もう少し触れると、源義経に随従して鈴木三郎重家が奥州まで行き、弟・亀井六郎重清とともに衣川館で討死したと『義経記』に見える。その叔父の鈴木重善（又、重時）は、奥州に行く途中で三河にとどまり、子孫が矢並（愛知県豊田市矢並町）や足助・酒呑《しゃちのみ》・寺部など数流に分かれて松平氏に従い、江戸幕府の旗本・御家人に多い。足助庄の則定鈴木氏から、仮名草子作者で有名な江戸初期の鈴木正三が出た。鎌倉時代以降、熊野権現信仰は全国的規模で拡がり、東国・陸奥に多くの熊野神社が勧請され、それらの神官も熊野の鈴木氏から派遣されて、鈴木氏が全国に多く分布する。

各地の鈴木氏はその後も増大し、日本の代表的な名字となるが、熊野信仰から鈴木氏を名乗る者もあったといわれる。

鈴木一族としては、亀井氏が幕藩大名として残った。紀伊から出て出雲で尼子氏に従ったのは、記録によれば、亀井重則の頃らしく、その子の重貞は尼子氏の筆頭家老となった。これが、秀綱の父であり、秀綱の娘婿に山中鹿介幸盛がいる。尼子氏と毛利氏との長い争いのなかで、鹿介の活動は有名である。その妻の妹婿が茲矩《これのり》（出雲佐々木氏一族から出た湯永綱の子）で亀井氏を継ぎ、戦国の世を生き抜き石見津和野藩の藩祖となった。

出雲国造との同族性

話が出雲に行ったことで、物部氏と出雲との関係を考えてみる。祖先の饒速日命は、畿内に到来の前に出雲に居たか（出雲を経由したか）、物部氏と出雲国造とは同族かという問題である。この問題の重要性にもかかわらず、これまでの研究では殆ど誰からも認識されず、看過されてきた。物部氏と出雲の関係は、長野一雄氏の考察があるくらいであろう。

出雲には物部連一族の居住が端的に見られず、風土記にも見えないから、出雲専門の研究者から物部氏はまるで顧慮されなかった。とはいえ、出雲と物部氏とは多くの点で密接な関係があり、要点を以下に見ていく（「出雲」について、多くの研究者に誤解がある。国譲り交渉の相手・大己貴神の「葦原中国」は後の出雲地域〔島根県〕ではないし、『出雲国風土記』の主役・大穴持命の居た主領域が出雲西部であり、この血脈は三輪氏につながるが、男系は物部氏につながらない。「饒速日命＝大物主神」説は、古代氏族系譜や各々の後裔氏族の習俗・祭祀から見て、明らかに誤り）。

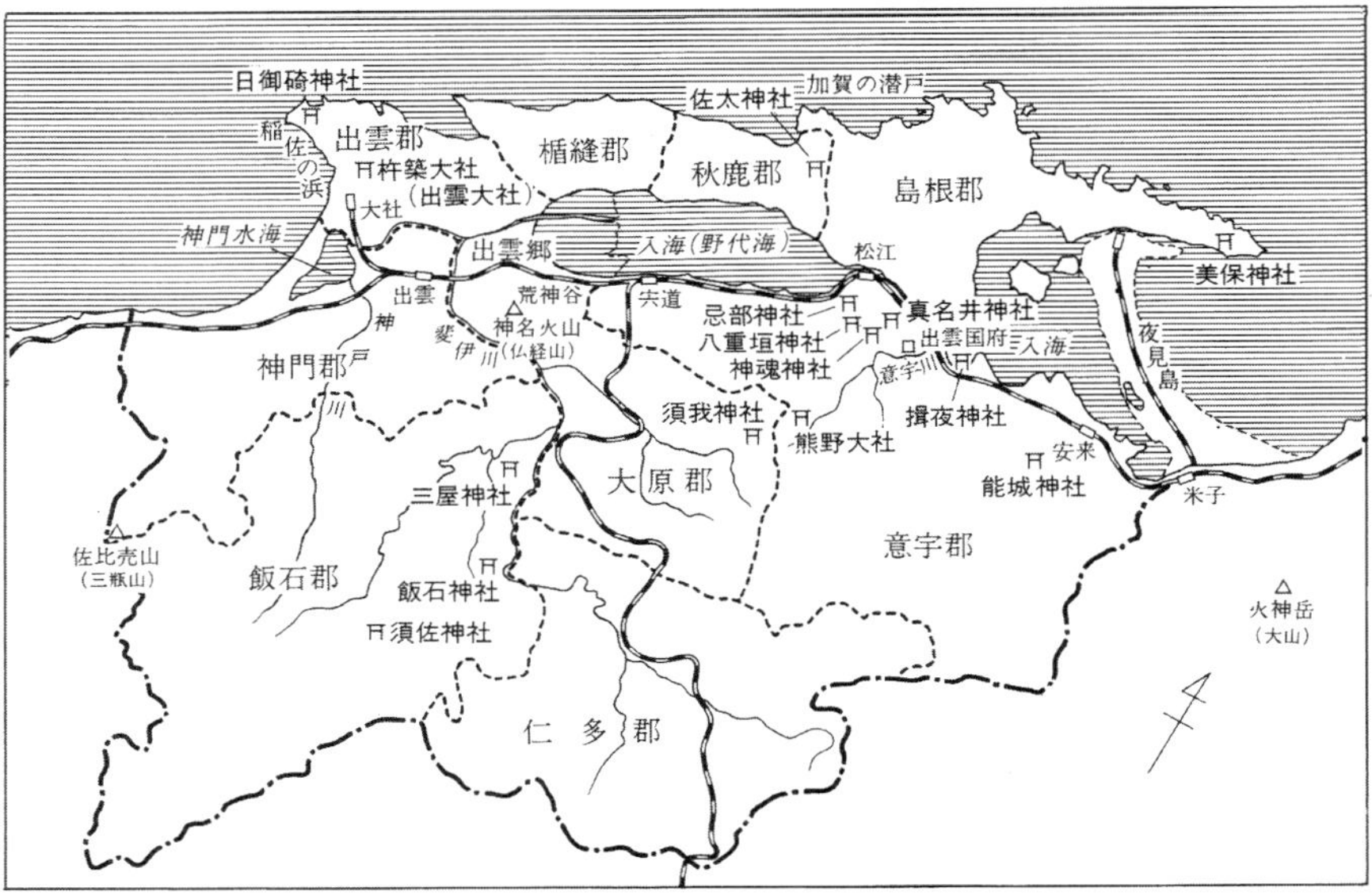

古代の出雲（上田正昭編『出雲の神々』所収図を基礎）

その第一は、神統譜を考えれば出雲国造と同族であった。出雲国造の祖神が天穂日命という系譜は疑問が大きく、その弟の天津彦根命（天稚彦）が実際の祖（ないし両者は同神）、その子の天目一箇命の後であって、これが出雲国造及び物部連の共通の祖である。

『神道大辞典』にも言うように、経津主神は、天鳥船命という別名を通じて出雲国造の祖・天夷鳥命につながる。フツヌシ神は出雲関連の神話に見え、「布都怒志命」という表記で風土記にあらわれる（意宇郡楯縫郷条。物部氏に縁由深い常陸国信太郡にも経津主神を祀る楯縫神社〔式内。現・稲敷郡美浦村〕があり、風土記の同郡に普都大神で登場）。この神こそ、天目一箇命である。同書・出雲郡美談《みたみ》郷（出雲市東北部の美談《みだみ》町）の条には和加《わか》布都努志命が見え、同郷に式内の「同社（県神社）和加布都努志神社」が鎮座する。若経津主神が名前からしてフツヌシ神の子神で、饒速日命に当たる（「大穴持命の御子」と記述も、実態は「女婿」か。『出雲国風土記』には「御子」のなかに「女婿」を含む場合がかなりある）。
秋鹿郡式内の内神社（宇智社。松江市大垣町）も和加布都努志命と下照姫（大己貴神の娘、天若彦の妻）を祀る。同社は、足高野山（女嵩野山、本宮山。佐太神鎮座の朝日山の南西約三キロ）の頂に光輪が出現し、神垣を結んだのが創祀と伝え、江戸期には出雲国内の四祈願所（杵築、日御碕、佐陀、当社）の一つであった。風土記の秋鹿郡大野郷の由来にも和加布都努志命が見えて、狩をして大猪を追って阿内谷にくると、猪の足跡がなくなったことが地名「内野」の起源で、これが大野に転訛したとされる。この伝承は熊野国造の起源伝承にも通じ、同神は島根県大田市の物部神社の境内社・八重山神社でも祀られる。

風土記には「都留支日子《つるぎひこ》命」（剣彦の意。島根郡山口郷条）という神も見え、剣彦の名義などからして、これも実体が天目一箇命にあたる。この神が風土記・島根郡の神社列記の筆頭社の「布自《ふじ》伎弥《きみ》社」（式内社。松江市上東川津町）の祭神として嵩山《だけやま》の山頂に鎮座する。嵩山は、中国の聖山で五岳の嵩山（河南省登封市）に名を発し、日本では嶽山、岳山あるいは御嵩、御嶽、御嶽山の名前でも知られ、天孫族の足跡として列島各地に地名が見られる。

嵩山の付近に山口郷（嵩山西側の松江市の川津・持田一帯）があった。その名の由来が都留支日子の言葉とされ、この神と速都牟自《つむじ》別神（風神の速飄《つむじ》別）とを祭神とするのが島根郡式内の久良弥《くらみ》神社（松江市新庄町）であり、嵩山の東北麓に同社は鎮座する。このように、関連の出雲の古社が島根半島の島根・秋鹿両郡を中心に分布する。

第二に、物部氏が奉斎した石上神宮の真ん前に摂社の出雲建雄神社がある。この「真ん前」という位置は古くから変わらず、神宮における建雄神のウエイトの大きさが知られる。出雲国造が遠祖

石上神宮境内にある出雲建雄神社

神として奉斎したのが熊野大神であり、これが物部一族の熊野国造の熊野三社祭祀と共通する。出雲建雄神の実体は草薙剣の荒魂あるいは十握剣（布都御魂）といい、いずれも剣神だから、都留支日子すなわち天目一箇命（天御蔭神、武夷鳥命）となる。

出雲国造の祖・武夷鳥命と同神といわれるのが稲背脛《いなせはぎ》で、国譲り交渉のとき熊野諸手船に乗って出雲に降りたとされ（『神道大辞典』）、饒速日命も天磐船で河内に降りたと伝える。

第三に、出雲には良質の砂鉄が豊富で、製鉄・鍛冶も有名だが、天目一箇命の後裔氏族は額田部連も含め、製鉄・鍛冶に優れた。物部氏の鍛冶部族としての性格は、先に述べた。

第四に、大和の唐古・鍵遺跡で出た銅鐸片と、出雲の加茂岩倉遺跡出土の銅鐸は、成分が極めて類似する。産地はどちらか決めがたいが、大和と出雲との間に密接な交流があった。大和での物部同族の鏡作造氏は鏡製造を管掌し、唐古・鍵遺跡では山陰系の祭祀器具である分銅型土製品も出た。出雲の熊野神社には近隣出土と伝える銅鐸を所蔵する。

第五に、出雲国造・出雲臣の同族にも物部臣、勝部臣氏がある。『風土記』には楯縫郡の郡司に「主帳無位物部臣」が見え、勝部臣の後裔は秋鹿郡の佐太神社神主家で、中世出雲の武家大族朝山氏も出した。出雲国造一族の系譜では、物部臣は額田部臣と近い一族であり、神魂《かもす》神社神主の秋上氏は物部後裔ともいうが、これは物部臣のほうであろう。出雲には、物部首百枝など物部首や物部を名乗る人々も、出雲郡の漆沼郷深江里等や神門郡に多く居た。十市根など物部連の一族が出雲国造家の始祖神伝来の神宝を献上させるため検校しに出雲に派遣されたことは『書紀』に見え、先に触れた。

第六に、物部関係部族は河内や越後、土佐など全国各地に岩船（磐船）神社を建て、岩船という地名を残した。出雲でも、楯縫郡の神名樋山に比定の大船山（標高三三五メートル。出雲市（旧平田市）多久町）には、山頂の西に多伎都彦命の御霊という雨乞いの石神がある（風土記、楯縫郡）。この神を祭神とするのが多久神社で、山の北西中腹には「岩船」とよばれる巨石があり、島根半島の西側に位置して、田楽を伝える。その東方の多太社（松江市岡本町）には、祭神の鳥石楠船神に縁する船石があると伝え、合祀の滝神社に速玉男命を祀り、神楽殿もある。鳥石楠船神（別名は天鳥船神で、出雲国造の祖）を祭神とする石船神社が常陸国那珂郡の式内社にもあり（茨城県東茨城郡城里町岩船）、本殿がなく、

神魂神社（松江市大庭）

巨石を神体とする。祠の傍にも船形の巨石がある。これは、久自国造か物部部族かの奉斎による。
出雲市斐川町神庭には岩船山古墳・荒神谷遺跡があり、安来市岩舟にも岩舟古墳がある。安来市の岩舟のすぐ南に、神庭・飯梨という地名も見える。神庭に通じる「大庭」は松江市域にあって、意宇郡の国造家本拠地で、神魂神社が鎮座した。この地は、出雲国庁跡地の近隣に位置し、東側の山代町や矢田町、西側の東・西忌部町や玉湯町とも近隣する。神魂神社の社家・秋上氏は山代の真名井神社（式内社。祭神は天津彦根命）の神主も兼ねた。

出雲にも飯石郡に伊毘志都幣《いひしつべ》命の天降り伝承があり、この神の実体が天夷鳥命（国造祖神で、天目一箇命と同神）と伝えられ、式内の飯石神社（雲南市三刀屋町多久和。神体が巨石）に祀られる。ちなみに、同名社が筑前の旧糸島郡周船寺村にある（福岡市西区飯氏。元はスサノヲ神を祀る）。飯石は安来郡飯梨に通じて、この地の野城大神（出雲四大神の一）も一般には天穂日命とされるが、同神か。飯石郡には波多郷（同郡掛合町波多）に波多都美命の天降り伝承があって、これもまた同神か。波多都美命は三上祝の祖神だと系図に見える（天御蔭命の父神とするが、同神か）。同地にいま波多神社があり、同地区の剣大明神を合祀する。

第七に、遠賀川式土器である。この初期（ないし前期）の弥生土器形式はもと遠賀川流域にいた部族集団（物部氏か）の移動とともに近畿地方に伝えられた。出雲では、北九州の墓制と類似するばかりではなく、初期遠賀川式土器の出土も多く見られ、遠賀川式土器を使用した部族の出雲への移住が推察される（西野凡夫著『新説日本古代史』にほぼ同旨）。そうした出土遺跡には、原山遺跡（出雲市大社町）や、古浦遺跡（松江市鹿島町古浦。佐陀大社の西北近隣）・石台遺跡（松江市東津田町石台。大橋川南岸で嵩山の西南方四キロほど）がある。同系の綾羅木系土器は、長門・豊前から丹後あたりまで日本海沿岸に分布し、出雲に集中する事情もある（田畑直彦氏「山陰地方における綾羅木系土器の展開」二〇〇三年）。出雲の弥生土器・土師器の主要地として、松江市北東部で嵩山付近の的場遺跡、安来市沢町の鍵尾遺跡があげられるが、これらは物部氏や出雲意宇国造の祖先一族の居住領域にあった。

初期物部氏の通婚事情

初期物部氏の通婚関係も興味深い。饒速日命の三世孫の出雲色大臣命は、母が出雲色多利姫と「天孫本紀」に伝える。色多利姫は出雲国造の系図にも見え（出雲色命の一名をもつ櫛甕前命の姉妹か。毛利氏の祖先系図などに見える）、所伝は符合するから、崇神前代の早い時期に出雲国造と物部氏との間で通婚があった。初期の物部氏は、同四世孫の出石色大臣命から三代ほど連続で、同族の近江の三上祝一族と通婚を重ねている。

初期段階の通婚に関連すると、饒速日の子の宇摩志麻治命の妻の父は、「天孫本紀」に「活目邑の五十《い》呉桃《くるみ》」（「伊福部臣古志」には伊古麻村の五十里見命。「里」は黒の誤記で、共に「クルミ」の訓みか）とされる。その系譜は不明だが、饒速日の近親（弟か従兄弟）とみられる。同四世孫の欝色雄の妻も、活目の長沙彦の妹・芹田真若姫だと同書に見え、「芹田」は天物部二五部の芹田物部に通じ、大和の城下郡や筑前の鞍手郡に芹田の地名がある。

「活目」は生馬・生駒・胆駒・活馬のことで、平群郡の北部、現在の生駒市にあたる。当地には式内大社の往馬《いこま》坐伊古麻都比古《いこまつひこ》神社（往馬大社。生駒市壱分町）があり、生駒山を神体山とし山頂の真東麓に鎮座する。祭神伊古麻都比古神こそ五十呉桃とみられる。同社は火燧木《ひきりぎ》の神とされ、これ

往馬坐伊古麻都比古神社（往馬大社）＝奈良県生駒市壱分町

は出雲国造家の火鑽神事に通じる。出雲の島根郡には生馬郷、生馬神社（松江市東生馬町で、上記嵩山の北西約六キロ。祭神が八尋鉾長依日子命。西生馬町にも同名社があり、大岩明神という）があって、西隣が秋鹿郡の佐陀となる（今はともに松江市域）。

古代史料に見えないが、生馬氏の祖先は饒速日命と共に出雲から大和に来て生駒谷に定住し、四世紀中葉には往馬大社南側に竹林寺古墳を築造した（前期の前方後円墳で全長約六十メートルと推定。内行花文鏡一面、石釧六、刀剣片や円筒埴輪等を出土）。生駒谷には他にめぼしい古墳がない。後裔の流れは戦国期の土豪の鷹山氏につながるとみられ、本拠が往馬大社の北方近隣で生駒市高山町の稲葉とされる（『奈良県の地名』。現在は白庭台の地か）。奈良時代の文書に「生馬鷹山」と地名が見え、城主一族の鷹山宗砌《そうぜい》（俗名は民部少輔時重。山名宗全の家臣で連歌師）は村田珠光と親しく茶筌《ちゃせん》の考案者である（生駒市は茶筌の生産量が日本一）。

生馬の地名は、紀伊の熊野地方にもある（西牟婁郡上富田町生馬）。神武の大和侵攻で東国に逃れた物部一派も「生駒、胆駒、生馬」の名を伝え、陸奥の安東氏一族（長髄彦の兄の後裔と称）では「下国生駒安倍姓之家譜」を持ち、伊駒安東太政季（『新羅之記録』）が見える。これら地名は、三河、相模、下野、岩代などでも見える（個別の起源・由来は不明）。

以上の諸事情から考えると、全てが饒速日の時代になされた活動かどうかは不明であるが、物部部族は北九州・遠賀川流域から出て、いったん出雲に行き、そこを経由して大和に来住したとみられる。出雲から大和への経路については難解だが、物部部族及び同行した模様の紀伊部族の奉斎神社・地名を追ってみると、示唆がある。すなわち、物部神社（矢田部神社、嶋物部神社も含む）・楯縫神社や物部郷、同族諸氏の分布から見て、出雲から日本海側を東へ進み、丹後国与謝郡から丹波、播磨を経て畿内に入ったとみられる。

出雲にあった時点で、物部部族は大穴持神系の三輪部族とは既に所縁があった。神武が畿内に来たときは長髄彦が敵対したが、先に長髄彦が大和で饒速日命を受け入れたのは、出雲での所縁や通婚関係などからみて、自然である（長髄彦こと建御名方命の妻・八坂刀売が少彦名神の孫という通婚もある）。物部氏が吉備から来たという見方もあるが、まず採りえない。吉備も含め山陽道には、物部氏族や物部関係社の古くからの分布が少ない事情がある。

丹波・丹後の物部氏

出雲から東へ、延喜式内社の物部神社が但馬（城崎郡。このほか、式外だが、但馬南部の朝来郡物部荘〔現・朝来市物部〕に物部八幡神社がある）、更に丹後、丹波と続いており、物部郷も『和名抄』には丹後、丹波に見える。三丹地方は、もとは丹波一国であった地域である。

とくに丹後における物部関係の中心地は、宮津市の西側の与謝郡与謝野町の野田川流域である。この地域で物部郷に比定される大字石川の小字、物部・矢田一帯には、式内の物部神社（祭神は宇摩志麻治命）及び矢田部神社が鎮座し、後者は伊香色男命及び矢田荒神（実体はアラから来た五十猛神か）を祀る。当地西南近隣の三河内には、弥生期の梅谷遺跡があって銅鐸を出土し、出雲大社巌分祠もあって、白雲宮境内に湧き出る神水は不老長寿の効能があるという。その南東近隣の同町明石には、四世紀後半頃の前期古墳、蛭子山《えびすやま》古墳（全長一四五メートル）があり、日本海側では第三位の規模の大古墳である。同墳から内行花文鏡・鉄製大刀など、棺外からは鉄製武器類が多数発見された。これに先立ち四世紀中葉頃の築造とみられている白米山《しらげやま》古墳（全長九二メートル）も南方近隣にある。

与謝郡には、五十猛神を祀る木積神社という名の神社が、式内社も含めたくさんある（同町弓木、温江に式内社の論社）。正応の田数目録には、「与謝郡物部葛保、物部郷少神田」の記事もある。丹波郡の久住《くすみ》（もと与謝郡域ともいう。京丹後市大宮町）にも、木積山・木積神社があって高蔵大明神とも言う。丹後では熊野郡海部郷の住民らしき物部首魚万呂の名が平城宮出土の木簡に見える（『平城宮発掘調査出土木簡概報』）。

次に、丹波では何鹿《いかるか》郡物部郷（綾部市物部）があり、当地に国史見在の古社・須波伎部《すはきべ》神社があって物部箒《すはき》神（水神の弥都波能《みづはのめ》神とも天照大神ともいう）を祀る。近隣に同郡式内の佐陁神社・高蔵神社、八田《やた》郷もあり（いずれも綾部市域）、氷上郡にも高座《たかくら》神社がある。綾部市域には熊野神社が多く、黒谷・小畑・別所・西原（巨巌で有名）や並松（熊野新宮）に同名社が鎮座する。船井郡には式内社の嶋物部神社があり、現在は荒井神社（京都府南丹市八木町美里）と呼ばれて、現祭神は荒魂命を主神に経津主神などを併祀するが、「荒魂」の名前は上記の矢田荒神に通じる。また、郡名の「何鹿」が「イカルカ、イカルガ」と雀目の小鳥を意味し、饒速日命降臨伝承の「哮峰」も同様に訓む見方もあって（鎌田純一著『先代旧事本紀の研究』校本の部）、両者はつながるのかもしれない。

出雲大神宮（京都府亀岡市千歳町）

丹波の物部では、平安中期の延喜十七年（九一七）には丹波国船井郡の擬大領従七位上物部首真助、擬大領右近物部首惟範という名も見える（『平安遺文』丹波国某郷長解）。丹波・丹後の物部首の系譜は不明で、出雲の同じ姓氏ともども現段階では手がかりがない。

丹波には桑田郡に一宮で名神大社の出雲神社（京都府亀岡市千歳町）もある。現在は出雲大神宮といい、宮司家に「千年の火」が伝わる。この祭祀が丹波にもたらされた事情を考えると、背後の神体山に御蔭大神の名を伝えるから物部部族の可能性が大きく、山中には真名井の神水もある。同郡式内社に多吉《たき》神社（亀岡市西別院町柚原北谷）もあり、社殿近くには「多吉の井戸」があるが、もとは向山瀑布の巨岩岩頭に鎮座して滝大明神と呼ばれた。祭神はいま高御産霊神とされるが、物部部族の奉斎が考えられる。亀岡市街地の東方には保津川・保津町など「保津」の地名があり、保津荘は平安末期頃から見えるが、大和国十市郡と同様に穂積に由来したものか。矢田町という地名も多吉神社近隣に見える。亀岡市西部には稲葉神社（宮前町猪倉土山）もあり、同名社が丹後の京丹後市網野町木津にもある。竹野郡木津郷の地とみられ、「木津・木積」が穂積に通じる。

これら物部関係社に併せて留意したいのは、楯縫神社の存在である。出雲では物部氏関係地が島根半島の中央部・東部（島根・秋鹿両郡）あたりに考えられるが、秋鹿郡の西隣が楯縫郡（現・出雲市のうち東部の旧平田市の大部分）で、半島西部を占め、こちらも佐太大神の祭祀地域であった。「楯縫」の地名由来は、『出雲国風土記』の楯縫郡条に天御鳥命が杵築大社の神事道具として楯や桙を造ったことに因むとし、意宇郡（『和名抄』では能義郡）楯縫郷条にはフツヌシ命が天の石楯を造ったことに因むと見えるから、武神経津主神の物部氏とは職掌上の縁由が深い。

楯縫郡の楯縫郷は現在の出雲市の多久町・岡田町あたりかといい（一にその西側の東郷・西郷あたり）、多久神社は先に触れたが、祭神多伎都彦や「岩船」などで物部氏とも縁由が深い。伴造の楯縫連は、『姓氏録』には不記載だが、山祇系の紀伊氏族の一派であり、系譜では、上記の天御鳥命（彦狭知命）の子が紀伊国造の祖・天道根命で、その弟・天枝命の子・多祁鳥《たけとり》命が丹波楯縫連の祖と伝える（『諸系譜』第四冊の「望月系図」）。

丹波国氷上郡の楯縫神社（兵庫県丹波市春日町長王）は稲葉川の流域に鎮座する。この一帯の神社名・地名には古代の製鉄・武器などの関連が窺われる。近くには式内社の芹田神社（同県丹波市氷上町鴨内。明治維新までは熊野権現の名）もある。同国多紀郡には川内多々奴比《たたぬい》神社（↑楯縫。兵庫県篠山市下板井）もあり、但馬国の養父郡及び気多郡にも同名式内社で楯縫神社（同県の養父市建屋及び豊岡市日高町鶴岡）があって、これらは共に祭神を彦狭知命とする。『延喜式』では、大嘗会で用いる神楯四枚を、丹波の楯縫氏が造ると定めており、この楯を石上・榎井両氏が大嘗宮の南北の門に立てた。

播磨の物部氏関係社と石神祭祀

物部・穂積・楯縫に関連する神社・地名を追いかけると、出雲↓但馬↓丹後↓丹波から播磨東部へとつながる。これは、初期物部氏の移遷ルートが浮上するということでもある（石見の物部神社の奉斎者が播磨・丹波を経て石見に来たと伝える経路とは逆のルート。東播磨には、『和名抄』の賀茂郡の穂積郷〔兵庫県加東市穂積〕が見え、明石郡式内の物部神社、多可郡〔同県西脇市〕に熊野部、美嚢郡〔三木市〕に跡部の地名もあって、これらの地がほぼ南北に連なる）。

とくに播磨国多可郡には、布都御魂神を祀る石上神社（西脇市板波町）があり、『播磨国風土記』託賀郡（多可郡）条に天目一命の名で登場する天目一箇神は物部氏の祖神でもあった。同郡荒田村の女神・道主日女《ちぬしひめ》命が父なし子（子は三上祝の祖と所伝）を産んだが、不明な父を探るため、その子に盟酒《うけいざけ》で諸神のなかから選ばせたところ、天目一命に酒をついだという伝承が残る。天目一箇神をその名で祀る式内社は全国で一社のみであり、それが同郡の天目一神社（現・西脇市大木町に論社）で、製鉄の神として信仰され、毎年十二月には各地の鍛冶職が集まって、ふいご祭りが挙行される。同社周辺の山頂には環状列石状の巨石群がある。多可郡式内の荒田神社（多可郡多可町加美区的場）は道主日女ゆかりの神社とみられ、その背後の小祠「マヒトツサン」こそ、天目一神社とみる見方もある。周辺には鍛冶関係の地名が多い。播磨では、佐用郡の天一神玉神社も同神を祀る。

西脇市の野村駅と多可郡多可町中区鍛冶屋駅をかつて結んだＪＲ鍛冶屋線（廃線）の沿線は杉原川の流域で、この地域には天目一箇神を祀る古社が集中し、一つ目神信仰の総本山の様相を呈する。

天目一神社（兵庫県西脇市）

杉原谷は古来、和紙の産地としても著名である。

播磨の関連地名は、加古川上流部（及び支流杉原川流域）の鉄産地・鍛冶関係地に見られる。それとともに、賀茂郡の既多寺（加西市殿原町「殿原廃寺跡」付近に所在か）の大智度論奥書（天平六年〔七三四〕十一月写）にも、物部連方古・物部連大山の名が見える。両者は写経のため財物を寄進した地域有力者とみられ、同郡には穂積臣の族も穂積里に居住した（『風土記』）。

饒速日命が播磨に関係したことは既に述べたが、『風土記』揖保郡林田里の伊勢野条に「伊勢都比古命」と見える。この神が伊勢明神として姫路市林田町下伊勢の梛《なぎ》神社（山頂付近に巨大な石舞台がある峰相山頂の西南麓）で祀られ、同社が式内名神大社の粒《いいぼ》坐天照神社の論社とされる（『播磨古蹟考』）。論社のもう一つが、たつの市竜野町日山にあって、天火明命を祀り磐座もあり、社殿の西に湧水がある。その古社地という古宮神社（同市揖西町小神）でも、境内に巨岩、周囲に湧水がある。風土記に見える「稲積山」は峰相山ともされるが、その北東方近隣に伊勢山（標高三五三メートル）もあり、西南麓の上伊勢に伊勢神社がある。伊勢野では最も高い伊勢山が稲積山にあたり、山頂に石神の伊勢都比古が坐したか。

『風土記』の神前郡及び託賀《たが》郡に見えて、神崎郡福崎町山崎の神前山《かんさきやま》に鎮座する「建石敷命《たけいわしき》（建石命）」も、実体は饒速日命と同神であろう。伊勢都比古命と同様に伊和大神の子と見える。神前山頂には古びた磐坐が数多くあり、東南麓の二之宮神社の祭神（一に坂戸神）でもあって、頂の北側は坂戸物部に通じる坂戸（神崎郡市川町の大字）の地名である。

「建石敷命＝伊勢都比古命」で石神ならば、「石＝伊勢」にも通じる。現に、国名の伊勢が、磯・石の転とみて、度会郡伊蘇郷にその源を求める見方がある（松岡静雄・鏡味完二等の説とする。『古代地名語源辞典』）。「石＝伊勢＝伊蘇」で、伊勢津彦が居た地が度会郡伊蘇郷（伊勢市磯町で、伊蘇宮こと磯神社が鎮座）だとすれば、後裔が東遷して相模の余綾郡に伊蘇郷の名を移したのも肯ける。伊勢や伊蘇郷の地形に起源する磯説が強いが、おそらく石説が本源で、これに磯の義も加わったとみられる。ちなみに物部氏の筑後起源は先に述べたが、筑後国三井郡の式内社に伊勢天照御祖神社（福岡県久留米市大石町）があり、天火明命を祭神、巨石を神体とし、筑後国神名帳に「正六位上大石兵男神」とあげられる。

六　奈良時代及び平安時代の物部氏

ここでは、七世紀後半ごろから平安時代前期ごろまでの物部氏族の動向を追いつつ、物部氏に関係深い『旧事本紀』の成立の問題を考えてみる。

壬申の乱と朴井連雄君

古代の大乱の一つ壬申の乱にあっては、物部氏の一族は両陣営に分かれて争った。

大海人皇子（天武天皇）方で目覚ましい働きをしたのが、朴井《えのい》連雄君《おきみ》（榎井連小君）であり、天武天皇五年（六七六）六月の急死の際には、壬申の大功により内大紫の位を贈られ、あわせて氏上とされた。さらに、その功で封百戸の賞も受け、その四分の一を子に伝えたことが分かる（『続日本紀』大宝元年（七〇一）七月条）。

雄君は、近江朝廷側が山陵造営を口実に人夫を集め兵器を持たせているのを見て、この緊急の情勢を舎人で仕えていた大海人皇子に進言したので、皇子は天武天皇元年（六七二）六月二四日に吉野を発って東に向かった。このときの随行者が妻子と臣下二十数人・女官たちで、雄君もその中にいた（『書紀』）。その後に続く内戦では、雄君について記載がないものの、天武が最初に行動を起こすための重要な役割を雄君が果たしたことになる。

朴井雄君の系譜については、「天孫本紀」に守屋大連の子におくが、これは年代的に見ても明らかに実系ではない。「氏上」として守屋大連の物部本宗家を受け継いだと評価されてのものであろう。実際には、物部尾輿大連の孫にあたる朴井真古の子とされる。

現在に伝わる系図では、尾輿大連の子の麻伊古連が榎井連の祖とされるが、それより早く允恭朝頃の人として物部榎井連盾が三輪氏の系図に見えるから（娘が三輪身狭君の妻）、榎井氏の発生はもっと早かった（その場合、和泉神別の榎井部と同族で、大矢口根大臣命の後か）。榎井氏の起源の地「榎井、朴井」については、比定地が不明である。大和の高市郡朴井邑とみる説（太田亮博士。明日香村豊浦付近か）もあるが、『大和志』がいう添上郡木辻村榎葉井（奈良市西木辻町エノハイ。佐伯有清博士も同じ）の可能性もある。後者の比定のほうが正しければ、矢田部造の本拠・添下郡矢田郷（大和郡山市矢田）の北東八キロ余に位置する。榎井部の一族が春世宿祢姓となり、更に榎井朝臣を賜姓した（『続日本後紀』承和十二年二月条に和泉国日根郡の人、春世宿祢嶋公らが榎井朝臣の賜姓、右京二条一坊に改貫）。

朴井一族では、先に物部朴井連鮪《しび》（椎子）が古人大兄皇子の変及び有間皇子の変に関して『書紀』に見える。朴井連子麻呂は雄君の弟で、天武九年（六八〇）に小錦下を授けられた。奈良時代における一族の最高位は榎井朝臣広国（子麻呂の孫）であり、従四位上に叙され大倭守に任じた。その後の有力官人は出ず、平安前期に従五位下で榎井靺鞨《まっかつ》や榎井朝臣嶋長が見える。それでも、平安後期頃まで下級官人で続いており、十一世紀前葉に左兵衛府生榎井宗延（『権記』）、大治二年（一一二七）に「介榎井」が『平安遺文』に見える。

このほか、壬申の乱では、大海人皇子の配下として安斗《あと》連智徳・安斗連阿加布があり（天武元年六月条）、これは先に見たが、阿加布は東海道諸国の募兵のため派遣された。一方、近江朝廷方についた代表が物部連麻呂であり、大友皇子の自害を見届けた数少ない従者のなかに麻呂がいた。乱の収束後は天武天皇に仕え、朝臣姓を賜り、氏の名を石上と改めて、左大臣まで昇進した。穂積臣氏の百足、五百枝の兄弟も近江方の武将で戦死した。

石上朝臣氏の登場

物部本宗の守屋大連の滅亡後でも、物部支族の諸氏は細々と残った。そのなかでは石上にあった支族が本宗格の模様である。「天孫本紀」には、守屋大連の兄・大市御狩連が敏達朝に石上神宮に奉仕し、その後が石上朝臣氏につながる系とされるが、御狩連の存在は、『姓氏録』以外の史料には見えない。「大市」は城上郡の地名の模様だが、石上の近隣なら、兄弟にあげる石上贄古連と同人の可能性も考えられ、石上麻呂の祖先は石上贄古連のほうかもしれない。贄子は、物部贄子連として『書紀』の敏達十二年条に見える。その記事には「贄子大連」とも見えるから、当時は物部氏の族長的存在だったか（守屋の記事が頻繁に出るのは敏達十四年以降だから、守屋の敏達元年の大連就任記事は追記の可能性もある。「帝皇本紀」では、敏達元年に大市御狩連が大連就任と記され、これは「御狩＝贄子」同人説につながる）。

贄子の娘・鎌姫大刀自は、「天孫本紀」によると、蘇我蝦夷の妻となり入鹿を生んだとみられる記事がある（蘇我馬子の妻で蝦夷の生母とも読まれそうだが、記事に混乱がある。『書紀』崇峻即位前紀及び皇極二年条から考えると、馬子の妻は守屋の妹とされる）。こうした蘇我氏との所縁で、本宗守屋の滅亡のときに生き延びたのが石上家であろう。そうすると、蘇我本宗滅亡の時にはその所縁を消すために、本来は鎌姫の甥であった宇麻呂（馬古）が祖系を変更したものか（贄子と御狩とが別人であれば、御狩連のほうにつなげたものか）。

ところで、『姓氏録』では左京神別の大貞《おおさだ》連が「弥加利《みかり》大連之後」とされる。その記事には、「上宮太子（聖徳太子）が摂政の年に大椋官（大蔵官）に任じた。時に家辺に大俣の楊樹が有り。太子が巻向宮に巡行の時に、この樹について問い、阿比太連に大俣連を賜う。四世孫の正六位上千継等が天平神護元年（七六五）に字を改めて大貞連を賜う」と見える。天平神護の賜姓は『続紀』に見えないが、その後、延暦廿三年、弘仁二年及び承和四年に相次いで大俣連から大貞連への賜姓が六国史に見えるから、族人が多かった。

阿比太連（一に阿比大連）が推古朝の人なら、世代的に御狩連の子におくのが妥当であり、その四世孫が聖武天皇朝の人というのと年代が符合する。御狩連の子として、「天孫本紀」は大人連と目連とをあげ、後者を大真連らの祖とする。これに続けて、大人連の子の耳連は今木連の祖、目連の子が馬古連とされるが、この「目連」が上記の阿比太連と同人で大貞連氏につながるのなら、その子に馬古連が入る余地がない。橘氏の系図には、壬申の乱のときの筑紫率栗隈《くるくま》王（左大臣諸兄の祖父）の母が「物部大俣連阿比の女、田裳娘」と見えるから、これが正記なら、名前は「阿比」で、推古朝頃の人となる。

馬古連は、難波朝（孝徳朝）に大華上（従四位相当）の位と氏上の徴の大刀を授かり食封千烟を賜って、石上神宮を奉斎したという。この「天孫本紀」の記事は必ずしも不審とはいえないから、馬古の父は贄子の流れとみるのが自然となろう（その場合、「贄古―鎌束―馬古」となるか）。このあたりから、物部氏は復活の兆しを見せ、子の麻呂につながる。

物部連麻呂が石上朝臣となり、左大臣までの昇進は先に述べた。和銅三年（七一〇）の平城京遷都のおりに、麻呂は藤原京の留守司として旧都に残された。ここで、物部一族は政治の表舞台から消えたとの見方もあるが、その子・乙麻呂（中納言従三位）や孫・宅嗣（大納言正三位）が議定官になったから、そこまでは言えない。石上朝臣氏の政治不振は、平安前期の延暦二三年（八〇四）に宮内卿等歴任の従三位家成が薨じてからである。

なお、石上麻呂が藤原京留守司であった関係から、森浩一氏は、石槨内の壁画で有名な終末期古墳、高松塚古墳の被葬者の最有力候補と考える（『敗者の古代史』。白石太一郎氏も同説）。この被葬者には、皇族説（忍壁皇子、高市皇子、弓削皇子、葛野王など）や朝廷重臣説、渡来系の百済王族説がある。その後に高松塚の近くで見つかった第二の壁画古墳たるキトラ古墳の存在、被葬人骨の鑑定年齢、地理的配置などから見て、千田稔氏がいう百済王禅光（六九三年没）とみる説が比較的妥当で、キトラ古墳も子の昌成（六七四年没）とみられる。

奈良時代の主な物部氏一族

令制下の物部の役割については、『続日本紀』神亀元年（七二四）十一月条に「従五位下石上朝臣勝男、石上朝臣乙麻呂、従六位上石上朝臣諸男、従七位上榎井朝臣大嶋等、内物部を率いて、神楯を斎宮南北二門に立つ」と見える。物部氏の本宗的存在の石上・榎井両氏に従って大嘗祭に供奉した「内物部」とは、衛門府に所属の物部が特に呼ばれた名だという。元日や大嘗祭のときの物部の役割としては、大嘗宮の護衛や左・右京の警備があり、大嘗宮の南北に石上・榎井両氏が盾と矛、槍を立て威儀を整えて守ったとされ、物部氏の旧習を受け継いだ。養老の「職員令」には、罪人を主当し決罰を掌る物部が囚獄司条・衛門府条に見える。東西市司にも物部廿人が配置されていた。

この時期の物部一族の主な官人を見ると、まず石上宅嗣である。宅嗣は桓武天皇の時代に大納言にまで昇った。文人としては淡海三船と並び称されて、漢詩が『経国集』に見え、日本初の公開図書館・芸亭《うんてい》を創設した。宅嗣は大納言になって在任一年余、五三歳というこれからという時期に死去したことで、物部一族の繁栄は戻らなかった。その従弟の家成は従三位まで昇ったものの議定官には任ぜず、その死後は石上氏から公卿を出すこともなく、九世紀前半以降は中央貴族として衰退した。石上神宮の祠官家の物部氏は、宅嗣の弟で従四位上大宰大弐となった息嗣の子孫が継いでいき、近世までの系図を伝える。

奈良時代の学者として、矢集《やつめ》（箭集）宿祢虫麻呂があげられる。明法道に功あり、養老律令の撰修では中心的な役割を果たし、功田五町を賜わった。天平三年（七三一）に従五位下に叙され、翌四年（七三二）に大判事、さらに大学頭に任じた。『懐風藻』に漢詩が二首見えるように詩才もある法律の大家で、『藤原家伝』下に当時の宿儒の一人とされる。一族には能登守従五位下の矢集大唐がいる。「大新河―大母隅」系の一族であった。

芸亭伝承地の碑（奈良市法華寺町）

『万葉集』には、石上乙麻呂・宅嗣親子や式部大輔石上堅魚の歌も採られる。物部一族で著名なのは高橋連虫麻呂であり、合計三四首の作品が入集する（そのうち長歌が十四首、旋頭歌が一首）。不《ふ》盡山《じさん》、水江の浦島子、勝鹿（葛飾）の真間娘子についてを詠む歌が有名であり、常陸から駿河にかけての東国と、摂津・河内・京などで、地方の伝承に関わるものが多い。養老三年（七一九）頃、藤原宇合が常陸守の時代に下僚となり、以後はその庇護を受けたといわれ、『常陸国風土記』にも関与したか。高橋連は、『姓氏録』や「天孫本紀」の物部氏族のなかに数流見えており、虫麻呂の家の系統は不明である。

弓削連氏と道鏡の一族

奈良時代後期に法相宗の僧・道鏡が出た。河内国若江郡の人で、兄弟・一族とともに宗教界・政界を牛耳った。守屋大連の後裔と称された弓削連氏の出である。天智天皇の皇子・施基皇子の子とする異説もあるが、これは取るに足らない。道鏡は、看病した孝謙上皇（重祚して称徳天皇）の寵を受けて次第に立身し、天平神護元年（七六五）に太政大臣禅師に任じ、その翌年には法王となって勢力を振るったが、神護景雲四年（七七〇）八月の称徳天皇の崩御とともに失脚した。道鏡は造下野薬師寺別当に左遷され（その二年後に同別当で死去）、弟・浄人とその息子三人も土佐に配流となり、その後に許されて本貫に戻った。

兄・道鏡の後ろ盾で、浄人は従二位大納言にまで昇進しており、一門で五位以上の者は十人にも達した。しかし、法体での政務参与と一族の急激な昇進に対する反感も朝廷内に幅広くあり、藤原氏等の官人の不満を高めていた。この過程で弓削連氏は宿祢姓となり、弟の浄人らは弓削御浄《みきよ》朝臣姓を、従兄弟の牛養ら九人が宝亀元年に弓削朝臣姓をそれぞれ賜ったが、道鏡失脚により間もなく旧姓の弓削連に復された（『続日本紀』）。

弓削氏は本来は物部氏の遠い同族（少彦名神の後裔。『姓氏録』左京・河内の神別、弓削宿祢では天日鷲翔矢命の後と記す）で、弓の製造を担う弓削部を管掌する伴造氏であった。河内国若江郡弓削郷に起こり、当地の弓削神社（式内社。八尾市の弓削町・東弓削町に論社）を奉斎した。守屋大連の母が弓削連の祖・倭古連の娘で（『天孫本紀』）、物部弓削守屋大連と号された。系図によると、守屋が滅ぼされたとき、その子の片野田連等は筑前の鞍手郡に流されたが、その孫の櫛麻呂の子が道鏡とされる（『続日本紀』天平宝字八年条は守屋後裔を示唆する。あるいは、櫛麻呂の父が本来の弓削連氏の出で、守屋の後裔に系譜をつないだ可能性もあるかもしれないが）。その従兄弟で牛養の弟が、玄賓《げんぴん》大僧都（伝灯大法師で法相宗六祖の一。桓武・平城両天皇の治病に務めた）という。

弓削神社（八尾市弓削町）

ところで、弓削連氏について見ると、その祖先の活動は上古の綏靖朝頃まで遡る。神武の次の綏靖天皇の即位に際し、当時、執政（実質的に大王）の地位にあった異母兄・手研耳命《たぎしみみ》を打倒した事件もあり（記紀）、この一種のクーデターには「弓削の稚彦」の関与も『書紀』に記される。現在に残る弓削連の系図（『諸系譜』所載「弓削宿祢系図」）には、この者を初祖として、それ以下の具体的な歴代もあげられ、稚彦の十世孫が倭古連とされる。だから、これらの者の存在や綏靖によるクーデター事件から見ても、記紀の闕史八代の記事を「造作」と決めつけ簡単に切り捨ててはならない。

守屋大連の子の忍人は、本宗滅亡後に四天王寺家人とされたという。「四天王寺御手印縁起」には、守屋の子孫従類二百七十三人を寺永奴婢となすと見える。忍人の子の牟麻伎は播磨に住んで、その子が庚午年籍のとき弓削連姓を負い、後裔が河内国大県郡に本貫を移したが、この系統から陰陽頭となって弓削宿祢姓を賜った是雄《これお》が出た。その子孫からは、伊勢国奄芸郡の稲生明神の神主になった者が出て、後裔の武家が近世まで続いて江戸幕府の旗本稲生氏も出た（『諸系譜』第十三冊の稲生系図、『寛政重脩諸家譜』）。

三河には、物部守屋大連の滅亡後に次男の真福が仁木郷に落ちてきて長者になったという（「真福寺元記」）。後裔が中世の額田郡にあって、幕臣の平岩・長坂などの諸氏になるとの所伝もあるが（『寛政譜』）、この守屋後裔説は疑問が大きい。弓削宿祢是雄の後裔ともいうが、上記「稲生系図」には、系が見えない（参河国造の同族の物部の後裔とするのが割合、自然か）。同族には同国加茂郡の大給《おぎゅう》氏があり、のち松平氏の猶子に入って子孫が続き、幕藩大名家、明治に華族となった。大給松平家の祈願所となった村積神社（岡崎市奥山田町）は、真福が守護神として村積山頂に本殿を建立したと伝える。荻生徂徠の家も大給氏の同族といい、徂徠は物茂卿と号した。勝海舟につながる勝氏も荻生同族らしい。

六国史に見える平安前期の物部氏一族

物部氏一族は、桓武朝以降の平安時代には急激に中央政界から姿を消した。その動きを追って見ると、本宗の石上系統では、宅嗣の後というのが三世代ほど系図に見える。叙爵者以上で六国史に見えるのは、子と伝える従五位下主税頭の継足、その子孫の従五位上宅子女、従五位下周防守の美奈麻呂などである。『三代実録』仁和二年（八八六）正月に石上朝臣並松が散位で従五位下に叙せられており、これが六国史に登場する最後の石上氏の人物である。石上氏の後裔としては、寛平七年（八九五）の史生石上邦雄、延喜十八年（九一八）の右史生石上善恒（各『類聚符宣抄』巻十、巻六）や寛弘七年（一〇一〇）二月に上野権介に補任の石上重時（『魚魯別録』）があげられよう。

宅嗣の弟の息嗣（奥継）は改めて物部朝臣姓を名乗り、祭主神祇少祐を経て宝亀八年（七七七）には大宰大弐従四位上となった。その子の振麻呂は、神祇権少祐となり、石上神宮の神官としてつとめ、以後この流れが石上神官（典鎰、忌火、祢宜）や山辺郡領を世襲する。祠官家には森、上田、豊井、堤、中山（天理教真柱の中山家は山辺郡の庄屋の出というから、流れを汲むか）など諸家が見え、これらが近世まで続くことになる。

平安時代前期の支族として学者・明法家等があげられるので、主な者を見ておく。

興原《おきはら》宿祢敏久《みにく》は、三河国造一族の後裔で、初めは無姓の物部であったが、物部中原宿祢、次いで天長年間に興原宿祢の姓を賜った（子孫は中原朝臣を称した）。大宰少典、明法博士、大外記などを経て、弘仁四年（八一三）に大判事に任じられ、『弘仁格式』『令義解』の撰修に加わり、天長七年（八三〇）

には格式撰修の功労によって正五位上に叙された。『令集解』に記載される「物記」「興大夫云」「原大夫云」「物云」の記事は、敏久の発言・学説を引用したものとされ、その明法勘文は『法曹類林』や『政事要略』にも採録される。

次に、春澄《はるずみ》朝臣善縄である。伊勢国北部の員弁郡出身であり、初め猪名部《いなべ》造姓で、昇進につれて春澄宿祢、次いで同朝臣の賜姓をうけ、七四歳で死没のときは異例の参議まで昇進し従三位となっていた。文章道に優れ、東宮学士、文章博士などを経て、斉衡二年（八五五）には国史編纂の勅命を受ける。その殆ど独力で撰されたのが貞観十一年（八六九）に完成の『続日本後紀』である。藤原良房政権のブレーン的存在だともいう。善縄には鋳銭長官の具胆、駿河守魚水など四人の子女が伝わるが、学問を受け継ぐ者はなく、春澄朝臣氏は承平元年（九三一）、善縄の娘・従三位洽子《あまねいこ》（典侍春澄高子）の記事を文献上の最後に姿を消した。『東鑑』文治三年条に見える員弁大領家綱、員弁郡司進士行綱は族裔か。

善縄の邸宅跡伝承地が三重県いなべ市（旧員弁郡）藤原町長尾にあって、「春澄屋敷」と称された地に偉業をしのんで春澄社が祭られたが、明治四一年（一九〇八）、猪名部神社に合祀された。猪名部神社は式内社で、近隣に論社がほかに二社（東員町北大社など）ある。

猪名部は為奈部とも書き、ウヂの名は木工技術者集団だったイナ部の伴造だったことに因む。雄略紀に十三年条に木工葦那部真根が見え、天平宝字二年の木工寮長上正六位上猪名部百世も『大日本古文書』（造東大寺司解）に見える。饒速日命東遷伝承の随行者には五部人にイナベの祖・天津赤占、船子にイナベの祖・天津赤星が見え、船匠、航海にも従事したとみられる。畿内では、摂津国河辺郡の為奈郷（兵庫県尼崎市猪名寺）が本拠地で、伊勢も移遷かとされる。隣の豊島郡（もとは河辺郡と一郡）

には式内社の為那都比古《いなつひこ》神社（大阪府箕面市石丸）や迹《あと》連の居住があり、付近には医王岩という磐座や、銅鐸出土地もある。

為那都比古神社（大阪府箕面市）

伊勢国員弁郡を本拠とした猪名部氏は、祖父の財麻呂が員弁郡の少領で（『三代実録』の春澄善縄薨伝）、父の豊雄も周防大目（善縄の薨伝）、同郡少領（『公卿補任』貞観二年条）であった。『姓氏録』では、「伊香我色男命の後」（左京神別の猪名部造）、「伊香我色乎命の六世孫・金連の後」（未定雑姓摂津の為奈部首）と見える。伊勢の猪名部の起源は、雄略朝に伊勢で叛乱した朝日郎《あさけのいらつこ》に対する物部菟代《うしろ》宿祢・目連の討伐にあるとされる。このときに、失敗した菟代宿祢の所有する「猪名部」を奪って、物部目連に賜わった（雄略紀十八年八月条）。鈴木真年は、何に拠ってか不明だが、菟代宿祢について、五十琴宿祢の孫の石持連の子に置き、「猪名部造春澄朝臣等の祖」と記している（『史略名称訓義』）。猪名部造の系譜は難解だが、職掌と地名（跡部、阿刀部の近在）から阿刀支流の可能性もある。

武人では、下総国人の物部匝瑳《そうさ》連一族が平安前期に陸奥の鎮守府将軍として活動する。『続日本後紀』の承和二年（八三五）三月条に、陸奥鎮守将軍の外従五位下勲六等の物部匝瑳連熊猪に対して宿祢姓を賜った記事がある。それに拠ると、先祖の物部小事大連が坂東に出征してその勲功で下総国に匝瑳郡を建て、その地名を氏の名とした。小事連は布都久留連の子で木蓮子の弟とされるから、東征の時期は、雄略朝より後から宣化朝迄の期間とみられるが、この関係の記事はどの史料にも見えない。「天孫本紀」には「志陀《しだ》連、柴垣連、田井連等の祖」と見えるが、鈴木真年整理の系図には「信太連、匝瑳連、柴垣連、陸奥宮城郡物部連等祖」とあり、この譜註が信頼できるものならば、陸奥の宮城郡辺りまで行ったものか（信頼性は疑問か）。先にも触れたが、宮城郡権大領として物部己波美《いわみ》が同じ『続後紀』承和七年条に見え、公田八十町余の灌漑及び私稲一万千束の提供の功で外従五位下を仮授された。平安後期の奥州前九年の役には、安倍貞任に従う賊徒のなかに散位物部惟正が見えており、郡司クラスだから、この族裔だったか。

こうした先祖の業績をふまえてか、物部匝瑳連一族からは弘仁三年（八一二）に足継、承和元年（八三四）に熊猪、承和四年（八三七）に末守が、いずれも陸奥国胆沢郡の鎮守府将軍に任じられた。年代的に見て、足継の子が熊猪・末守兄弟とみられる。

この同族に物部信太連（志陀連）があり、『常陸国風土記』に孝徳天皇御世に小山上物部河内、大乙上物部会津が常陸国に信太郡を置くと見える。河内の孫が物部国依で養老七年三月に信太連を賜姓し、後裔の信太郡大領物部志太連大成の外従五位上等の叙位（延暦五年、九年条）や陸奥国人の志太連宮持の外従五位下叙位（弘仁二年〔八一〇〕条）が六国史に見える。河内の弟・会津の孫が『万葉集』

巻廿の防人歌に見える「信太郡の物部道足」であった。その後裔は中世まで続いて信太庄司、菅谷を名乗るが、紀姓を称した。

『旧事本紀』の位置づけと史料価値

和銅三年（七一〇）に藤原京から平城京への遷都のおりには、石上朝臣麻呂が留守役として旧京に残された。このことで、遷都を主導した藤原不比等の藤原氏に比し、物部一族の政治影響力は小さくなった。そのため、養老四年（七二〇）に完成の『日本書紀』では、物部氏をめぐる記録は改竄され、その果たした役割が過少に記されたとみる見方もある。

これが、物部氏の氏族動向や足跡を記す文献が少ないとして、「天孫本紀」をプラス評価する見方にもつながる。しかし、藤原不比等や中臣大島など中臣一族が正史編纂事業を大きくねじ曲げたという見解は、そもそも疑問が大きい。中臣氏関係で先祖の業績などで多少の修飾があっても、歴史の流れを変更するほどの大きな改竄が実際にあったとは思われない（本シリーズの『中臣氏』参照）。このことは、物部氏や他の氏族でも同様であろう。

だから、基本的には記紀を踏まえて上古史を考えていかねばならない。誤解されがちなことであるが、わが国の『書紀』などの国史の編纂は、特定の一時期に一回でなされたものでは決してない。その根底に多くの文書類や諸氏等の所伝があり、王権や大王が変わる都度、その時々の為政者の必要性等に応じて、大小様々な歴史改変が加えられてきた、とみられる。「天孫本紀」には、物部氏の様々な主張や虚飾も盛り込まれるが、それでも物部氏等の諸氏についての貴重な記録であることは間違いない。そこには、物部氏の出自・系譜や職掌などの経緯、石上神宮に永く奉仕してきた氏族の歩みが記される。

「天孫本紀」を含む『旧事本紀』は、江戸時代に水戸光圀や、国学者の多田義俊、伊勢貞丈、本居宣長らにより偽書とされて以来、偽書の評価が一般的であった。しかし、それまでは、吉田兼倶が創始した吉田神道や江戸後期の国学者・橘守部など、史料性を評価する立場もあり、現在では鎌田純一、上田正昭、安本美典ら諸氏の真摯な検討によって、その価値の見直しがなされてきた。

総じて言えば、物部氏・尾張氏の氏族伝承（巻三「天神本紀」の一部や巻五「天孫本紀」）や「国造本紀」など、部分的に『旧事本紀』の史料価値があると評価されている模様である。これでは、偽書説の宣長が『古事記伝』で言う「これ等は何書にも見えず、新に造れる説とも見えざれば、他に古書ありて、取れる物なるべし」との立場と殆ど変わらない。宣長や津田博士流の偏狭な立場から脱して、もっと合理的に考えられないのだろうか。推古朝遺文も含んでいて、史料価値があるのなら、軽々しく投げ捨ててはならないはずである。

問題は、『旧事本紀』の何が偽書なのか、どこに史料価値があるのか、という点である。同書の序文以外の内容が他の史料、史実との整合性があるかどうか、内容から『旧事本紀』を偽書と断じることができるか、ということでもある。

同書の序文によると、聖徳太子と蘇我馬子が撰録したとされるが、本文の内容には、聖徳太子等が活動した推古朝以降でも、平安朝前期頃までの後代の記事を含むから、序文が疑問なこと（序文は別人の作で、後世の付加・造作）は明らかであり、これは皆が一致する。これを除いた本体部分については、直ちに偽書だと排除されるべきではない。記紀との内容の相違は確かにあるが、記紀のほうが常に正しいと言えるはずがない。ましてや、推古朝遺文のような古い用語・用字も見られており、なかには相当古い資料も含まれる可能性があるとの指摘もある。そうすると、関係するこれら史料について、個別具体的に異同等を検討し、その合理性を適宜、判断・評価すればよいだけである。

『旧事本紀』の氏族系譜、「天孫本紀」や「地祇本紀」に見える系譜記事の評価については、現代の学究たちにあっても、大きな勘違いがある。諸氏によって成立・伝来の経緯が異なる系譜同士で、婚姻や活動関係などに有機的な関連を持たせ、お互いの世代位置にも整合性を持たせた系譜を、後世になって架空に好き勝手に都合良く創作することなど、まずできるはずがない。ましてや、古代人の能力においてである。かつ、他の史料との符合性も適切にとることは、創作ではきわめて困難である（こうした様々な整合性がとれていないから、国宝指定の「海部氏系図」及び同・勘注系図は後世の偽造だ、と私がみる事情にもある）。

系譜伝承の過程で起きる所伝の誤りや転訛、あるいは改編は現伝の史料に多少あっても、『旧事本紀』全体を意図的に創作・造作するということは、まずあり得ない。創作・造作を主張する研究者は、自らの手を動かして具体的に系譜作成を試みれば、その困難さをしっかり実感するはずである。こうした諸事情を考えると、現存する系譜などの史料には、それがそのまま史実ではなく、転訛や改変が一部にあったとしても、何らかの史実の一端や系譜原型を示唆するとみるのが自然である。

『旧事本紀』偽書説の言う内容記事への疑問

ノンフィクションライターの藤原明氏は、その著書『日本の偽書』で、『旧事本紀』が矢田部公望による偽作だという説を唱える。同書は、聖徳太子勅撰だとして、承平六年（九三六）の日本紀講の席で矢田部公望によって突如持ち出された書物であり、その後、本書は『日本書紀』の原典ともいうべき地位を獲得したが、矢田部公望が物部氏の権威付けのために創作した偽書という可能性が高いとみる（実際に創作したのは、別の人物の可能性もあるが、物部氏か矢田部公望に近い筋の者であろうとも推定する）。

矢田部公望は、平安時代中期の学者で、既に延喜六年（九〇六）の日本書紀講書に博士の助手（尚復）として見えて、講書の筆録として「延喜公望私記」を残した。その三十年後の承平六年（九三六）からの講書では、文章博士として講師をつとめた。『外記補任』には九二九〜九三三年の期間に見え、大外記まで務めたが、兄（ないし父）には大内記をつとめ、「元慶私記」の編者かといわれる矢田部名実もいた。上記の公望筆記には、『旧事本紀』の引用が見えるから、彼自身が自作したとみるのは疑問が出る。十世紀前半に当代一の学者が、嵯峨天皇の命による編纂の系譜書『姓氏録』や『書紀』などの六国史を無視するとしたら、これも不思議である。

矢田部公望が「自家の所蔵する断片的な物部の伝承」を記紀等の記述を用いて補綴し、こうして完成した新たなテキストが偽書『旧事本紀』ではなかったろうか、と藤原明氏が推測するが、そこには奇妙な判断が多々ある。例えば、『旧事本紀』に用いられた『古事記』の記事とは何だったのか、『古事記』と共通の記事があったとして、どちらが先と証明できるのだろうか。『古事記』自体が由来不明の書（序文の不合理なことは明白で、稗田阿禮の実在性は疑問大）であって、あるいは、共通の史料を種本としたのかも知れない。また、「地祇本紀」に見える三輪氏の祖先系譜はどこの家に伝わっていたのだろうか。物部・尾張両氏の系譜を重視して、この辺を無視するのは不思議である。

「国造本紀」のような史料は、個別の家に伝わったのだろうか。『旧事本紀』には、記紀や『姓氏録』に見えない貴重な系譜所伝がかなり記載される。それは皇室の系譜にあっても多々見られ、一概に否定できる内容ではない。矢田部氏という個々の家が学問的に名門でも、これら貴重な所伝は、「国造本紀」だけを見ても、矢田部氏のみに伝わったものだとは到底考えられない。

偽書説を主張する藤原明氏の記述には、ほかにも疑問な点があるので簡単に触れておく。

①『旧事本紀』が物部連氏と密接な関連を持ち、物部連の祖神・饒速日命と尾張連の祖神・天火明命とを同一神とする奇妙な記述もある。そもそも、本来の「天火明命」は尾張連の祖先ではなく、ここに先ず系譜仮冒があるし、饒速日命と同一神でもなかった。これは、物部・尾張両氏族の祭祀・職掌の相違などを見れば分かる。藤原明氏は、「国造本紀」の物部系国造の東海道での濃密な分布に疑問を呈するが、これは誤解に基づく。

②『旧事本紀』が平安時代に急に捏造されたものではないという鎌田説を否定する確かな証拠はない。物部連と尾張連の祖神に限らず、平安前期に成立した勅撰的な系譜書『新撰姓氏録』の記事と異なる系譜や世代数がいくつも『旧事本紀』に見られる。この評価については、『姓氏録』に対する反感・反論があって、その提示のため『姓氏録』よりも遅く成立したという見方もあるが、記事内容の妥当性から考えれば、『姓氏録』よりもむしろ先に成立したか、関係なしに成立したから、『姓氏録』と異なる系譜異伝を取り入れた、という可能性もある。だから、記事の創作と決め付けられない。

以上のように考えれば、その序文を除けば、『旧事本紀』の史料価値は、全体として、記紀同様に認めて差し支えない。これは、「天孫本紀」や「国造本紀」だけを評価する立場とは異なる。古代氏族の系譜検討を続けるなかで、「地祇本紀」に見える三輪氏の祖先系図や「天皇本紀」に断片的に多数見える息長氏一族の先祖系譜（直系・傍系を含む）も、基本的に史料価値が見出される。具体的に言うと、蘇我氏の真の出自を示唆するのは、「天皇本紀」成務段の記事しか管見に入っていないし、この創作はまず不可能である。

平安前期に成立した勅撰的な系譜書『新撰姓氏録』の記事と異なる系譜がいくつも『旧事本紀』に見られるが、これらは個別に十分検討を加える必要があって、是非はともあれ（総じて、『姓氏録』記事のほうが妥当な模様であるが）、異伝を記録したことには変わりない。だから、『旧事本紀』全体の評価として、史料価値があるとしてもよかろう。とはいえ、「天孫本紀」の系譜でも、麁鹿火大連の系譜など、個別にはおかしな内容がいくつも見られ（とくに婚姻関係には疑問個所が多い）、そのまま信頼しすぎる姿勢は問題が大きい。

現存する『旧事本紀』は何度かの編纂・謄写の過程を経た写本であり、編纂・謄写につきものの異同や誤記は当然に出てくるが、それ以外にも後世の加筆が多く混在する。各本紀の記事の間でも、矛盾がある個所もある。このため、史料価値を下げたものの、本文記事には記紀より古い、あるいは記紀とは別伝の貴重な文字記録を含むのではないか、という見方が割合穏当なところであろう（ほぼ同様な趣旨を戸矢学氏が『ニギハヤヒ』で記述）。同書の記事範囲が、天地開闢から推古天皇までの歴史（最後の時期が第九の「帝皇本紀」）が基本であって、これは『古事記』とほぼ同様である（序文の聖徳太子・蘇我馬子らが撰とあるのは疑問としても、上古部分が同じ対象）。もちろん、『旧事本紀』はあくまで上古史料だから、上記の伝来・編纂の経緯を踏まえれば、記事の盲信は常に慎まれるべきでもある。

「天孫本紀」の編者と『旧事本紀』

『旧事本紀』の編著者については、これまで石上宅嗣説あるいは石上神宮の神官説、矢田部公望説、興原敏久《おきはらみにく》説、などが出されてきた。編纂時期と物部一族関係の有識者というのが主な根拠とされるが、どれも決め手がない。これに加え、編者（偽作者であれば、よりなおさら）であれば、同書記載の物部系譜のなかに自己の家系が少し詳しい形で入るのではないかという観点も必要だと私には思われる。もっとも、同書について、単独の編纂者ではなく、これが複数いた可能性も考えられる。

同書の最終成立時期については、概ね九世紀代とみる研究者が多い。その記事内容からして、大同年間（八〇六～八一〇年）あるいは加賀国分離の弘仁十四年（八二三）か嵯峨上皇崩御の承和九年（八四二）以降であって、延喜の書紀講筵時期（九〇四～九〇六年）以前という大枠が先ず考えられている。鎌田純一氏も上田正昭氏も、九世紀頃に石上神宮と関係ある物部氏の中の誰かが、それまであった伝承を集大成して最終的に『旧事本紀』を完成させたとみており、上田氏は九世紀後半に成立とみる。佐伯有清博士も物部一族説を考え、著者未詳も、「天孫本紀」などに物部氏関係の事績が多く見えることを根拠とする。

江戸末期から明治前期の国学者・御巫《みかんなぎ》清直は、十世紀前葉頃の矢田部宿祢公望が序文を作ったという説を唱えた（藤原明氏は、矢田部公望が偽作者とみることは上述）。一方、安本美典氏は、『旧事本紀』の本文は興原宿祢敏久（生没は七八八～八四九か）が『書紀』推古天皇の条に見える史書史料の残存したものに、記紀や『古語拾遺』などの文章、物部氏系の史料なども加えて整え、その後に、矢田部公望が「序」と『先代旧事本紀』という題名を与え、矢田部氏関係の情報などを加えて現在の『旧事本紀』が成立したと推定する。

これら諸説に対し、「天孫本紀」に見える壹志《いちし》宿祢の記事から、『旧事本紀』の成立時期を考えてはどうかという指摘も、最近、見える。それに拠ると、『続日本後紀』嘉祥二年（八四九）正月に「壹志公吉野」が見え、『文徳実録』斉衡二年（八五五）正月条に「壹志宿祢吉野」と記されるから、「八四九～八五五」年という時期に宿祢姓になり（現存の六国史記事では脱漏）、次いで『三代実録』の貞観四年（八六二）七月廿八日条には吉野が従五位下行参河介で大春日朝臣の賜姓が見える。「市師宿祢」の記述を持つ『旧事本紀』について、西暦八四九年以降の成立ないし編纂を示唆するということである。

こうした諸事情を考えれば、年代的に興原宿祢敏久では古すぎるし、矢田部宿祢公望では後ろ過ぎる。数人が手を加えてきた書を、最終的に矢田部公望ないし父祖・近親（名実など）あたりの者が内容整理をしたのかもしれない。この辺が一応の拙見の結論である。

なお、主に九世紀後半という線で、『続日本後紀』編纂に関わった物部氏族出の春澄善縄（もと猪名部造）や安野宿祢豊道（父祖の旧姓が勇山連）あたりも候補に考えられるが、「天孫本紀」には猪名部造や勇山《いさやま》連の祖が物部一族としてはあげられないから、除外されよう。安野宿祢豊道は、近親の従四位下文継（生没は七七三～八二八）が大学助、紀伝博士や東宮学士を歴任した学者・漢詩人であり、旧姓の勇山連氏は、山部の一種の胆狭《いさ》山部・不知《いさ》山部を管掌し、『姓氏録』河内神別では、饒速日命の三世孫、出雲醜大使主命の後とされる。

不知山部については、豊前の京都・下毛両郡に諌山《いさやま》郷があって（『和名抄』）、その起源の地とみられ、後裔では平安期の長徳五年（九九九）正月の「大宰府解」に京都郡人豊前掾の不知山長松（『本朝世紀』）、治暦二年（一〇六六）には太宰府の典代に不知山（欠名）があり（「東大寺文書」）、南北朝期の正平廿二年（一三六七）にも筑前の筥崎宮若宮の別当として不知山宿祢姓の一族（種元、種秀、永通など）が見える（「石清水田中家文書」）。

矢田部氏と同族の系譜

「天孫本紀」の物部氏系譜を見ると、饒速日命の六世孫・伊香色雄命の後が大きく二系統に分かれ、①十市根命の後の物部本宗と、②その兄弟の大新河命の矢田部系統になっていて、後者は十世孫の印葉連兄弟まで四世代があげられる。「天孫本紀」系譜のなかで支流の記事としては珍しいほど、矢田部系統についての詳しい記事がある。

矢田部氏では、七世孫が大新河命、八世孫が武諸隅連、九世孫が多遅麻連、十世孫が印葉連と続く系譜が見られるが、疑問な記事もある。例えば、印葉連が応神朝に大連となって石上神宮奉斎とあり、この記事に疑問があるほか、その姉妹にあげる山無媛（「神皇本紀」では香室媛という名で記す）が応神妃となって菟道稚郎皇子や矢田皇女等の生母となるという記事は、明らかに記紀所伝との差異があって、「乳母」ならともかく、物部氏の生母については疑問が大きい。ともあれ、矢田皇女との所縁で、山無媛の弟の大別連が仁徳朝に侍臣となって仕え、これが名代の伴造たる矢田部連の祖だと記される。

武諸隅については、『書紀』崇神六〇年条に「矢田部造の遠祖武諸隅（一書に大母隅という）」と見え、出雲に派遣してその神宝を献上させたとある。武諸隅の置かれる世代から見て、本来は成務朝頃の活動とみられるから、崇神六〇年という年代に疑問がある。ともあれ、多遅麻、大別などの者は他書に見ない。これら矢田部造氏の先祖は、矢田部公望の近親父祖の手が入って「天孫本紀」物部氏系譜に書き込まれた可能性が考えうる。この意味で、藤原明氏の見解に全面賛成では決してないが、それなりに敬意を払いたい。

矢田部造氏には、造、連、宿祢、首の姓や無姓もあり、仁徳天皇の皇后・矢田皇女（八田若郎女）の名代部を管掌する伴造であった。『和名抄』の大和国添下郡矢田郷が本拠で、同郡の式内大社の矢田坐久志玉比古神社（矢落大明神）を奉斎した。この辺りが鳥見白庭山かとみること等については先に触れたが、物部氏の要地を占めた一族であった。

矢田坐久志玉比古神社（大和郡山市）

その氏人には、推古朝廿二年（六一四）に犬上君御田鍬とともに遣唐使（「唐」はママ）となった大仁の矢田部御嬬《みつま》連が知られるが、大別連から後の系譜は不明である。『書紀』には大唐に遣使の矢田部造は欠名だから、『旧事本紀』「帝皇本紀」推古段に見える「御嬬」の名は、矢田部氏の家伝に拠るものであろう。摂津国八部郡の族人には、『続日本後紀』の承和二年十月条に摂津国人矢田部造聡耳・弟貞成らがあり、興野宿祢の姓を賜った。『三代実録』元慶元年十二月条には、讃岐国寒川郡の正六位上矢田部造利人が山城国愛宕郡に移貫と見える。この氏は、『姓氏録』には伊香我色雄命の後裔としてしか見えない。

矢田部が矢の製造に関与したかどうかは不明だが、先に弓の製造を管掌した弓削連を見たので、矢の製造についても触れておくと、矢田部連の同族に矢集《やつめ》連もあった。天武十三年十二月以降は宿祢姓も出て、「箭集」とも表記する。矢集は矢部で、その伴造氏とされる（太田亮氏など）。『和名抄』の駿河国駿河郡及び美濃国可児郡に矢集郷が見え、それぞれ珠流河国造及び三野後国造の領域にあるから、矢集氏の展開も物部氏族出の国造との縁に因る。氏人には、箭集宿祢虫麻呂（既述）、箭集宿祢堅石（『続紀』天平十七年正月条）などがいる。『姓氏録』には伊香我色乎命の後裔としてしか見えないが、「天孫本紀」には大母隅連公の後とあり、この者が『書紀』の記事により武諸隅と同人と分かる。

関連して、矢作《やはぎ》連についても触れる。矢の製作に携わる矢作部の伴造氏で、職掌上、物部氏の配下にあった。この氏は本拠地、河内国若江郡で式内社・矢作神社（八尾市南本町）を奉斎した。『姓氏録』では未定雑姓河内にあげて、布都奴志《ふつぬし》乃命の後とされるが、この「布都奴志」は、物部経津主命の弟の少彦名神のほうだとみられる。

子代・名代を管掌した物部一族

矢田部造に関連して言うと、他の子代・名代を管掌した物部一族諸氏も多い。なかでも雄略天皇とその近親の名代の伴造が多く、それらの系譜は必ずしも明らかではないが、大売布乃命の後裔に割合、多そうでもある。以下に順不同で見ておく（記事の世系は全て、饒速日命からの世代数で記す。子、孫、…が一世孫、二世孫、…という数え方による）。

①奈癸私造《なきのきさい》　山城国久世郡那紀郷を本拠とし、その辺りの私部（皇后用）の管掌にあたった伴造である。聖武朝には、陸奥国の人・画工奈気私造石嶋が見える（「駿河国正税帳」）。宇治山守連に同じく、六世孫・伊香我色雄命の後裔とされる（『姓氏録』山城神別）。

②長谷部造　雄略天皇（大長谷若建命）の名代部の管掌にあたった。十二世孫・千速見命の後裔とされており（『姓氏録』大和神別）、三河国造の同族か。

③日下部　雄略皇后・草香幡梭《はたひ》姫皇女（若日下部王）の名代部の伴造。饒速日命の孫・比古由支命の後裔とされるが（『姓氏録』河内神別）、具体的な系譜は不明。

④白髪部造　白髪部は清寧天皇（白髪皇子）の名代部の伴造。延暦四年に先帝光仁天皇の諱（白壁王）を避け真髪部に改めた。真髪部造（『姓氏録』山城神別）条に「大売大布乃命の後」と見える。久自国造・大部造の一族で、天武十三年九月以降には連姓も出た。

⑤椋椅部連《くらはしべ》　椋橋部、倉椅部とも書き、崇峻天皇の倉梯柴垣宮に因む名代を管掌した。伊香我色雄命の後裔とされるが（『姓氏録』未定雑姓摂津）、具体的な系譜は不明。

⑥宇治部連　宇遅部とも書き、応神の皇子、菟道稚郎子の名代を管掌した。六世孫・伊香我色乎命の後裔とされる（『姓氏録』河内・和泉神別）。「天孫本紀」には、七世孫・多弁宿祢命（伊香我色乎の子）、十四世孫・物部臣竹連の後裔とされるが、実際には臣竹連は目連の子ではなく、多弁宿祢の後裔だったものか。

⑦刑部造《おさかべ》　允恭皇后・忍坂大中姫の名代の伴造。天武十二年九月以降は連姓、同十三年十二月以降には宿祢姓がある。河内国若江郡刑部郷が本拠か。氏人に『書紀』持統紀八年六月の河内国更荒郡の刑部造韓国が見え、『三代実録』貞観五年八月条に讃岐国多度郡の刑部造真鯨が河内に移

貫、同書・仁和元年十月条に美濃国多芸郡大領・刑部連春雄が見えるが、他氏系統もあるので、これらが皆、物部同族だったかは不明である。

『和名抄』によると、オサカベ（刑部・忍壁）郷は摂津国有馬郡、伊勢国三重郡、三河国碧海郡、遠江国引佐郡、駿河国志太郡や、上総・信濃・下野・丹波・因幡・備中・備後の諸国にもあって、刑部が全国に広く設置された。「天孫本紀」には十一世孫・石持連の後裔と記されるが、『姓氏録』には物部氏系の刑部氏は記載がない。

⑧若桜部《わかさべ》造　磐余稚桜宮に居た履中天皇の名代の管掌をした。『書紀』履中三年条に、物部長真胆連をして桜のありかを探させたことに因み、稚桜部造に改氏姓した話が見える。三世孫・出雲色男命の後裔といい、出雲色男命の四世孫が物部長真胆連ともいうが（『姓氏録』右京神別）、饒速日命の七世孫・止智尼大連の後裔とも伝える（同・和泉神別）。

⑨若倭部　開化天皇（若倭根子日子大毘々命）の名代とみられることが多いが、実際には倭建命の子の仲哀天皇の名代か。遠江国麁玉郡の防人で主帳丁の若倭部身麻呂（『万葉集』巻二十）などがいる。十八世孫・子田知の後とされる（『姓氏録』左京神別）。遠江国造の族のようだが、尾張連の一族かともみられそうで、判然としない。

七　中世以降の物部氏一族の動向

中世以降では、中央にあっては物部氏一族はまるで目立たなくなる。そのなかでは、中・下級官人として長く活動が見えるのは、支流から出た中原朝臣氏くらいである。ここでは、主に畿内で活動した物部一族の動きを見ておく。

中原氏の一族

中原氏は物部氏支流で、再興後の磯城（志貴）県主の流れの十市部首氏から出た有象《ありかた》が祖となる。平安中期の天禄二年（九七二）に十市部有象と従弟の以忠が中原宿祢姓に改め、その三年後に中原朝臣を賜姓したことに始まる。有象は大外記・明経博士を経て従四位下治部大輔まで昇進した。

中原氏は、明法道、明経道を司り、大外記・少外記を世襲職とする朝廷の局務家として続き、東市正も世襲して都の行政に関与した。平安後期から六角、西大路などいくつかの系統に分かれたが、嫡流の押小路家は地下《じげ》官人の筆頭の家として存続した。明経博士となる者も輩出し、掃部頭《かみ》（掃部寮の長官）、造酒正《かみ》（造酒司の長官）にも任じた。家禄五四石の地下家であったが、江戸時代後期に従三位に達した者も出たことで、明治には華族に列し男爵となった。上古以来の家譜を伝え、分家に同じく地下の志水・山口や諸大夫家もある。

貞親流からは中原親能のように鎌倉幕府と関係を持つ者も現れ、親能の養子となった中原師員の子孫は摂津氏を称し、鎌倉・室町の両幕府の実務面で活躍した。また安芸国厳島神主家も出しており、豊後で守護大名・戦国大名として一族が大いに繁衍した大友氏は、親能の養嗣の能直の後裔である。このほか、信濃の樋口兼光・今井兼平の一族や、土佐七雄の一とされる香宗我部氏などの武家も中原一族から出たと称されたが、疑問もある。

明法道の中級官人の流れ

平安前期の九世紀前半は律令の研究が興隆した時期であり、讃岐永直・興原敏久・額田今足・惟宗直本など優れた明法家が出た。このうち、物部一族からは興原敏久だけであるが、平安後期の院政期になると、新たな訴訟機関もできて、明法家やそれ以外の官人が登用されるようになった。そのなかで、坂上大宿祢・中原朝臣という両氏が活躍し、鎌倉期さらに室町期まで及ぶ。その著作として、坂上明兼の『法曹至要抄』、明兼の孫・坂上明基の『裁判至要抄』や、中原章澄の『明法条々勘録』、中原章任の『金玉掌中抄』などがあげられる。

両氏は養子縁組を通じて交流するが、近世まで血脈が長く続くのは中原氏のほうであり、勢多、正親町、高倉、大宮、竹村など明法道の官人の家として続いた。

大和の国人・十市氏の活動

中世大和の「国民」（土豪）で代表的な存在に越智氏や十市氏があり、この両氏は大和四家のなかにも数えられた。十市氏は興福寺大乗院方坊人でもあり、十市部宿祢（十市宿祢）を称した。在地土豪集団長谷川党の刀祢（党的結合の長）をつとめ、十市郡人の山尾、新賀、八田、味間などが一族で、この党を構成した。

その活動は南北朝期から南朝方として現れるが、先祖や系譜は具体的な形では不明である。南家藤原氏の藤原豊成後裔という説（『和州十市城主氏姓伝』）はまるで信頼できず、安寧天皇の第三子磯城津彦命の後裔（『大和国民郷士記』）というのも、要は十市県主の出ということであり、こうした古族末裔とみてよかろう。当初の十市県主家は崇神前代頃に絶えて、血脈は女系を通じて物部氏の大売布命後裔たる志貴県主一族につながる。なお、いわゆる「十市県主系図」はまったくの偽書である。応仁の乱などの戦乱を経て、戦国後期になると十市遠忠のとき十市氏は最盛期を迎え、その所領は六万石（後の石高換算）にも相当したという。その子の遠勝の死後、嫡流男系は断絶し、迎えた養嗣の新二郎は所縁から筒井氏の傘下となって順慶の与力として重きをなしたが、筒井氏の伊賀転封、さらにその改易とともに十市氏は帰農し上田と改めたという。大坂の陣に際して、豊臣氏滅亡とともに没落した一族もいた。奈良県の豪家川合・今西家の先祖は十市一族の出という。

十市一族から出た戦国時代の僧侶として多聞院英俊《えいしゅん》（生没が一五一八～九六年）がおり、『多聞院日記』の主執筆者として著名で、興福寺多聞院主で法印権大僧都になった。応仁の乱頃からの戦国時代の事件や畿内要人の動向などを記録した『多聞院日記』は、受け継いだ英俊により六十年間以上も執筆され、この時代の基礎史料となっている。

寺鐘鋳造の物部氏一族

鎌倉時代には河内丹南の鋳物師集団が活動する。関東でも、例えば横浜市内には、これら鋳物師により鎌倉時代に鋳造された梵鐘が三口存在する。永仁六年（一二九八）の磯子区東漸寺、正安三年（一三〇一）の金沢区称名寺、正中二年（一三二五）瀬谷区妙光寺の梵鐘であり、その銘文から、大和権守物部国光や山城権守同依光、物部守光という物部姓の梵鐘鋳物師によって鋳造されたことが分かる。

物部姓鋳物師は、河内国丹南郡（大阪府堺市美原区あたり）などに本拠地をおいた集団で、建長四年（一二五二）に始まる鎌倉大仏の鋳造のため、丹治・広階《ひろしな》・大中臣姓の鋳物師らとともに北条氏に招かれ、鎌倉の建長寺や円覚寺の梵鐘を造った。大仏鋳造が終わると、相模国毛利荘（厚木市付近）に移住・定着し、関東を代表する梵鐘鋳物師集団として活動する。鎌倉後期から南北朝初期の百十余年にわたり、特に北条氏や有力鎌倉御家人に関係する寺院梵鐘を鋳造した。その鋳造技術は高く、関西地方を中心に多数の梵鐘鋳造をてがけた丹治姓の鋳物師「西の丹治」に対し、「東の物部」と賛えられた。

『鎌倉遺文』には梵鐘銘文もかなり記載される。弘安・正応頃には「大工大和権守物部国光」の名が見え（千葉県館山市小網寺、神奈川県海老名市国分寺など）、文保頃には「大工山城権守物部依光」、正慶頃には山城権守物部信光、大和権守物部光連などの名も見える。物部姓鋳物師による関東最古は、寛元三年（一二四五）の武蔵（埼玉県）の慈光寺の梵鐘であり、その十年後の相模の建長寺とともに大工大和権守物部重光の名が見え、延文元年（一三五六）の大和権守物部光連まで物部姓の鋳物師を合計八人が確認される。地域は房総や武蔵、相模、伊豆などに広くその足跡がある。

これらの親族関係や先祖、系譜は不明であるが、僧の俊乗坊重源により桜島国宗と共に登用され、東大寺伽藍再建に活躍した番匠大工の物部為里の流れを汲むとみられる。

物部為里は仏殿造営の功績により従五位下伊勢権守の位官を授けられたが、これが大工で権守に任じられた初例とされる。文治・建久頃に活動し、建保元年（一二一三）頃に死去したと推定され、大仏様の建築様式は為里・国宗により造られたとみられている。鎌倉前期の一二二〇〜三〇年代に高野山奥院拝殿を造り、宇治の平等院鳳凰堂の修理をし東福寺の仏殿大工となった伊勢権大夫物部為国は、その名乗り等から見て為里の子となる。為里・為国の名が先祖からの通字なら、長徳二年（九九六）に伯耆大目に任じた正六位上物部連為治（「大間書」）は関係あるか。

桜島国宗も従五位下駿河権守に任じ、建久八年（一一九七）には為里と共に戒壇院の造営に関わり、その後に法華堂礼堂の造営を行った。のち建暦三年（一二一三）に栄西に従って京都の法勝寺九重塔を造営した大工駿河権守桜島国重は、年代的に国宗の子となる。桜島氏も物部氏族の出で、大和国添上郡の横度春山が神護景雲三年（七六九）に桜島連を賜姓した（「天孫本紀」に見える十四世孫・建彦連の後か）。十世紀後葉には播磨介・大隅守・大外記などを歴任し、『本朝文粋』『拾遺和歌集』にも漢詩・歌が入る桜島宿祢忠信を出し、その子らしい桜島雅親は寛弘六年（一〇〇九）に大外記に任じた（『外記補任』）。桜島国宗はその族裔とみられ、物部為里とともに木工寮など官工系の工匠であった可能性がある。

八　吉備と山陰道の物部氏族

このあたりで中央から目を転じて、地方のほうから物部氏を考えてみる。物部氏族は全国に展開し、各地に貴重な所伝を残した事情もある。

備前と美作の物部関係部族

岡山県の赤坂郡には、備前一宮ともいう石上布都之魂神社（現社名は石上布都御魂神社。赤磐市石上）がある。その縁起によると、素戔嗚尊が八岐大蛇を退治した「十握剣」（韓鋤《からさひ》の剣）を大松山山上の磐座に納めたのが創祀とされ、『書紀』一書には、素戔嗚尊の断蛇剣は「今、吉備の神部の許に在る」と見

石上布都御魂神社（岡山県赤磐市石上）

える。この剣は、後に大和の石上神宮に遷されたという（『石上神宮御由緒記』）。江戸期に岡山藩主池田光政が山頂の小祠を復興したのが同社とされ、その後も藩主から尊崇され、社殿造築・社領寄進を受けた。祠官家は物部姓と改めることを許され、今の宮司も物部氏を名乗る。大和の石上神宮の元宮ともいわれる。

上代の大和王権の矛先は、崇神朝になって吉備に向かい、その際には吉備津彦など吉備一族に加え、多くの随従者たちもいた。そのなかに物部氏もあって、後裔の流れの一つが上記備前の物部家だったか。物部一族やそれに従った久米部族は、その後の出雲の討伐にあっても吉備氏に従った。曽祢連氏は『姓氏録』や「天孫本紀」では物部氏一族とされるが、居住地などから見て、二田物部と同族で久米部族の出とみられる。美作や山陰の出雲・伯耆・因幡に曽祢連の分布が広く見られるのは、吉備平定関係者の後裔だったか。

吉備地方には、部民としての物部が備前の磐梨・御野両郡、備中の窪屋・賀夜両郡、備後の神石郡で史料（「備中国大税負死亡人帳」など）に見える。その支配系統や系譜などは不明であるが、吉備の現地に物部氏一族があったとみられる。

吉備から出雲への中間地の美作国には肩野物部が見え、久米郡や苫田郡・真庭郡にも居た。雄略紀に見える吉備弓削部虚空《おおぞら》も、吉備平定関係者の後裔とみられ、美作国久米郡弓削郷（現・久米南町弓削辺り）あたりに居たものか。崇神朝の吉備討伐に従事して、その後裔に吉備・美作に定着した者が多かった。天平年間に、備中では賀夜郡葦守郷に弓削部連田道が見え、出雲でも出雲郡漆沼郷に弓削部首吉事などが見える（ともに『大日本古文書』天平十一年）。中世の美作三党に数える菅家党は、実際には吉備弓削部の後であったか。

美作には、漆部氏や鏡作造の一族も繁衍した。平安末期から鎌倉前期にかけて活動した法然上人は、久米郡（岡山県久米郡あたり）の押領使・漆間《うるま》時国の子として生まれた。漆間氏は豊前の漆島《ぬりしま》君氏の流れと称したが、実際には漆部《ぬりべ》氏であり、美作に繁衍した久米部族の流れであった（カバネは連とも造ともいうが、あるいは直姓で、その場合には吉備中県国造の後裔か。「天孫本紀」に物部氏の出というが、疑問）。同族の漆部造が大和の宇陀郡にあった。

伯耆の物部氏

出雲の平定後には、出雲及びその周辺諸国に国造が置かれたことが「国造本紀」の記事から窺われる。出雲とこれを取り囲む石見・伯耆（波久岐）・吉備中県の諸国造がそれであり、国造設置時期が瑞籬朝とされる（崇神朝。伯耆の波伯国造の設置が成務朝とされるが、重複）。

出雲に接する伯耆西部、日野郡の日野川流域には、出雲の斐伊川と同じく砂鉄採取と製鉄が盛んであった。その流域に鬼退治伝説が多く残るが、製鉄あるいは出雲征討に関連したものか。日野川水系の流域に楽々福《ささふく》神社という名の神社及び関連社が多く分布し、孝霊天皇の皇子という大吉備津彦命、彦狭

日野川

島命（稚武彦命〔又は歯黒皇子、鷲王〕）とか孝霊天皇一家（実際は吉備氏祖神）を祭神とする。楽々福神は吉備系の古い鍛冶製鉄の神とされる。

吉備系文化の特色を示す分銅型土製品が西伯耆の七個所で計十一個も出ており、その分布から高梁川—日野川のルートでもたらされたとみられる（『日本の古代遺跡・鳥取』）。分銅型土製品は吉備南部を中心に中国・四国地方に限定して出土し、岡山県赤磐市山陽や鳥取県伯耆地方では各々五十個超も出ている。

古代物部の後裔が日野川流域に残り、楽々福神社（鳥取県日野郡日南町宮内）の神主として見える。同社の境内社の今宮神社では、祭神を大水口命・大矢口命とする。同神主入沢氏の所伝に拠ると、姓は物部氏で、先祖の大矢口宿祢が吉備氏の稚武彦命に陪従して伯耆に来て、子孫が当社に奉仕したという。大矢口宿祢の後裔の那沢仁奥が入沢氏の始祖とされ、その後裔の玉澄以下、歴代の名前を『伯耆志』が載せる。『明徳記』には因幡守護代の入沢河内守が見え、戦国期の永禄二年（一五五九）三月の棟札には、「領主尼子右衛門督晴久、神主入沢左京大夫利久」と見えるが、入沢利久は上記玉澄の十五世孫の位置に置かれるから、上記の歴代が直系でつながるのなら、玉澄は平安後期頃の人物となる。

それより少し前の平安中期に、伯耆の物部氏について動向が見える。『日本紀略』の天暦元年（九四七）二月十四日条には（同年四月の改元で天慶十年が天暦元年となるので、正確には改元前の時期）、当国の豪族・藤原是助が四百余人の兵卒で物部高茂・同忠明父子の舎屋などを焼いたとの馳駅使《ちえきし》（緊急時等に駅馬乗用が許された公的使者）の報告が記される。是助の襲撃理由は書かれないが、後に物部忠明が「前司忠明」と記されることから、前任国司の未納分徴収が紛争原因かとの見方もある。その約二か月後の四月には、今度は忠明が報復として是助の関係者とみられる賀茂岑助を殺害したと伯耆守船実平が報告しており、最終的には、忠明は押領使に任命され、是助の乱を鎮圧したという。この一連の事件の詳細は不明だが、伯耆の在庁官人として物部氏がおり、押領使として軍事力も有したと分かる。これらと日野郡の入沢氏の先祖との関係は不明であるが、当時の情勢が垣間見られる。

稲葉国造の系譜

伯耆国の東になる因幡国の一宮は、法美《ほうみ》郡の名神大社、宇倍《うべ》神社（鳥取市国府町宮下）であり、同社に代々奉仕したのが伊福部氏である（カバネは臣、後に宿祢）。祠官家に伝わる『伊福部臣古志』という系譜文書は、八世紀後葉の延暦三年（七八四）に伊福部臣冨成により撰されたとされ、貴重な所伝をもつ。その後、系譜は書き継がれて近代まで及ぶが、孝徳天皇朝の都牟自《つむじ》ないしその数代後で冨成とほぼ同時代の者までは冨成の手になるものとみられている。これまでに、大野雍熙氏（「伊福部家系図について」『日本上古史研究』第一巻第十号）、田中卓氏（『日本国家の成立と諸氏族』など）や佐伯有清氏（『古代氏族の系図』など）などにより、紹介・調査がなされた。

宇倍神社（鳥取市国府町）

当社の祭神は、一般には武内宿祢とされているが、これは明らかな訛伝で、実際には祠官家伊福部氏の祖・武牟口命とする説が有力である。「国造本紀」に稲葉国造の祖と見える彦多都彦命（彦坐王の子）とする異説もあるが、これは疑問か。当社の後背地の亀金山には双履石という磐境もあり、伯耆・因幡を通じて唯一の式内名神大社であった。

因幡の平定・開拓については、上記古志に拠ると、物部氏伊香色雄命の子とされる武牟口命に始まる。景行朝に日本武尊に陪従して、吉備彦命・橘入来宿祢等と共に征西の勅を受け、稲葉の夷住《いすみ》山（智頭郡の西に在る高い山）の住民が朝命に背くとの報告があったので、武尊の指示で征討に向かったところ、降伏のしるしで槻弓を献じられたと見える。

この平定時期については、上記古志に景行朝と見えるものの、吉備彦命が見えること、及び孫の伊其《いき》和斯彦《わしひこ》宿祢が成務朝に国造を賜ったと見えることなどから、実際には崇神朝頃とみられる。「国造本紀」には上記のように稲葉国造が彦坐王の後裔と見えることから、稲葉国造の系統が物部系統なのか彦坐王後裔かの問題がある。伊福部氏が実際に国造であったかは疑問があるが、その同族が稲葉国造だったのかということである。

これについては史料が乏しくて判断に迷うが、『続日本紀』などに因幡国造と見える人々が高草郡や八上郡に居て、法美郡より西側であり（但馬側ではない）、その賜姓も因幡造（『続日本紀』宝亀二年条）であって君・公ではないこと及び鍛冶関連や延命水の伝承等から考えて、因幡国造家は物部系統とするのが比較的穏当であろう（『播磨国風土記』讃容郡中川里条に、仁徳朝の人として因幡国造の阿良佐加比売が見え、この女性は、『伊福部臣古志』の伊其和斯彦宿祢の孫に見える阿良加宿祢と同年代で名前の類似から、兄妹かとみられる。阿良加宿祢の子の代に、汙麻宿祢の後が稲葉国造、弟の若子臣の後が伊福部臣と二系統に分岐したのかもしれない。ただ、因幡の忍海部造の同族に稲葉造があったようにも伝わるので、多少の留保をしておく)。

国造一族からは、奈良時代に京家藤原麻呂の長男の参議藤原浜成を産んだ八上采女の稲葉国造気豆女が出た。彼女は、采女の禁を破り安貴《あき》王の妻となったため郷里の因幡国八上郡に送還された八上采女との同人説もある。高草郡采女として出仕した国造浄成女《きよなりめ》は、桓武天皇に寵愛され、因幡国造に任じ正四位上まで昇進して、一族と共に因幡造を賜姓した。

因幡の伊福部臣氏の動向

伊福部臣氏は、稲葉山（宇部野山）辺りの地を拠点として、明治前期に至るまで永く宇倍神社を奉斎した。上記『伊福部臣古志』では、初祖を大己貴命とし、第二代が五十研丹穂《いきしにほ》命（一に饒速日命の別名というが、その祖神か）、……第八代が櫛玉饒速日命、……第十二代内色雄命、第十三代伊香色雄命で、第十四代が武牟口命とされて男系系譜が混淆するが、第八代以降は明らかに物部氏歴代の系譜が続くから、物部の同族としてよい（始祖を大己貴神とするのは、同神も奉斎したのと、その女婿に遠祖（第二代）が当たる故か。佐伯有清氏の見解とは若干異なる。太田亮博士は、『姓氏家系大辞典』イホキベ条では物部氏部分を不記載）。ところが、始祖の武牟口命なる者が「天孫本紀」をはじめ、物部氏の系図に見えないのである。

この者をどう考えるかの問題がここに生じる。学究からの指摘は管見に入っていない。私見では、これまで「武牟口命」と解されてきた者は、字体の似通った「武矢口命」ではないかとみる（一九八六年刊行の拙著『古代氏族系譜集成』で指摘）。すなわち、物部氏の系譜に見える大矢口宿祢にあたると考える。佐伯有清氏も、牟か矢か紛らわしいが、矢の字に見えるという個所があることを指摘し、「大矢口宿祢とは類似した名前となってくる」と記している（「『因幡国伊福部臣古志』の研究」、『新撰姓氏録の研究　索引・論考編』所収）。

「天孫本紀」では、饒速日命四世孫に「大水口宿祢（穂積臣祖）、大矢口宿祢」を同母兄弟としてあげるが、この兄弟を実際には同六世孫の世代（内色雄命の子）で崇神朝の人とすれば、すべてが符合する。しかも、伯耆平定の伝承には、吉備の稚武彦が物部氏の大矢口宿祢とともに見える。伊福部氏の「臣」という姓は、内色雄命の後となる穂積臣と同族とすれば、これも符合する。大水口宿祢の父の欝色雄大臣命（内色雄命）には、その子として武建大尼命《たけたつおおね》（饒速日命六世孫）が「天孫本紀」にあげられ、「開化天皇の御世に、大尼として奉仕」との記載があり、開化天皇は次の崇神天皇と実際には同世代でもあるから、武建大尼が「武牟口命＝大矢口宿祢」にも当たるとすれば、これも整合的となる。

古志で第十六代の伊其和斯彦宿祢命は、成務朝に稲葉国の公民を撫養するため楯・槍・大刀を賜ったので、これらを神として祭り、名を伊波比社と言う、との所伝も留意される。

伊福部という部については、五百城入彦皇子（景行天皇の皇子。実態は成務天皇）の名代部説、製鉄関係部説など諸説ある。濃尾の伊福部、伊吹山周辺の古代産鉄や五百木部の表記などから見ると、この両説は混然ともするが、因幡のほうでは、歴代の健火屋宿祢・颶飄《つむじ》臣の名や古志の記事で第二十代若子臣の条に、允恭天皇のとき「祷祈を以て気《いふき》を飄風《はやて》に変化」させることにより「気吹部《いふきべ》臣」を賜姓したとの記事などで、金属関係部説が妥当しそうである。因幡には荒金銅山などの金属資源が知られ、『続日本紀』には文武二年三月条に因幡が銅鉱を献上した記事が見える。同族が居た伯耆国日野郡には鉄資源も多く、同様な石見東部の石見郡でも九世紀後葉の郡領に伊福部直氏（石見国造族か）が見える。

伊福部一族から出た文武天皇朝の采女として、伊福吉部徳足比売《とこたりひめ》臣が名高い。彼女は和銅元年（七〇八）七月に従七位下で死去し、遺体は三年間の殯の後、同三年十月に火葬にされ、遺骨は故郷に送られて同年十一月に稲葉山の中腹（宇倍神社の東方近隣の地）に葬られた、と墓誌銘から分かる。江戸後期に無量光寺の境内から発見された石櫃に収めた骨蔵器に刻まれた銘文は、奈良時代以前の金石文として貴重である。この女性は、活動時期から見て伊福部国足の近親とみられる（佐伯有清氏は妹説だが、私見では年代的に娘説のほうが妥当とみる。兄に小徳臣も見え、名前のつながりもよい。なお、正倉院文書のなかに養老五年〔七二一〕の「因幡国戸籍」断簡があって、伊福部足売〔六七歳〕や同姓の小足〔三九歳〕、小足売〔三〇歳〕などが見える。臣姓は付いていないが、これら人々は国足や徳足比売の近親という可能性がある）。

当時の伊福部臣氏が采女を出す郡領家と分かり、法美郡や近隣の邑美郡にも一族があった。撰者の伊福部冨成自身は古志に見えないが、支流の邑美郡系統とみられる。また、先祖が宇倍神主をつとめたと伝え、法美郡の地名の宇倍・百谷・広岡を苗字とす

伊福吉部徳足比売の骨蔵器。蓋に墓誌を刻む
（東京国立博物館提供：TNM Image Archives）

る一族も伊福部支流とみられる（『諸系譜』卅三冊所収の「物部大連」系図では、穂積朝臣姓の流れと記す）。因幡国造氏が多い高草郡でも、十世紀中葉の同郡郡領に因幡・国造などとならんで郡老伊福部豊純、擬大領伊福部（欠名）が見える（『平安遺文』一―二五一の天慶三年「高坪荘坪付」）。

平安中期、十世紀後葉の宇倍神社神主で第三六代の助茂臣の子の代から、伊福部氏は二系統に分かれた。長男の久遠宿祢の後が一神主兼惣官として安田氏を号し、次男の厚孝宿祢の後が二神主国造として池淵氏を号したが、前者の男系は早くに絶えた模様であり、後者が長く同社に奉仕した。明治前期に第六五代の信世の時に神職を離れて宇倍神社を転退したが、その孫が作曲家伊福部昭氏（元東京音大学長）である。

平安期の因幡国の相撲人には服部姓で見える人々がおり、名前等から見て、実は伊福部氏で上記安田氏一族ではないか、と森公章氏はみる（『在庁官人と武士の生成』二〇一三年刊）。法美郡式内に服部神社があり、旧名で岩美郡福部村（現・鳥取市福部町海士）に鎮座し、同村には同じく式内社の荒坂神社もあって、もとは矢谷村の荒坂山王といい、荒神山の側にあった事情から荒神の五十猛神が祭神と推されるので、森氏の見解は妥当であろう。

岩美郡岩美町荒金に存在した銅鉱山が岩美鉱山とも荒金鉱山ともいわれる。銅山の歴史は日本最古で、八世紀代初頭ごろまでに銅床が発見されたともいう。『続日本紀』には、文武天皇の二年（六九八）三月条に因幡国が銅鉱を献じたと見える。この銅鉱を開発したのが伊福部氏だという（高見茂著『吉備王国残照』）。伊福部は青銅、銅鐸にも関係した模様で、この見方は地域的にも十分ありえよう。

法美郡の式内社には美歎《みたに》神社もある。武王大明神とも称され、当初の鎮座地が稲葉山の山頂付近の奥三谷（屋敷平）と伝えて、祭神に経津主神等をあげるから、これも伊福部臣かその同族が奉斎した。美歎地区を中心に、鷺山古墳などの古墳群がある。

因幡の物部一族

『三代実録』貞観三年（八六一）七月条には、因幡国巨濃《この》郡人中宮大属の物部門起を右京に貫付し、その三年後の同六年五月には同人が春道宿祢の姓を賜った。春道宿祢の賜姓は先にもあり、『続日本後紀』承和元年（八三四）十二月に、同族の川上造吉備成が春道宿祢の姓を賜ったと見える。その後、吉備成は承和三年閏五月に河内国から右京七条三坊へ改貫したことが見え、知乗船事として承和の遣唐使の一員となった春道宿祢永蔵（吉備成の子）も知られる。吉備成の系譜は伊香我色雄之後也というだけだが、『百家系図稿』巻九の「春道宿祢系図」に具体的な系図が見える。「小倉百人一首」にあげる春道列樹《つらき》もおり、永蔵の子・主税頭春道新名の子で、大外記有方の親とされる。

因幡ではほかに、巨濃郡潮井郷の物部黒麻呂が平城宮から出土の木簡に名が見える（奈文研『平城宮発掘調査出土木簡概報』一九―三二）。

三野後国造の系譜

因幡・稲葉に関連していうと、美濃東部の厚見郡（いまの岐阜市内）に有名な稲葉山（金華山）、稲葉神社（伊奈波神社。岐阜市伊奈波通）がある。稲葉山は斎藤道三が居城をおいた、市街地に近い名山で、この辺りの厚見・各務両郡（明治に方県郡の一部を加え、「稲葉郡」となる）を中心に美濃東部を領域にしたのが物部一族の三野後国造である（三野前国造との関係は、時代の前後ではなく、地域の前後とみる。

東部の可児郡あたりを主領域とみる説は疑問）。

この国造家は、出雲色大臣命の孫（「子孫」の意か）の臣賀夫良《おみかぶら》命が成務朝に定められた（「国造本紀」）。「臣賀夫良」は、鎌倉後期成立の疑問が多い書『倭姫命世記』に見える垂仁朝の「美濃県主角鏑（ツノカブラ）」に当たる者か（太田亮博士に同説。原文に「美濃縣主角鏑之作而進御船二艘」とあり、「角鏑」は人名でよかろう。『姓氏家系大辞典』では「鏑」と誤植あり）。

稲葉山（金華山）と麓にある伊奈波（稲葉）神社（岐阜市）

領域にある稲葉山などの地名は、山陰道の稲葉から遷されたのではなかろうか。厚見郡式内の物部神社がいま伊奈波神社に合祀される。『美濃国神名帳』には、「正一位伊奈波大神」「正三位金大神」「従五位下物部明神」と物部一族関係社が別々に記載され、神位からも伊奈波社のほうが主であった。同書には、方県郡及び三野前国造領域の本巣郡物部郷（『和名抄』）にも各々「従五位上物部明神」と見え、いま物部神社という名となっている（各々、岐阜市中西郷、本巣市上真桑に鎮座）。

このように山陰道の因幡と美濃との深い関連を考えれば、臣賀夫良命が成務朝の人なら、大矢口宿祢の孫ほどの位置づけとなる（父の名は不明も、孫の場合は大峯大尼か〔世代関係や吉野の大峯山の別称、金峯山などからの推定〕。垂仁朝からの活動があれば、大矢口の子という可能性もある）。美濃の稲葉山にある伊奈波神社と金神社（現伝では伊奈波神の妃神）は、このセットで尾張の稲葉（現稲沢市稲葉）にもあり、「尾張国内神名帳」に中島郡の従一位伊奈波名神、従一位金名神と見える。稲葉山には金神がいて、金華山ともいう。

岐阜市金町の金神社の境内にある「賀夫良城《かぶらぎ》」という史跡が臣賀夫良命の墓と伝えられ、神社周辺にも蕪城《かぶらぎ》町があるので、三野後国造関係の古墳にも触れておく。その領域には前方後方墳が見られず、それに次ぐ時代の古墳としては、長良川の北側で支流の鳥羽川の西、標高一三一メートルの眉山（岐阜市岩崎）の頂上にある鎧塚古墳に注目される。全長八一メートルの前方後円墳であって、立地・墳形や円筒埴輪などにより、四世紀後半頃の築造と推定される（前方部出土の陶質土器による年代引下げは疑問か。椿井大塚山と同范の鏡が出たとの所伝あり）。これが三野後国造初代とされる成務朝の臣賀夫良《おみかぶら》命の墳墓か。

これに続くのが、各務郡の諸古墳とみられる。すなわち、各務原市にある柄山《がらやま》古墳（全長約八二メートル。一に九一メートル）、坊の塚古墳（全長約百二〇メートル）と、岐阜市東端部の琴塚古墳（全長約百一五メートル）であり、後二者は県下で第二・第三の規模で五世紀代の築造とみられている。琴塚古墳群には、南塚古墳・土山古墳（ともに全長六〇メートルほどの前方後円墳）もあったが、消滅した。これら古墳事情から見ても、県下最大が西濃の昼飯大塚だから、規模だけでも三野後国造の勢威や美濃における比重の大きさが窺われる。琴塚古墳は、県下唯一の二重周濠や三段築成という構造も注目される（景行天皇妃・五十琴姫の墳墓伝承は、年代的にも后妃としても疑問）。この国造の美濃到来や勢力伸張の時期がやや遅かったことも分かる。

その後、三野後国造の動向は史料に見えず、古代から中世へどのようにつながるか不明である。地域的に考えると、古代の厚見郡等の郡領の各務《かがみ》勝氏や、壬申の乱等で見える各務郡の村国連氏（贈外小紫の男依の功で、子の志我麻呂に功田）は国造族後裔かとみられ、村国神社が各務原市各務の地にある。三野後国造一族は御井神（木股神。実態は高木神、すなわち高魂命か）も奉斎したとみられ、同名の式内社が各務郡（奉斎者は村国連か）及び多芸郡（同、物部多芸連か）に鎮座する。出雲では、秋鹿・出雲両郡にも同名の式内社がある。

美濃国に稲葉・稲羽の地名が残り、中世に厚見郡に起って「稲葉」を名乗る一族、すなわち戦国末期の信長に仕えた稲葉一鉄など稲葉一族（塩塵なる者を祖とし子孫は幕藩大名の豊後臼杵藩主家）や加納氏も、三野後国造の末流とみられる要素がある。物部氏は古来、神祇・祭祀に関与の故で中臣熊凝連など「中臣」を冠した諸氏が同族から出たが、各務郡の中臣美濃連も物部同族で三野後国造の族裔とみられる（『諸系譜』第二冊記載の「美乃中臣」）。

全国に見える「稲葉」の地名は、その殆どが物部氏族と密接な関係をもつようである（地名は、大和の天理市域や生駒市域、河内の若江郡〔東大阪市域で、稲葉神社もある〕、出雲の熊野大社の近隣にも見える）。美濃の稲葉山が因幡の稲羽郷・稲葉山に由来するとしたら、美濃で稲葉氏を名乗ることは重い意味があった。因幡の稲葉国造と美濃の三野後国造とは、ともに物部氏の出雲色大臣命・大矢口宿祢の流れを汲んで、系譜的に密接な同族だとみられる。

美濃から南隣する尾張にも物部氏が展開した。春部郡に物部神社・高牟神社・多気《たき》神社（境内社に事解雄社・速玉雄社）があり、愛智郡にも物部郷・物部神社・高牟神社があった。平安前期の大僧正実敏は愛智郡の物部氏から出ており（『文徳実録』斉衡三年〔八五六〕九月紀の卒時記事）、石神とも呼ばれる物部神社（名古屋市東区筒井）の南約五百《メートル》の近くに高牟神社（同市千種区今池。高皇産霊神を祀る）があって、物部氏の武器庫の後身と伝え、延命長寿に霊験ある井がある。山田郡の物部宮守（『続後紀』）や中嶋郡の物部人足なども見える。

同国海部郡の蟹江町須成の龍照院には十一面観音像（重文指定）があり、その銘（『平安遺文』金石文編四九〇）には寿永元年（一一八二）六月の日付で、物部貞弘ほか物部姓の者が助貞・助宗・真時など合計十一名も見える。須成には、富吉建速神社・八剣社（いま併せて須成神社）があり、銘に名を連ねる宇治氏、嶋氏などと共にその奉斎に関わったか。

参河国造と関係する遺跡・神社

出雲色大臣命の後裔とされる三野後国造と参河国造との関係はどうだったのか。後者は、「国造本紀」に出雲色大臣命の五世孫の知波夜命が成務朝に定められたと見える。

上古代の三河国では、東部に穂《ほ》国造、西部に参河国造が置かれた。参河国造の本拠は桜井二子古墳のある鹿乗川《かのりがわ》（矢作川支流）流域とみられる。この地域は、「鹿乗川流域遺跡群」と総称される南北四キロにわたる遺跡群の所在地で（律令下の碧海郡。安城市桜井町を中心とする地域で、同市の小川町の下懸遺跡、古井町の上橋下遺跡、木戸町の惣作遺跡などを含む総称）、木簡も出土し、古代の官衙がおかれた可能性が高い。二子古墳は三河最古級（四世紀中葉頃）の前方後円墳（墳長約六九メートル）で、知波夜命墳墓説もある。

三河国の評制下の七世紀後半とみられる記事が、奈良県明日香村の石神遺跡（飛鳥寺の北西、甘樫丘の東側に位置する）から出た木簡に見える。木簡には、「三川穂評穂里穂ア佐」「三川国青見評大市部」などと宝飯郡、碧海郡の古い表記がある。長谷部直、桜井君という記事も木簡に見え、長谷部は碧海郡長谷部郷に居たとみられる。そうすると、千速見命を祖とすると見える長谷部造（『姓氏録』大和神別）も、参河国造の同族とみられる（知波夜命と同人か。千速見命が饒速日命の十二世孫というのは、世代数に誤伝があろう）。

碧海郡の矢作川対岸で東岸は額田郡であり、この地にも物部一族があった。同郡の式内社には岡崎市阿知和《あちわ》に所在の謁播《あつわ》神社があり、社の後背地の北山には牛下山古墳があって、祭神・知波夜命の墳墓とされる。『大同類聚方』には、『穴加差薬　三河国額田郡謁播神社之宮造額田部連長之薬方』と見え、当社の宮造（神官）が額田部連だという。「額田部連長」という表記は不審だが、あるいは『姓氏録』に見える額田臣氏のことか。額田郡には額田郷も見える。そうすると、物部一族とはいえ、系譜が不明な額田臣は参河国造一族の出か。同社神主は安藤家がつとめたということで、『式内社調査報告』には、戦国時代に神主安藤家の足助移住に伴い、足助にも謁播神社が祀られ、それが現在の川原宮・謁播神社だと見える。三河の安藤氏から出た幕藩大名（上野高崎藩主、紀伊田辺藩主）

の安藤氏は、安倍貞任後裔と称したが、実際の出自は参河国造の族裔かもしれない。額田郡阿倍・舞木の一帯から起こる幕藩大名阿部氏も、安倍貞任後裔と称するも、安藤氏同族か。

出雲色大臣命と知波夜命との間の四世代は不明だが（『諸系譜』第十三冊所収の「秋野系図」に見える当該世代は、命名や母系の記事に疑問があり、信頼できない）、中央の物部一族から分かれた場合、穂積系統からの分岐とみられる。下記創祀伝承も考慮すると、倭建遠征に随行して三河に定着したのが参河国造の起源で（加茂郡〔現豊田市域〕に穂積、采女の地名がある）、世代的に建押山宿祢の甥くらいの者（末盧国造の初祖・矢田稲吉命の兄弟か）から出たか。

参河国造の領域ではない三河東部で、穂国造領域の宝飯郡一宮町大木町に大木神社があって、祭神が大木食命で、三河国造と深い関係があるといわれる。この祭祀になんらかの縁由がある場合、建押山宿祢の子弟に見える大木別垂根命に関係するか。宝飯郡に見える贄氏は、三川縵連や伊予国風早郡の物部一族の贄首、贄田物部と同族という可能性もある。

参河国造族から出たという系図を伝えるのが、前出の興原宿祢敏久の家系である。その系図は上記「秋野系図」で、そのなかに敏久の名も記載がある。この流

知立神社（愛知県知立市）

れは、江戸時代の旗本の家までつながって、秋野・桜井や筧《かけい》、大門《おかど》などの諸氏（いずれも額田郡人）を出すが、「天孫本紀」には参河国造の初期部分の系図が満足な形では記事が見えないのだから、この意味でも、『旧事本紀』の編纂者が興原敏久だとは考え難い。

参河国造の姓氏は参河直とみられ、後に三河宿祢（参河宿祢）となる。碧海郡式内社で参河国二宮の知立《ちりゅう》神社（池鯉鮒大明神。知立市西町神田）の神主家・永見氏では、その後裔とする家譜を伝える。それに拠ると、饒速日命の後の三河国造知波屋見命十五世の孫、三河姓貞連が白鳳二年（六七二）に勅命をうけ知立神主になったという。当社の創祀については、社伝によると、日本武尊が東征のおりに皇祖の神々に平定の祈願を行い、任務を果たした帰途に祀ったともいうから、参河国造もこの縁で当地に置かれたものか。

永見氏は、足助氏などの縁で南朝方になったが、南北朝期も乗り切り、戦国期には水野氏、松平氏に属して、一族からは家康の側室で次男結城秀康（越前福井藩主の祖、松平忠直の父）を生んだ女性（お万の方〔長勝院〕。永見吉英の娘）を出した（『知立市史』）。戦国後期には知立神社は社殿焼失に因り重原へ遷座した経緯もあり、その地の重原氏も同族か。

碧海郡酒井村は、『参河国内神名帳』に「従五位上酒井天神、坐碧海郡」（刈谷市西境町の現・酒井神社）と見える鎮座地で、この地に起こるのが松平氏の譜代重臣、酒井氏であり、幕藩大名家につながる。『三河国二葉松』には境村古城の記事があり、酒井与右衛門（名は信政か）の屋敷内に井があって、水が酒の如く甘美で、世に酒井というと見える。所伝では、その跡を外孫で松平親氏の庶出の子・広親ないし親清が継ぎ、その後裔と称したが、親氏との関係は確認できない（一に大江広元の子の海東忠成の後裔とか、嵯峨源氏ともいい、一に大館氏親の後裔ともいって、系譜に混乱が多いが、他氏から出た系譜は総じて疑問）。

当地の酒井天神が豊宇賀能売《とようかのめ》（水神の瀬織津姫と同体）を祀る事情や一族分布からみて、酒井氏は三河国造の族裔とみるのが自然である。酒井の東方で矢作川西岸の同郡鴛鴨《おしかも》（豊田市）にも酒井入道道円が居り、これを松平信光（親氏の子で、宗家第三代）が応仁年間に攻略して、押鴨松平氏（信光の子、宮内少輔親光に始まる）の居城に替わった。酒井氏は宝飯郡竹島（現・蒲郡市）の八百富神社神官にも江戸期に見られ、三河に広く分布した。

石見一宮・物部神社（島根県大田市）

石見の物部氏と物部神社奉斎

出雲西部に近い石見国東部の安濃郡の静間川中流域には、古代から物部一族の長田川合君が居た。その一族後裔が同郡川合村（島根県大田市川合町）に鎮座する石見一宮・物部神社を奉斎して永く続いた。その末社には荒経霊社《あらふつのみたま》・熊野神社もある。

氏族名の「物部」を冠した物部神社は全国で十七の式内社があり、なかでも格式が高かったのが石見一宮の物部神社である。その社家は長田・金子などを名乗り、神主の金子家は「石見国造」と呼ばれて、この地域の物部氏の長とされ、長く続いて明治には社家華族として男爵に列した。ただ、石見は中央の物部氏から遠く、創祀事情は不明である。

社伝では、現在祭神とされる宇摩志麻遅命が物部の兵を率いて、播磨・丹波を経て石見に入り、当地の兇賊を平定し天神を奉斎したという。しかし、神武朝当時の王権版図は大和盆地南部程度だから、物部氏がそうした広域に活動をしたことは、まずありえない。とはいえ、石見の物部神社の神紋「ひおい鶴」（赤い太陽を背負う鶴）も、日神信仰と鳥トーテミズムにつながり、当社の東南方山間地の邑智郡美郷町には「木積」の地名も残る。

物部氏の祖先が当地安濃郡に来たとき、「安の国」と名づけたという伝承もある。地名の「安」は、九州筑後川中流域の故地・夜須郡や近江の野洲郡に通じ、石見でも西隣の那賀郡に式内の夜須神社（江津市二宮町字神村神谷山）がある。同社は、いま大己貴命などを祭神とするが、社伝によると、創祀は養老三年（七一九）で筑前国夜須郡の社から勧請というから、創祀当時の本来の祭神は別神とみられる。物部氏も、古くから近江国野洲《やす》郡に居た三上祝《みかみのはふり》（物部同族）と同様、筑前の安川流域を遠い源流の地とした。意宇の出雲国造家の前身は、飯梨郷から安来《やすぎ》郷にかけての地域に在ったとみられており、「安来」はアキ（安芸、安吉）に通じる。安芸国安芸郡に安の地名があり、近江国蒲生郡（三上祝一族の蒲生稲置が居住）にも安吉郷の地名があった。

石見の物部神社が、地域的にみて出雲勢力に対する西側の鎮めとして創建された可能性もある。所伝でも、物部竹子命が景行朝に石見国造となったという。竹古連は、同社奉斎の長田川合君氏の先祖で、「天孫本紀」系譜では饒速日命九世孫にあげるから、これなら応神朝頃の人とみられ、付近の産鉄があるものの、当地来住の事情は不明のままである。

同社の造酒忌籠神事は、由来が三瓶山信仰とも密接に関わるとされ（『日本の神々7』白石昭臣氏の記事）、境内末社に佐比売《さひめ》山三瓶大明神を祀る一瓶《いっぺい》社があり、三瓶山たる佐比売山の名をもつ安濃郡式内社・佐比売山神社（大田市三瓶町多根）も近隣にある。三瓶山信仰には、鑪《たたら》など鍛冶職との関わりもみられ、多根では良質の山砂鉄を用いた鑪製鉄が盛んに行われた（同上、白石氏の記事）。石見北部でも砂鉄が豊富で、邑智郡や三隅町や匹見町に至る山間地に数多くの製鉄遺跡が残る。酒造の神では山城の松尾神たる少彦名神が著名だが、後裔の鳥取部が物部と近縁で、ともに鍛冶技術にすぐれたことに留意される。

大田市の物部神社の北方近隣には同郡式内の苅田神社（同市久手町波根西）があり、もとは神谷山の烏帽子端《えぼしばな》という大巌石に鎮座したという。物部氏族に刈田首（伊予国宇摩郡人。物部連を賜姓）もあり、同社の西南近隣に五十猛神社もあって、物部氏族の奉斎に係るか。

九　伊予の越智氏の系譜

瀬戸内海の海上交通の要衝となる関門海峡や芸予海峡を押さえたのが、古代の物部氏一族である。北九州周辺の筑紫聞物部・赤間物部や四国・伊予西北部の小市国造・風早国造がそれであり、中世にも後裔の河野氏が水軍を率いて活動する。山陽道はともかく、讃岐にも物部氏族がかなり分布する。だからといって、北九州から瀬戸内海を航行する経路で物部氏が畿内に到達したかは別問題である。同族分布の経緯、動向を見ていこう。

伊予に繁衍した小市国造一族

上古代から伊予に繁衍し勢力をもち続けた越智氏の一族は、孝霊天皇の皇子・「伊予皇子」（吉備氏族の祖・彦狭島命にも当たるか）の子孫とも称したが、実際には物部氏族小市国造の流れで、越智直（小市直）を姓氏とする。それでも、伊予皇子の伝承のなかに関係地として駿河国清見崎が見えるのには留意され、ヲチ水伝承、滝神の祭祀及び系譜から見ても、小市国造の伊予到来は応神朝頃と少し遅く、系譜は駿河国造からの分岐とみられる。

越智氏は越智郡越智郷（現在の今治市国分付近）が起源の地とされる。伊予におかれた五つの国造の一つが小市国造であり、「国造本紀」には「大新河命の孫・小致命を定める」と記される。国造設置の経緯は、ともに応神朝に設置と同書に見える風早国造ともども不明である。八世紀初頭には、小市国造の領域に伊予の国府や国分寺が置かれた。

越智氏として史料に初めて登場するのは、伊予国越智郡大領の先祖・越智直である。白村江の戦いで捕虜になったが、観音菩薩の霊験により無事帰還できたので、菩薩を奉じて寺を建てたという話が『日本霊異記』に載せられる。同書第十七では欠名だが、『今昔物語』十五、『日本極楽往生記』や系図ではその名前が「益躬」とされる。

次いで、養老年間から活動が見える越智直広江で、「僧尼令集解」に養老四年（七二〇）二月に大学明法博士と見え、翌五年には明経第一博士で、学業に優れ師範に相応しいと品物を賜り、同七年には従五位下になった（『続日本紀』）。『懐風藻』に詩が見え（「従五位下刑部少輔兼大学博士越智直広江」）、『藤氏家伝下』に神亀頃の代表的宿儒として名が見える。

越智直一族から越智郡領を多数輩出し、天平八年（七三六）の「伊予国正税帳」に郡司大領の越智直広国、主政の越智直東人が見える。六国史では、称徳天皇朝の神護景雲元年（七六七）に献物により叙位された越智郡大領の越智直飛鳥麻呂や越智直国益が見える。桓武朝の延暦十八年八月には伊予国の人・越智直祖継（後に助教）の左京移貫があった。ほかに氏人には、『続紀』に見える越智直蜷淵（神護景雲二年三月など）、越智直入立（宝亀六年正月）、越智直静養女（宝亀十一年七月）、越智直広川（延暦十年十二月）等が知られる。

その後の平安期では、『姓氏録』左京神別に越智直が見えて、神饒速日命の後とされており、「天孫本紀」の記事（饒速日命の八世孫・物部大小市連公の後）などと符合する。承和二年（八三五）十一月に左京人・越智直年足、伊予国越智郡人・越智直広成ら七人が宿祢の姓を賜った。貞観十五年(八七三)十二月に善淵朝臣を賜姓した左京人で従五位下大学直講・助教の越智直広峯も、「其先出自神饒速日命之後也」という(『三代実録』)。

承平天慶の乱では、海賊平定の功で天暦二年(九四八)に越智用忠へ叙位があった(『貞信公記抄』)。永延元年(九八七)には東三条第での相撲に、越智常世が伊予より助手として参加し、後に最手《ほて》(最高位)として登場する。常世の子の富永・惟永兄弟も、伊予からの相撲人として十一世紀前葉に『小右記』などに見える。越智為保が伊予追捕使に任命された長保四年(一〇〇二)以降でも、伊予掾として越智一族の助時、国秀、友近などが『魚魯愚鈔』等に見える。『朝野群載』巻四には白河朝の伊予采女越智宿祢永子も見える。

この一族が大三島の宮浦の名神大社・大山祇神社(愛媛県今治市大三島)を奉斎した事情は難解である。三島の名前からは大山咋神が本来の祭神と思われるが、この神は実体が少彦名神だから、物部氏一族の直系祖ではない(伊豆国造や鴨族等の祖で、傍系の祖だが)。越智氏の先祖益躬が「鴨部大神」とも見えること、玉興にも三島大明神の記事が見えることや伊豆方面からの到来に関係するものかとみて、「大山咋神」の訛伝かとも考えたが、物部部族が月女神祭祀に関与しており、遠祖の母系を通じる大山祇神の奉斎とみるのが穏当である。ともあれ、伊予の水軍は大山祇神社を崇拝し、祀りを執り行う習しであった。

越智郡には名神大社として多伎《たき》神社(愛媛県今治市古谷)もあり、多伎都比古命等を祭神とし、物部一族の創祀という。『三代実録』には滝神への神階授与が見え、滝の宮ともいう。山頂近くの奥の院には川上巌《いわお》と呼ばれる磐座があって、これを源とする多伎川(頓田川の支流)の水は病に霊験

多伎神社（愛媛県今治市）

あらたかとされる。昔から霊験話が多いといわれ、これを越智水《おちみず》（変若水）として、越智の地名が生じたものか。境内社に越智社、清水社がある。

ここに、雨乞い祈願と磐座信仰も見られるから、こうした組合せは出雲の楯縫郡の例に通じる。同名の多伎神社が越後国磐船郡（新潟県村上市岩ヶ崎）や美濃国多芸郡の式内社としてあった。美濃東北部の高賀山《こうがさん》周辺には熊野三社を含む高賀山信仰が見られ、熊野那智社に相当するのが滝神社（瀬織津姫を祀るという。滝宮。美濃市乙狩）であり、元々は滝（権現滝）自体が信仰の対象とされたというから、那智と同様である。近隣に照日神社があって、男女神一対の太陽信仰が見られ、磐座社もある。これら諸事情から見て、多伎都比古の実体には饒速日命の匂いが強い。紀伊の那智・飛滝神社出土の保元元年（一一五六）九月付の経筒銘文には、美濃国土岐郡の法明寺（瑞浪市土岐町に所在。現在の桜堂薬師につながる）の結縁衆として物部守貞の名が見える事情もある（『平安遺文』金石文編の三五三二）。

越智郡の南隣の桑村郡には、布都神社（西条市石延）があり、布都主神を祀る。

橘遠保の純友追討

承平天慶の乱で武勇で頭角を現した者に橘遠保がいる。天慶三年（九四〇）正月、平将門の乱に際して防戦した功の恩賞で遠江掾に任じ、翌四年（九四一）には伊予国警固使として藤原純友の追討にあたり、博多湾の戦いの後に伊予へ逃れた純友とその子・重太丸を捕らえて斬り、両者の首を朝廷へ届けた。この純友追討の功で伊予国宇和郡を与えられ、その後に従六位上で美濃介に転じたが、天慶七年（九四四）二月に何者かに斬殺された。

その系譜は必ずしも明らかでないが、伊予橘氏すなわち越智直同族の新居氏の一族の出とみられ、橘貞保の子とする系図が妥当か（中央官人の橘朝臣氏に架ける系図もいくつかあるが、いずれも信頼できない。伊予国司の橘氏との何らかの所縁があったかもしれないが）。遠保の武功から、後世、その子孫を称する武将が多い。俗にいわゆる四大姓「源平藤橘」として、橘氏をその一つに数えるのは遠保後裔を称する者が全国に多かったことにも因る。熊野国造後裔の楠木正成の家まで橘遠保の流れにおく系図も後世には出てくる。

遠保後裔には、鎌倉前期の人で頼朝に仕えた橘公長・公業父子があった。『吾妻鏡』の嘉禎二年（一二三六）条には、「伊予国宇和郡のこと、…公業先祖代々の知行、なかんづく遠江掾遠保、勅定を賜り、当国の賊徒純友を討ち取りてより以来、当郡に居住し、子孫に相伝せしむること年久し」との記事がある。公業は橘薩摩氏といったが、後に伊予に替わって肥前を領した。後裔には中世の渋江など諸氏があり、支流は薩摩などにも展開した。

中世の河野一族の繁栄

中世伊予の有力豪族、河野氏は越智氏の流れを汲み、風早郡河野郷（旧北条市河野地区付近）に起った。『吾妻鏡』には治承五年（一一八一）閏二月条に伊予国住人河野四郎越智親清が平家に背き挙兵したと見える。ところが、太田亮博士は、三島大祝は越智氏としつつも、河野氏の出自を伊予国造後裔とみる（『姓氏家系大辞典』）。越智・河野の研究者の景浦勉・白石成二氏らも、河野氏の出を越智氏とはしないが、これらは誤解である。後世の伊予に伝わる越智氏の系図が粗雑で、六国史の記載人物が系図に見えず、支流が多かったこと（越智嫡流「広江—飛鳥麻呂」の系統が貞観十一年の隠岐守越智貞厚の流罪で衰滅した事情もあるか）、『予章記』等の後世史料が良質な史料と符合しないことに惑わされた結果にすぎない。

河野氏の系図では、その先祖の越智押領使好方が承平の乱に活躍し、純友の首を取ると伝えるが、橘遠保と同じ陣営にあったものか。この好方の嫡流が浮穴郡領家と伝える。河野氏はもとは越智嫡流ではなく、風早郡に起る庶流の一派であった事情もある。

平安末期の当主河野通清以降は、「通」を代々の通字とする。源平争乱のときは河野通信が平家追討に軍功があって、鎌倉幕府の御家人となり、その後の承久の変では院方について一族は衰えたものの、元寇時の河野通有の活躍等で所領を回復し、南北朝期も一族が南朝・北朝に分れ、おおいに活動した。河野宗家は四国へ進出し伊予へ侵攻した細川氏と争っている。室町中期では、本宗家と予州家との抗争があり、有力国人の反乱などもあって、戦国大名としては国内支配を強固なものとすることはできなかった。

瀬戸内最大級の規模をもつ河野水軍としても著名で、本拠地は松山市の三津・港山一帯にあり、有名な村上水軍も河野氏の配下筋にあった。室町時代以降は、道後の湯築城を代々の居城として、戦国末期に滅びるまで伊予の守護大名、戦国大名として続いた。天正十三年（一五八五）、豊臣秀吉の四国征伐により、河野伊予守通直は降伏し、その嗣子も無く、滅亡した。三島村上のうち来島村上氏は、久留島と名義を変えて幕藩大名として存続した。この一族の来歴を記した史料の一つが『予章記』であり、益躬の播磨での鉄人退治伝説など虚実入り交じった内容が伝えられ、記事に訛伝・俗説も多いことに留意される。

族人には、鎌倉時代の僧・一遍智真がいた。一族諸氏は正岡、寺町、北条、別宮など多く、伊予やその近隣に繁衍した。松山市西方の沖合にある忽那諸島の豪族、忽那氏は南北朝期を中心に水軍活動が見え、藤原北家末流を称したが、平安後期に分かれた河野支流である。なお、長州の伊藤博文の先祖を河野氏に架ける系図には疑問が大きい。

伊予の風早国造一族

越智郡の近隣の伊予国風早郡（現・愛媛県松山市北部で、もと北条市域）を領域としたのが風速国造である。「国造本紀」には応神朝に伊香色男命の四世孫、阿佐利を国造に定めたと記し、中間世代は不明だが、越智国造と近縁とみられる（阿佐利は小致命の従兄弟か兄弟か）。風早郡八反地（現・松山市域）に式内社の国津比古命神社・櫛玉比売命神社が並んであり、祖神の饒速日命夫妻を祀る。神社の階段下には、金刀比羅宮と真名井の井戸がある。

同族には摂津の佐夜部《さやべ》首氏（『姓氏録』摂津神別）があり、本拠は同国西成郡讃楊《さや》郷（大阪市中央区辺り）であった。この地は難波狭屋部邑で、子代屯倉があったから（『書紀』孝徳天皇の大化二年正月条）、その管掌者であろう。『続日本後紀』の承和六年十月に摂津国人直講博士の佐夜部首頴主《かいぬし》、翌十一月には伊予国人の風早直豊宗が、各々善友朝臣の姓を賜り左京四条二坊に改貫と見える。遠江国造族の佐夜直（「天孫本紀」）の同族とみられる。

風早郡出身の物部首氏も史料にかなり見え、僧仁秀（『扶桑略記』大同三年〔八〇八〕三月に俗姓物部首）、伊予国人典薬権允物部首広宗・同真宗兄弟（『続後紀』承和四年正月に左京に移貫）などがある。承和六年（八三九）正月条等に見える物部首広泉は、職掌等からも広宗の誤記か改名とみられ、斉衡元年（八五四）十月には物部朝臣姓を賜った。広宗は淳和天皇の侍医をつとめ、典薬允・内薬正などを歴任し正五位下まで昇進して、養生書の先駆『摂養要訣』を著し、貞観二年（八六〇）に年七六で没した。『三代実録』元慶八年（八八四）二月条に見える従五位下典薬助の物部朝臣内嗣は、その子とみられる。

風早郡の郡領の贄《にえ》首も、葛城襲津彦後裔と称するが、物部首や贄田物部首の同族か。天平八年の「伊予国正税帳」に某郡（宇和郡？）郡司の少領贄首石前、主帳物部荒人が見えており、天台座主・大法師の光定《こうじょう》和尚を出した。天台宗の最澄の弟子であり、風早郡人で俗姓贄氏と見える（『文徳実録』等）。貞観十二年（八七〇）に宇摩郡の従七位上（官位から見て郡領級）荊田首倉継らが物部連を賜姓したが（『三代実録』）、これも同族であろう。贄田物部首年足が延暦二年四月に大和国高市郡で越智池を築いた功により、正六位上から外従五位下へ叙せられた記事も見える（『続紀』）。

四国では、伊予の隣の讃岐にも物部氏族がかなり分布し、物部借馬《かるま》連、笶原《やはら》連、刑部造、矢田部造、風早氏や三野物部、物部（無姓）などがあった。伊予同様、来住時期はあまり早くないとみられる。このように四国の北側沿岸部も山陽道側でも、同族の居住時期が比較的遅いから、物部氏族が早く崇神前代から瀬戸内海を押さえたとみるには無理がある。

不老長寿の橘とヲチ水

物部連一族の流れ、後裔諸氏には橘姓を称した傾向が見られる。橘は常緑樹であり、垂仁朝の多遅摩毛理（田道間守）の伝承に見るように、不老長寿につながる。中央の橘朝臣氏以外に地方で橘姓を称したものの多くが、物部氏など不老長寿に関係する氏であろう。

そうした氏を見ていくと、まず近江国浅井郡の浅井、丁野、伊部、中野、河毛などの一族も橘姓ないし物部姓という。肥前の渋江など橘遠保後裔の橘薩摩氏一族や、楠木正成一族の橘姓もそれぞれ系譜仮冒で、後者は熊野国造系統から出た。

遠州には橘姓を称する武家諸氏が多いが、遠江・久努両国造の族裔か。遠州引佐《いなさ》郡井伊谷から出た大族井伊氏は、先祖の共保が「神井」の中より化現と伝え、橘紋を用いるところから見て、系譜は諸伝あるが、遠江国造族裔とみられる。日蓮上人が出た貫名《ぬきな》氏はこの井伊同族で、同じく橘紋を用いた。浜松市北区引佐町

謂伊神社（浜松市北区引佐町井伊谷）

井谷の謂伊《いい》神社の本殿の背後にある薬師山には巨石群の磐座があり、県指定史跡で天白《てんぱく》磐座遺跡と呼ばれる。鉄鉾や滑石製勾玉などの祭祀遺物も出て、古墳時代まで遡る。もとは蟾滑神といい（『三代実録』）、蛙の姿をした水の精霊とされ、境内社に水神社もある。「月中蟾蜍《せんじょ》」、すなわち西王母の秘薬を盗んだ姮娥《こうが》が月に逃げてヒキガエルになったという『淮南子』記載の伝説にもつながる。

越智は「をち水」すなわち変若《おち》水（たんに「若水」ともいい、不老長寿の水。飲めば若返るといわれる水）に由来する。月の不死信仰に関わる霊薬の一つともいうが、物部氏と月神信仰とは結び付きの由来が難解である（熊野創祀の伝承にも見られる）。この氏の遠祖の母系に月神祭祀をもつ山祇族の血が入って強い影響を受けた可能性があり、富士山（不死山）の麓にも同族（駿河国造など）が居たことで、不老不死や月と結びついたものか。

ところで、駿河国唯一の名神大社で富士山信仰の中核の浅間神社（富士山本宮浅間大社。静岡県富士宮市）に、富士山の神として祀られる木花咲耶《このはなさくや》姫命が薄命の桜に通じること、この山祇種族系の女神が物部氏祖神のなかに見えないことで違和感を覚えていた。しかし、これは近世の理解にすぎず、もとは富知神、福地《ふち》神であり、「淵」すなわち水神で聖水での禊ぎの場があるとの指摘がある。野本寛一氏は、浅間神社の社地（富知神社の旧社地）に湧水池があり、富士噴火は遅かったなどの諸事情を基に、折口信夫の指摘等をふまえて記す（『日本の神々　十』）。これは説得的であり、それなら天孫族の祖神五十猛神の妻の水神・滝神である罔象女《みずはのめ》神（瀬織津姫）に当たるし、合祀神のなかに水神・弥都波能売《みずはのめ》神も見える。それでも、別途、山祇種族系の女性遠祖が物部氏遠祖になることも考えられる。富士山を遙拝する摂社・山宮浅間神社（元宮）は本殿がなく、磐座「鉾立石」や磐境がある。

浅間神社の神主（大宮司）は平安後期頃から和邇部宿祢氏に替わったが、もとは駿河国造族とみられ、祠官の上座三職の山田・宮崎両氏（山宮大夫・福地大夫が山田氏、所司大夫が宮崎氏）はその末裔か。駿府の商家出身でシャム王国で活躍した山田長政は、この祠官家の縁につながるのか、浅間信仰をもち駿府浅間神社に懸額の渡海兵船図を奉納した。

『万葉集』には「をち水」に「月夜見」も詠みこんだ歌も幾つか見える。『延喜式』神名帳には、信濃国高井郡に越智神社（須坂市、中野市などに論社）が掲載され、駿河から信濃に展開した物部氏族が奉斎した。『三代実録』貞観九年（八六七）三月条には、信濃国高井郡人従八位上の物部連善常が山城国へ移貫したとある。長野県や平城宮から出土の木簡にも、信濃の更級・埴科・小県郡などで物部を名乗る人々が見える。

養老の滝（岐阜県養老町）

有名な「養老」の滝も美濃国多芸郡にあって、物部氏族の物部多芸連に関連した。養老神社は美濃の国内神名帳に「多芸郡従四位上養老明神」と見え、その境内の菊水は多度山の醴泉《れいせん》（うまい味の水が湧き出る泉）であって、養老の起源とされる（『姓氏家系大辞典』）。養老山系の伏流水の味が良いことで、これに因む清酒（玉泉堂酒造の「醴泉」）もある。『続紀』の養老改元の詔から、「多度山の美泉」、いわゆる「養老の水」は変若水で、若返りの効能は「白山信仰が及んでいたせいだろう」と前田速夫氏がいう（『白の民俗学へ』）。

多芸連は、多芸郡物部郷（岐阜県養老郡養老町三神町辺り）に居して式内社の多伎神社を奉斎し、嫡流は宝亀八年に宿祢姓を、庶流は物部から物部多芸連姓を賜った。「大連系図」には伊勢国壹志郡新家《にいのみ》村（現・津市新家《にのみ》町）に起る新家連の支流とされる（起源地が河内国志紀郡新家郷との見方もあるが、伊勢が妥当）。新家連は伊莒弗連の子・竺志《ちくし》連の後裔といい、「天孫本紀」の記事（饒速日命の十一世孫・物部竺志連の後）と符合する。新家氏は、孝徳朝に新家連阿久多が伊勢国度会評督領の補任が見え（「皇太神宮儀式帳」）、その後も十二世紀前葉頃まで度会郡領として新家連・宿祢が史料に見える。それらに先立つ『書紀』宣化元年五月条には、新家屯倉の穀を筑紫へ運ぶため物部麁鹿火は新家連（欠名）を派遣しており、物部氏の配下で働いていた。新家には式内社の物部神社（祭神は宇麻志摩遅命）も鎮座し、検非違使を務めた新家宿祢一族の活動が鎌倉期の史料にも見える。物部神社の西北近隣には式内社の稲葉神社（津市稲葉町）もあるから、伊勢の新家・多芸一族は、本来の系譜・起源は三野後国造の流れと関係したか。

因幡の伊福部臣氏が奉斎した宇倍神社でも、境内に稲葉山中腹から湧出の清水を引き「七宝水《しっぽうすい》」「延命水」と称した。治病・延命に験ある霊水とされる（『日本の神々7』宇倍神社）。物部氏の淵源の地、筑前・筑後にも変若水の伝承が多くあり、宇美八幡宮の「益影の井」、香椎宮の不老水や赤司八幡宮・大善寺玉垂宮（ともに久留米市）があげられる。

物部氏族や遠祖を同じくする鴨氏族は主水部《もいとり》（水取部。宮廷の飲料水の調達を管掌）に関係しており、物部氏族でもこれに関与した水取造《もいとり》がある。天武紀十二年九月に連姓を賜わり、『姓氏録』には伊香我色雄命の後裔（左京・右京の神別）とあって、践祚大嘗祭に主水司の負名氏として奉仕したことが『延喜式』に見える。貞観六年八月条の水取連継人は主水司の令史であり、弟の同姓継主とともに宿祢姓を賜り、水取連継男・同柄仁・同夏子らは朝臣姓を賜り、「神饒速日命之後也」とある。美濃にも水取部が見えるが（大宝二年の「御野国加毛郡半布里戸籍」）、鴨県主か三野後国造に関係か。宇摩志麻治命の七世孫・安毛建美命の後裔とされる六人部連（「天孫本紀」）もこれに同じ氏で、訓み「ムトリベ、ムトベ」は水取部、水戸部の意か（水取はモトリとも訓む）。尾張連同族の六人部連とは別族である。

以上に見るように、物部氏族が水の管掌や水神に縁由が深いことが分かる。

十　その他の地方の主な物部支流

ここまで主な物部氏一族の動向を見てきて、まだ取り上げていない地方の一族諸氏にも重要なものがあり、別族の物部と併せて、補遺的に簡単に見ておく。

近江の物部氏

近江には上古から物部氏の一族諸氏や同族が繁衍した。近江東部の野洲郡の古族で三上神社を奉斎してきた三上祝（御上祝）は、同社で祖神の天御影神を奉斎した。「天神本紀」には饒速日命随伴神のなかに「天御陰命　凡河内直等祖」と見える。この「天ミカゲ神」とは実体が天目一箇命で、その別名であり、三上祝・凡河内国造・山代国造や額田部連の祖であるとともに、物部氏にあっても同じく祖神であった。

こうした諸事情をうけて、物部の地名では、『和名抄』に栗太郡物部郷（守山市域）が見え、江北の伊香郡にも物部村（現・長浜市高月町）があった。後者には味饒田命《うましにぎた》（阿刀氏の祖）を祭神とする式内社・乃伎多神社の論社が鎮座する。

栗太郡物部郷のほうには、総社として物部神社があり、いま勝部《かつべ》神社という（物部布津神として『文

勝部神社（滋賀県守山市）

徳実録』等の国史に見在で、守山駅の西方近隣、守山市勝部に鎮座）。その由緒の石碑には、大化五年（六四九）にこの一帯を領した物部宿祢広国が祖神の物部布津神を祀ったとされる。『名跡記』に栗本郡の玉岡庄また物部郷というとあり、『鎌倉遺文』所収の「近江勝部神社文書」（七四九三号）には、建長四年十一月の日時で勝部大明神は物部氏之祖神で、霊験は他に異なるとし、勝部刑部尉物部重文、玉岡三郎左衛門尉物部道国、千代太郎入道物部景国、蜂屋左衛門尉物部道国などの名が列挙され、戦国期まで後裔の動きが見える。姓氏は一に物部玉岡宿祢姓というが、これは僭称で、具体的な系譜は不明である。

ところで、野洲川下流域の守山市域（旧野洲・栗太郡）には弥生中・後期に環濠や大型建物等を備えた大集落遺跡がいくつかある。古いほうから順に下之郷、二ノ畔・横枕、伊勢の遺跡があげられる。最後の伊勢遺跡（守山市伊勢町）は三上山の西方、勝部神社の南方近隣にあって、物部・三上両氏族や安国造の祖先との関係が窺われる（邪馬台国近江説での中心地とまでみるのは行き過ぎ）。

江北では、近江国浅井郡に波久奴《はくぬ》神社（長浜市高畑町。祭神は高皇産霊神に、物部守屋を配祀）という物部系の神社があり、戦に敗れた物部守屋が潜んだ屋敷跡だと伝承される。浅井氏の居城の小谷城のすぐ近くだから、物部姓を名乗る浅井氏絡みのものか。同郡（現・長浜市弓削町）や高島郡には弓削神社もある（高島郡のほうは式内社）。

近江国の物部関係では、『続日本紀』宝亀元年九月条に見える物部宿祢伊賀麻呂があり、道鏡の一類で法参議まで立身して物部浄志《きよし》朝臣を賜った基信禅師の兄とされる。この一族は、尾輿大連の弟で近江国愛智郡に住んだ奈洗連の後裔と伝え、『続日本後紀』嘉祥二年（八四九）十月条に近江国愛智郡の物部弥範、物部弘範（伊賀麻呂の曾孫）が見える。犬上郡の火田郷や尼子郷にも物部が見える（「西南角領解」や『平城宮木簡』）。

系図によると、伊賀麻呂の後裔が浅井氏につながる。上記弘範の後が平安期の左大史・大外記などの史官・外記を輩出した物部宿祢氏とされ、『類聚符宣抄』『政事要略』に族人が多く見える。その代表として、天暦五年十月の任土左守前左大史外従五位下物部宿祢広連（『政事要略』巻二五）、応和三年十月の左大史物部宿称安国（同、巻五五）や康保三年八月の大外記物部安親（『類聚符宣抄』巻九）があげられる。弘範の叔父とされる高根の後が五衛府の官人となり、浅井郡に住んで郡領となって浅井氏一族につながるという。

近江湖西の高島郡には式内社の熊野神社・田部神社が近隣にあり、その論社も各々高島市の今津町と安曇川町に近隣する。これら論社の祭神は不定だが、水神罔象女《みずはのめ》神や石神を祀るものもある。布留神社もあって、これらは祭神から見て、伊香郡の乃伎多神社同様、阿刀氏系統が祀ったものか。同郡には穂積に通じる木津郷（高島市新旭町饗庭辺り）もある。

戦国大名浅井氏と脇坂氏の系譜

戦国時代に江北で勢力をもった浅井氏は、長政が織田信長により滅ぼされたが、古代物部氏の後裔と称される。出自を藤原姓の公家・正親町三条家の支流とする系譜は、後世の系譜仮冒である（公家庶子が入り婿という所伝は総じて信頼性に欠ける）。浅井系図には様々な諸伝があるが、物部守屋を先祖とする系図のほうがまだ実態に近い。近江国浅井郡に起こった古代豪族浅井氏（浅井直姓か。その出自が不明も三野前国造族か）あるいは物部氏があり、古代からの在地豪族、郡司クラスの末裔ということである。

江北を基盤とした近江半国守護京極氏の譜代家臣として浅井氏があった。『江北記』には京極氏の根本被官の今井、河毛、赤尾、安養寺、三田村氏ら十二氏のうちにあげられ、河毛・赤尾・三田村などは浅井同族と伝える。浅井氏は亮政以降は、主家京極氏にとって替わり戦国大名へと成長し、浅井郡小谷城を本拠としたが、いわゆる浅井三代で滅びた。

浅井氏に関連して脇坂氏にも触れる。脇坂氏が史上に現れるのは、秀吉に仕えて立身した脇坂甚内安治の代からである。このため、藤原姓を称したものの、父の安明以前の系譜は必ずしも明確ではない。『寛永諸家系図伝』では安明から系図を書き起こして、先祖不明とし、『寛政重修諸家譜』でもこれが踏襲される。系図の一伝では、浅井秀政の三男浅井生政の孫、浅井教政が浅井郡脇坂庄の下司となって、これを祖とするものや、鎌倉殿頼朝将軍のときに脇坂庄地頭となった浅井清正を祖とするものがある（『諸系譜』など）。

脇坂安明は浅井氏に仕えたが、長政に従って出陣した観音寺城攻めの戦いで討死したという。その子が安治で、安明の実子説と養子説（後妻の田付景治の妹が田付源左衛門との間に生んだ子）がある。

安治は賤ヶ岳の七本槍の一として名をあげ、次第に立身して伊予大洲藩五万石余の藩主となり、子孫は幕藩大名（播磨竜野藩主）、明治の華族として存続した。

長門の厚東氏

長門国厚狭郡東部に平安後末期に起こった中世の武家大族が厚東氏である。その系図によると、物部守屋を祖とし、末裔の武忠の子の武基が棚井（現宇部市域）に居て厚東大夫と名乗った。子孫は代々、厚東郡司を世襲し徐々に勢力を広げていった。『源平盛衰記』には平家に年来伺候した「厚東入道武道」が見え、治承・寿永の源平争乱では、初めは平氏方として一ノ谷の戦いに参加した。後に源氏方に転じ壇ノ浦の戦いでの軍功があって、厚東郡の支配が認められたといい、文永・弘安の役では、鎌倉幕府の命令により出陣した。

元弘の乱での軍功で厚東武実は建武元年（一三三四）に長門守護に補せられ、その子・武村は豊前国規矩（企救）郡を賜り、その孫の越後守義武までの四代が長門守護職の地位にあった。義武は厚東氏第十七代というが、この頃から北朝方の大内氏との抗争が激化していき、大内弘世の厚東氏攻略により、延文三年（正平十三年。一三五八）正月には本拠の霜降城が落ち、北九州の企救郡の領地へ逃げ延びた。その後には、菊池武光の救助も受けて大内氏との抗争が続き、翌延文四年（一三五九）十二月には、一族の守護代富永又三郎武幸らとともに拠る四天王寺（四王司）城が落とされた。義武は殺害され、子弟があったというが、一族のその後の消息は知られず、惣領義武の討死で厚東氏の滅亡となる。

厚東氏は棚井村の恒石八幡宮の宮司職を兼ねており、同村の東隆寺などに残る系図を鈴木真年が整理して『諸氏家牒』に「厚東氏系図」として見える。

それに拠ると、物部麻佐連公から始まり、曾孫の磐手が藤原朝廷時甲辰年（七〇四）に周防国玖珂里を家居とした。その八世孫の物部連有吉は、延喜八年（九〇八）玖珂郷戸籍に弟妹や従兄弟従姉妹など一族とともに見えて、有吉本人には「戸主物部連有吉、年肆拾伍載、正丁」とある。有吉の弟・右近衛有雄は、同戸籍には見えないが、その孫が長門掾正八上武材で、その子が近衛番長武忠であって、長門国厚狭郡に住み中山観音堂を万寿二年（一〇二五）二月に建立した、と同系図に見える。『小右記』の寛仁元年（一〇一七）十一月廿八日条には「武忠宿祢、任周防国」（姓氏は不記載）と見え、事情はほぼ符合する。

これが厚東氏の起こりとしてよさそうだが、武忠の出自については、近江の物部宿祢氏の出で、父が左近衛親忠という系図もあり、この左近衛親忠は『類聚符宣抄』第七に記載の「太政官符」長保三年（一〇〇一）五月に大宰帥平惟仲随身と見える。『小右記』の「武忠宿祢」という記事から見ると、左近衛親忠の子で、長門掾武材の養嗣となったものか。

東国の武蔵等の物部氏

『万葉集』巻廿の防人歌には東国の物部姓の人々が多く見え、十名も数える。このうち、物部道足については信太連との関係で先に取り上げた。遠江国の国造丁長下郡の物部秋持及び同郡の物部古麻呂は、遠江国造一族の後裔とみられる。これら防人歌作者の階層はたんなる農民ではなく、概ね東国の郡領級豪族の出であったことに留意される。

残る七名は、上総二名（物部竜、物部乎刀良）、武蔵四名（主帳丁物部歳徳、物部刀自売、上丁物部広足、

上丁物部真根）、下野一名（火長物部真島）である。物部歳徳も主帳丁と見えるように荏原郡領であった。武蔵には武蔵国造一族に物部直氏があったから、カバネは不記載でも「直姓」の省略が考えられる。その後裔のうち、氷川神社奉斎の物部氏は祠官家岩井氏となるが、明治の系図書き上げでは、祖・宅勢を中央の物部連一族の矢田部系統、多遅麻連の子におく形の偽作系図が示される。平安後期の陸奥での前九年の役の戦功で陸奥大目に任じられた物部長頼も、武蔵国造族とみられる。武蔵には物部の分布が多く、頼朝時の相模国高座郡の飯田三郎家能の一族も、『東鑑』に物部姓で見えるから族裔であろう。

　奈良時代の武蔵国入間郡の人に入間宿祢広成がいて、蝦夷征伐の将などで功績を積み、中央官人として立身した。もとは物部直広成といい、神護景雲二年（七六八）七月に入間宿祢姓を賜った。最初の手柄は藤原仲麻呂の乱の時で、当時、授刀舎人の広成らが仲麻呂の愛発《あらち》関に入るのを退けた。天応元年九月には征夷の功労で外従五位下に叙せられ、延暦元年六月に陸奥介となり、その後も近衛将監、征東副使を歴任し、延暦九年（七九〇）に従五位下、常陸介、同十八年三月には造東大寺次官となった（以上は『続紀』『日本後紀』）。

　入間宿祢は『姓氏録』の左京神別にあげられ、「同神（天穂日命のこと）十七世孫の天日古曽乃己呂命の後」と見える（天日古曽乃己呂命は、実際には天穂日命の八世孫ほどとみられ、その甥の兄多毛比《えたもひ》命が成務朝に武蔵国造となったと「国造本紀」に見える）。武蔵国造家の一族だが、広成の晩年（ないし子孫のとき）に、この一家の系統が左京へ本貫を移したとみられる。

出羽の物部氏

出羽の唐松《からまつ》神社（秋田県大仙市協和境下台。式外）の宮司家の物部家は、物部氏末流と伝える。所伝等に拠ると、蘇我氏との戦で物部守屋が敗死し、その一子「那加世」が臣下の捕鳥《ととり》（鳥取）男速に守られて、蝦夷の地へと落ちのびた。那加世は仙北郡に隠れ、日の宮の神官に納まったが、これが先祖だ、と伝える。唐松神社には、火神カグツチや豊宇気姫（菊理姫と同神）、天祖三神などを祀る。

唐松神社の社務所

同家には『物部文書』（内容は疑問）が遺り、大正・昭和初期の土木耐震学の草分け、物部長穂博士とその弟で陸軍中将物部長鉾が出ている。

　物部家は当初、出羽国平鹿郡の波宇志別《はうしわけ》神社（秋田県南部の横手市大森町八沢木）にあって、守屋姓で四三年住み、十世紀後葉に北方に遷して唐松神社付近の月出野に定住したともいう。波宇志別神社は唐松社のほぼ真南二八キロほどに位置する、平鹿郡の式内社で、当社には古く神楽役として歌舞神事担当の守屋氏が長くあった。江戸期は大友氏と共に両家で別当をつとめたが、幕末に焼死事件の責任で配流となり別当をはずれたという。同社の由来では、天平宝字元年（七五七）に大和の金峯山蔵王権現を勧請したのが開基といい、現在の祭神は多く、火産霊神・素盞嗚神のほか、菊理姫神や経津主神も祀られる。

同家の系譜を考えてみると、物部の北陸道・出羽での分布から見て、大和王権の越遠征に随ったらしい出羽・加賀の芹田物部や越後の二田物部の後裔関係者という可能性もある。しかしそれよりも、波宇志別神社との関連から見て、岩手県花巻市方面、更に東国・東海道へとつながるルートに注目される。波宇志別神社の霜月神楽は、その名の通り霜月（十一月）に行われる神楽で、南信濃や奥三河地方で現在も行われる霜月神楽・花祭と呼応し、収穫感謝と来る年への継承を願う重要な神事の一つとされる。そうすると、神武侵攻の際に東国、陸奥へと逃れた物部の初期分岐一派の末流とみるほうが自然であろう。

守屋一族の避難伝承が、飛騨の高山にもある。難を逃れて当地に潜居し、後に守屋の御霊を奉斎したのが起源だという錦山神社（もと守屋宮。高山市江名子町）がある。

肥前国松浦郡の五島氏

肥前の末羅国造は、「国造本紀」に「志賀高穴穂朝（成務）御世、大水口足尼の孫、矢田稲吉を国造に定める」と記される。矢田稲吉は、『亀井家譜』では穂積臣祖の建忍山宿祢の弟にあげるが、世代的には「国造本紀」のほうが妥当で、建忍山宿祢の子か甥にあたる者であろう。肥前の松浦郡に行ったのは、倭建命の西征随行に因むものか。

鈴木真年著の『華族諸家伝』五島源二郎条では、内色色許男命の男、大水口宿祢の子、矢田稲置命は、志賀高穴穂朝五年九月に末羅国造に定められ、その十三世の物部多伊古は文武天皇御宇四年十月、筑紫総領物部麻呂大連の時に末羅国造となったとされ、その十八世の宇久大夫物部直宣が寿永文治のときに平氏に属して敗れ蟄居し、曾孫の宇久家盛の婿に武田信盛を迎えて後嗣とし、子孫の宇久若狭守純玄が豊太閤に属して五島を氏の名とした、と大要が記される。これが、幕藩大名五島氏の系譜である（信盛の武田氏は疑問か）。

末羅国造の姓氏は末羅直（松浦直）の模様である。真年の上記記事とほぼ符合する系図が国会図書館蔵『諸姓分脈系図』第三七冊のなかにに「宇久系図」としてあり、矢田稲吉命の孫、鳥古乃臣・高城乃臣・若乙乃臣の兄弟があげられる。当初は臣姓だったたか。『姓氏録』山城神別にあげる筑紫連（記事は「饒速日命の男、味真治命の後」）も同族とみられ、『亀井家譜』には矢田稲吉命について「筑紫連、松浦直祖」と見える。上記の筑紫総領への石上麻呂補任は『続紀』文武四年十月条に見えており、麁鹿火大連の故事を踏まえたものか。

不思議な存在の土佐物部一族

土佐にあって物部を名乗る一族は、物部連氏一族とはみられない要素があり、不思議な存在であった。すなわち、土佐の物部鏡連氏があり、氏の名の鏡は同国香美郡の地名に因る。『和名抄』には同郡に物部郷があげられ、この地の物部の伴造とみられる。

同国にはその同族とみられる物部文連も居た。香美郡少領に物部鏡連家主がおり（『日本後紀』延暦二十四年五月条など）、その妻に物部文連全敷女が見える（同書、弘仁元年正月条）。両氏一族はともに香美・安芸郡に見えるが、地名等から考えると、物部連と同祖の安芸国造・玉作連の分流か。戦国期の土佐七雄の一とされる安芸氏につながるが、安芸国虎のときに長宗我部元親により滅ぼされた。香美郡大忍庄山川村の領主、石舟明神祢宜で物部姓の物辺、末延氏も族裔か。石舟明神とは式内社の天忍穂別神社（香南市香我美町山川）のことで、相殿には御子神とも称される饒速日命を祀る。

「石舟」は境内の裏手にあり、巨大な自然石の舟型をしている。

香美郡物部村には式内社の小松神社（香美市物部町別役）があり、祭神や創祀年代は不詳だが（小松姓をもつ平家落人が祖神を祀ったという説は、式内社にはそぐわない）、武蔵国埼玉郡小松（埼玉県羽生市）の小松神社がもと「熊野白山神」と称したというから、同様なものか。

紀伊国造族の物部連と称した香美郡の延崎（信崎）もこれらの同族であろう。香美・安芸両郡には、宗我部・惟宗朝臣・橘朝臣姓を称する諸氏があって、中世の大族・安芸氏の一族とか、安岡氏の一族とか言うが、その殆どが物部文連・物部鏡連の族裔とみられる。

毛野氏族の物部君の流れ

上野国には物部君氏が知られ、「金井沢碑」に物部君午足らが見える。天平神護元年（七六五）十一月条及び翌年五月には、中衛物部蜷淵らが物部公を賜与された（『続紀』）。これらは上毛野君の一族から出て、後裔が貫前《ぬきさき》神社祝部の尾崎氏であり、祖先は物部君の祖・夏花とされる。夏花は、景行天皇の九州巡狩の随行で見えるので（『書紀』景行十二年九月条）、筑後の物部君（こちらは筑紫国造族）の祖と勘違いされるが、東国の毛野氏族であった。上野西部には同族の分布が見られる。系図（『百家系図稿』巻一の物部公系図）に拠ると、武蔵国入間郡の物部天神社（埼玉県所沢市北野）も物部君氏が奉斎し、社家は宮寺、栗原という。

毛野氏族は陸奥にも広く繁衍して主に吉弥侯、吉弥侯部（君子部）といい、蝦夷との攻防のなかで俘囚となった者も出た。陸奥国斯波郡の地名に因る物部斯波連氏は、旧姓を吉弥侯というから毛野氏族の出で、物部君氏と同族の陸奥浮田国造（福島県相馬地方が領域）の一族とみられる。承和二年（八三五）二月に吉弥侯宇加奴らが物部斯波連の姓を賜り（『続後紀』）、氏人に陸奥蝦夷訳語の物部斯波連永野がいた（『三代実録』元慶五年五月条）。

物部末裔と称する人々

ここまで他氏族系の物部氏も含めて見てきたが、触れずにきた系譜不明な姓氏では、物部射園《いその》連（大和か美濃の射園神関係か）、物部海連や壱岐の物部（石田郡に式内の物部布都神社、物部郷）などがある。

全国各地には、物部後裔という守屋（守矢、守谷、守家）氏がかなり見える。これまでいくつか述べたほかに、管見に入ったところでも、武蔵、信濃、美濃、摂津、阿波、伊予、吉備などに見え、多くが守屋大連の後裔と称する。その殆どが先祖の系譜伝承を著名な守屋大連に結びつけたり、元からの所伝を転訛させたのではないかとみられる。

例えば、室町・江戸両幕府の臣、蜷川氏が物部守屋の後裔と称するのは史実に反する（実際には、息長氏同族の宮道朝臣姓）。近江の浅井氏や長門の

壬申の乱の古戦場としても知られる村屋坐弥富都比売神社
（田原本町）

厚東氏は先に触れた。大和の城下郡の村屋坐弥富都比売《みふつひめ》神社も、守屋大連の血を引く守屋氏が歴代、神官を務めたといい、境内に物部社がある。近くに十市姓の森屋党もあった。信濃の伊那郡には守屋神社（長野県伊那市高遠町藤沢字片倉）もあって、祭神を物部守屋とするが、本来の祭神は諏訪神建御名方命（当地の片倉氏の祖）と争ったという洩矢《もりや》神だから、物部氏とは無関係である。

現代でも、太田亮博士が各地の系図史料を集めたなかで、守屋後裔と称する人々をいくつかあげる。これらが、物部族裔となんらかの関係があったとしても、それら家伝がそのまま信じられるわけではない。江戸時代の幕臣の系図集『寛政重脩諸家家譜』では、物部氏から出たとする旗本に平岩、荻生、稲生、勝の四氏があがるが（勝海舟の父が養嗣に入った先は荻生氏と同族の模様）、これらも同様であり、いずれも系譜吟味の必要性を感じる。

まとめ

物部氏についての主な総括

記紀はもちろん、『旧事本紀』や『古語拾遺』にも、神武東征伝承絡みで饒速日命に係る伝承は記載される。例えば、『古語拾遺』では「物部氏の遠祖饒速日命、舅を殺し衆を帥て官軍に帰順ふ。忠誠の効、殊に褒寵《みめぐみ》を蒙る」と見える。諸書にあっては、このように神武とそれに先立つ饒速日命の存在を決して無視していない。

ところが、戦後の歴史学で主流をなしてきた津田博士流の見方では、記紀の神話やそれに続く神武東征、倭建遠征伝承及び神功皇后征韓伝承などは、七、八世紀の記紀編纂段階での天皇統治を正当化するための造作・捏造だと簡単に判断される。これらの立場にあっては、史実の原型すらない机上の創作となる。もしこの津田仮説が実態であれば、饒速日命の畿内先行到着や「日本」命名の伝承は、天皇家にとって極めて不都合のはずだし、天孫降臨の地「日向」も九州南部の未開地とするのは同様に不都合であろう。古代随一の大豪族だとはいえ、物部氏の遠祖が天神（天孫族）の子であって、なぜ神武に先行して畿内に入り、大和の支配階層にあったのだろうか（天照大神の嫡孫が大和に降臨して王朝を開き、現天皇家につながるとすれば、よかったはず）。饒速日命の存在など様々な不都合事情を国史のなかから抹消できなかったのだから、その伝承は七、八世紀の王権が造作したものではないことを強く示唆する。上記のように、他氏の所伝でも物部氏始祖伝承が見える。

およそ、津田博士流の造作論や擬制系譜論は、戦前の学問事情とはいえ、現在までの学問進展を踏まえて見れば、総じて視野狭窄で具体的な論拠を欠き、論理的に否定論の体をなしていない。不合理な論理による造作認定の濫発は、これが「近代的史料批判」だと囃し立てる学究がいまだいるとしても、実体が科学的な学問とはとても言えない。これは、「皇国史観」の立場から言っているのでは決してなく、これら思想なり史観とは無関係である。物部氏論究について言えば、篠川賢氏の諸見解は、わが国の祭祀事情や東アジアの種族・習俗・建国経緯なども無視するもので、総じて合理的な論証がなされていない。

津田博士の没後、既に五十年を超え、この期間における考古学の発掘成果・学問的発展は著しい。祭祀・習俗や地理学・地名学など関連諸分野の学問の最近までの展開は、応神朝以前の上古代王権の姿や存在を様々な形で具体的に示してきた。発掘が進む纏向遺跡がそうであり、大和《おおやまと》古墳群や佐紀古墳群にある巨大古墳も同様である。こうした事情が数多くあるとき、記紀等の文献史料の切捨てや論拠薄弱な仮説の展開では、上古代の解明の手がかりを失う。考古学者にあっても、文献・祭祀・習俗などを含む総合的研究ぬきに上古史を考え、その分野だけの認識・通念だけで論断してはならない。繰り返しになるが、物部氏研究には、記紀ばかりではなく、『旧事本紀』を適正に評価・把握するとともに、『伊福部臣古志』や『高橋氏文』『古語拾遺』など貴重な所伝が遺る他の文献をも適切に評価のうえ、具体的で合理的な検討に努める認識が必要である。

習俗・祭祀や各種伝承等も含め広く物部氏を検討した谷川健一氏の見解が、個別論点には疑問があっても、総じて妥当性が高い。谷川氏は、日本歴史の裏側にはおそろしい真実が伏せられており、それが、天皇家より古くから畿内地域を支配した「物部氏と蝦夷の歴史」である、と著書『白鳥伝説』の最後に指摘する。このうち、既述のように「蝦夷」に関しては誤解があるが、物部氏の始源からの歴史を祭祀・習俗を含めて解明しないのでは、上古史の流れや多くの謎が解明できない。陸奥では熊野信仰、白山信仰にも絡まる。

物部氏は北九州から経由地を経て畿内へ、更に他の多くの地域にも多岐に移動した。こうした長い移動を、息長氏と同様になしている。出雲や播磨などの『風土記』にも、異なる祖神の名で活動が見えており、滝神・水神・石神など各種の祭祀にも幅広い十分な検討が必要である。他にも様々な検討を行ったが（紙数の制約から本書に入れ込めない部分もある）、追求すればするほど、物部氏や上古史の研究の奥深さを改めて感じるものである。

主要問題についての一応の要点

本書で見てきた物部氏の諸問題について、とくに初期段階での主な事項・特徴を要点的に列挙すると、次のような諸点があげられよう。

①『旧事本紀』は、全体として物部氏研究に必須の重要な文献史料であるが、記事の盲信は疑問が大きい。とくに「天孫本紀」の系譜記事は、崇神前代、応神・仁徳朝頃、継体朝頃、守屋滅亡後の諸個所に大きな混乱があり、後世の寄せ木細工的な構造をもち、記事のまま受け入れるのは問題が大きい。総じて言えば、物部氏をめぐる史実抹消はなかったが、様々な事情で訛伝、変質・改編した記事がかなりあることに注意される。

②物部氏は、天孫族の出で出雲国造と同族であり、始祖饒速日命は天照大神の曾孫で、出雲大神天御蔭神（天目一箇命）の子に位置づけられる。父祖の源流の地が筑後川中・下流域で、筑前の遠

賀川流域から出発し、出雲に生まれた模様の饒速日が、丹波・播磨等を経て、神武に先立ち大和入りした。出雲から大和への経路では各地に支族を分岐した。

③長髄彦など大和先住の大物主神系の部族とともに、原ヤマト国家的な政治連合体をもったが、神武の大和侵攻時には、物部氏族の大勢はこれに帰服した。しかし、帰服せずに畿内を退散して、東国の相模・武蔵及び房総方面に移遷した初期分派もあった。

④物部氏は本来、原始姓の穂積をもち、穂積臣氏につながる系統が本宗で、大和での初期は唐古・鍵遺跡一帯にあった。次ぎに、伊香色雄・十市根の頃から物部氏として石上神宮に関与し、布留遺跡辺りに遷って、長く本拠とした。この付近に一族の墳墓は多い。

⑤軍事氏族としては、崇神朝以降の大和王権による吉備・出雲の平定、倭建東征（穂積系統）や景行東国巡狩に関与し、関連地域に諸国造・一族を分出し、後世まで長く遺した。稲葉国（因幡）や美濃の稲葉山など「稲葉」の地名にも多く関係し、「国造本紀」に物部氏族の出と記さない稲葉国造も同族であった。

⑥鍛冶部族たる天孫族の一派として物部氏は、巨石、石神や水神・滝神の信仰・祭祀をもち、各地の奉斎神社に磐座・神井を遺すとともに、橘やヲチ水（変若水）など不老不寿、死生観につながる祭祀、習俗が見られた。とくに初期分岐の系統にこうした傾向が見られるから、多くの支流について実地・地理を踏まえた幅広い検討が必要である。太陽神祭祀をもつ天孫族の流れとしては奇異なことに、山祇種族のもつ月神関連祭祀を併せもつこと（初期段階に山祇種族の女性の血が色濃く入ったことの影響）にも留意される。

⑦物部氏族の諸氏はきわめて多く、上古からの大勢力と広い管掌範囲を示すが、基本的に同族関

係を認めてよい。実際の出自が久米部族等につながりそうな個々の氏はいくつかあるものの、これらは系譜仮冒とみられ、「血縁擬制氏族」というものではない。とはいえ、「天孫本紀」所載系譜には疑念個所も多く、『姓氏録』や各種文献を基礎に、合理的総合的な検討を要する。物部氏の諸系統は、十市根命の流れを本宗とした場合、まず阿刀・熊野系統、続いて穂積系統、さらに大売布の系統が分かれ出た。物部氏の実態・原型は、これら分出系統の方に伝えられる祭祀・習俗・所伝等から多くの手がかりが得られる。

⑧更に初期に分かれた物部氏同族には、三上氏族（三上祝、凡河内国造、額田部連などの諸氏）や出雲国造族、鏡作氏などもあり、これらも含めた幅広い氏族検討も必要となる。

おわりに

私の氏族研究の歴史を振り返ってみると、和珥氏・葛城氏に次いで、物部氏は研究の始まりが早い。四十年ほど前、まだ単身で茨城県日立市に赴任したときに、既に物部氏と尾張氏という「天孫本紀」記載の系譜の検討を始めており、そのときのメモもまだ残る。当時と比べ、当該両系譜の記事に対する私の信頼度がかなり低下したことは否めない。その一方、序文を除く『旧事本紀』全体に対する史料性の評価はかえって高まっている。

同書は、「国造本紀」と「天孫本紀」以外は信頼性が低いとみられてきたが、この二本紀だけを取り出して他の部分と史料の信頼度に差をつける見方は総じて疑問である。序文と本文との不符合性だけで『旧事本紀』を偽書とし、史料価値が否定されるのなら、『古事記』も同様である（同様に偽書で、成立経緯も年代も不明）。かつては吉田神道で記紀と並ぶ「三部の本書」とされており、今も貴重な文献史料という取扱いが妥当と思われる。

ところで、この四年のうちに古代氏族を合計で八氏を順次取り上げ、大化前代の大和王権を支えた大族を検討してきた。そうしたなかで、神武前代のいわば「神統譜」の時代まで踏み込んできた。戦後の歴史学界においては、津田博士の学説の影響を受けて、記紀とくに応神前代の歴史記事は基本的に切り捨てられてきたが、これは、造作とか擬制的血縁氏族、あるいは反映説などという、否定の論理が不完全なものに拠るだけに、問題が大きい。時間・場所・誰という三要素を的確に把握した古代史の大きな流れという見方が必要なのに、狭い検討視野で記紀などの史料記事について素朴すぎる理解・把握しかなされてこなかった（在野研究者の著作・論考にあってもほぼ同様な傾向）。抹殺された「饒速日大王」、「物部王朝」とかいう仮説もあるが、いずれも根拠が弱い。誰それは、実は他地で有名な□□だという見解も、だいたいのところ同様である。冷静で合理的、総合的な日本上古史の再検討が必要で、そのため、広く北東アジア史の視点のなかで習俗・祭祀も含め、進展する考古遺跡・遺物の研究と併せた検討が望まれる。

すでに拙著『「神武東征」の原像』で拙論の趣旨を記述したが、ある歴史事件に登場する「特定人物」が当該事件などに関連する同時代の人々との間で行動的・血縁的に整合性があって、これらの人々が各々の祖先・後裔とも整合性がある位置づけが適切にできれば、その特定人物の実在性を認めるのが合理的だという考えである。こうした立場で考えれば、戦後の歴史学界で史実性を否定される傾向の強い神武天皇、倭建命、神功皇后や武内宿祢などは、皆、実在性を簡単に否定してはならない（複数人物との重なり合いは各々あるが）。

物部氏に関して言えば、記・紀のみでは祖神ニギハヤヒについて実在性は確認できないが、戸矢学氏は、その著書『ニギハヤヒ』で、「史書においては、史実か否かの確証は、どれだけ多くの情報が有機的に関わっているかにかかっているのだ。その意味でも、『先代旧事本紀』のニギハヤヒについての記述は信憑性が高い」（傍線は筆者による）と指摘する。これは、きわめて妥当な見方・立場であり（同書に示される見解・結論には、かなり疑問がないでもないが）、私の基本的な見方とも合致する。本書では、広い範囲で長い時代にわたって具体的総合的に物部氏を考察してきた。その結果、「天孫本紀」を含む『旧事本紀』は、個別に多くの誤りや虚飾・転訛があっても、総じて検討に値し、多くの貴重な所伝があるのだから、記紀に並ぶ重要な位置づけを与えるべきだと、強調したい。

本書は二〇一三年秋から書き出しており、様々な紆余曲折もあった。稿が殆ど完成していた昨年六月頃から沼津の高尾山古墳の保存問題がマスコミ等で取り上げられ、その保存運動に全邪馬連（鷲崎弘朋会長）などとともに関与もした。本書のはじめで触れた大売布の墳墓ではないかと目されるのが当該墳で、そうした巡り合わせにも不思議な感がある。この古墳の位置づけにあたっては、同様の前方後円墳でほぼ同規模の三河の桜井二子古墳や信濃の弘法山古墳などとの総合的考察が必要となる。

この辺で約二年に及ぶ物部氏検討を終えるが、これまで守屋尚氏など多くの研究者から様々な意味で示唆・教示を受けたことに、改めて謝意を表する。これら学説の紹介や本文の論理展開について、紙数の制約から、結論的な簡潔な記述にとどめざるをえない面もあり、ご寛恕願いたい。それら論点のなかには、本古代氏族シリーズの諸氏や既刊拙著で多少とも触れるのもあり、これらを併せてご参照いただければとも願う次第である。

1 物部氏一族の系図（試案）

第2図　物部氏一族の系図（試案）

※一部推定を含む。＊は後裔に物部を負う氏を出した者。

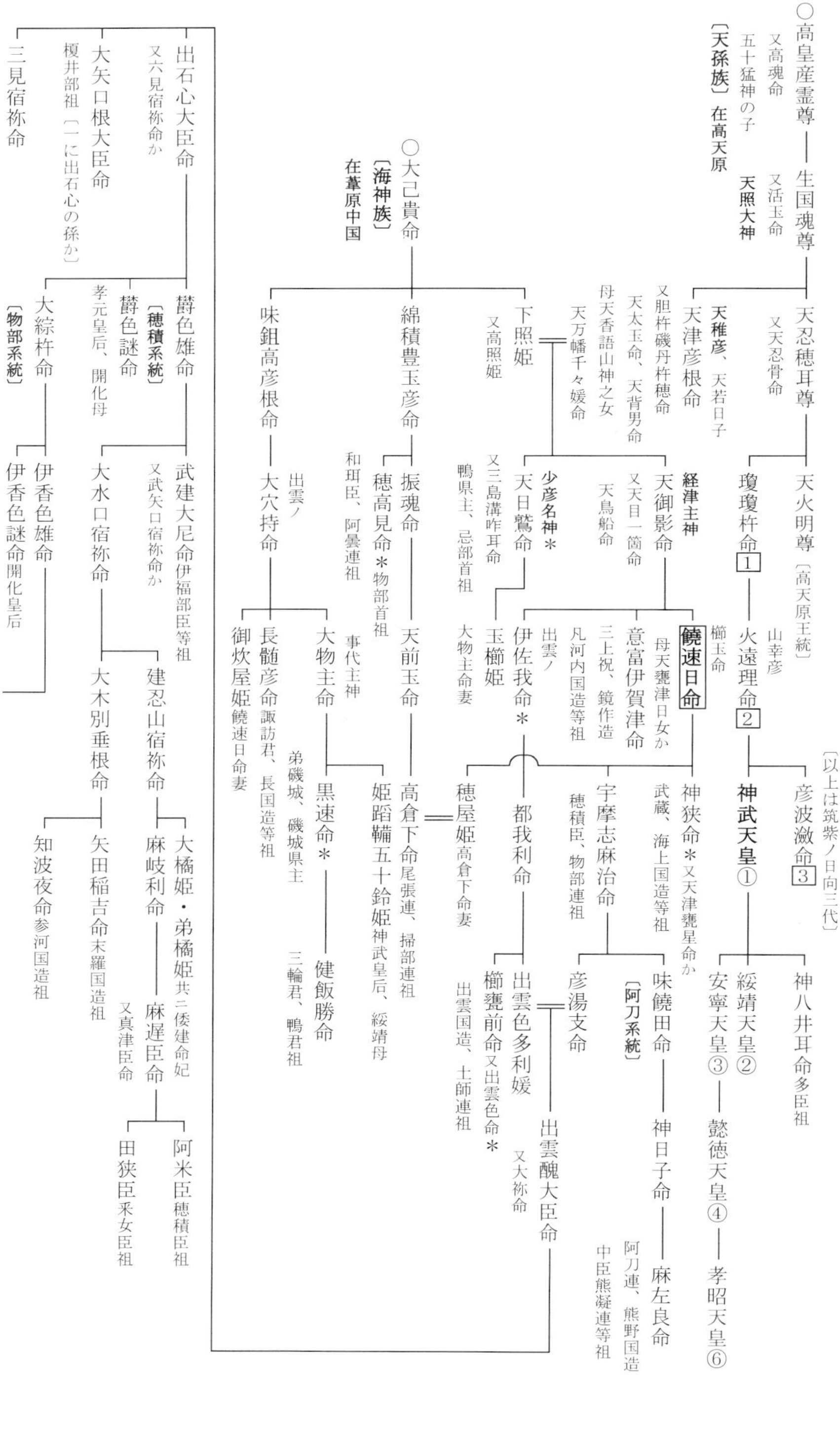

○高皇産霊尊
又高魂命
五十猛神の子
〔天孫族〕在高天原
生国魂尊
又活玉命
天照大神
天忍穂耳尊
又天忍骨命
天火明尊
〔高天原王統〕
瓊瓊杵命1
火遠理命2
山幸彦
櫛玉命
彦波瀲命3
〔以上は筑紫ノ日向三代〕
神武天皇①
神八井耳命多臣祖
綏靖天皇②
安寧天皇③
懿徳天皇④
孝昭天皇⑥
天津彦根命
天稚彦、天若日子
又胆杵磯丹杵穂命
天太玉命、天背男命
母天香語山神之女
天万幡千々媛命
天御影命
経津主神
又天目一箇命
天鳥船命
饒速日命
母天甕津日女か
意富伊賀津命
三上祝、鏡作造
凡河内国造等祖
伊佐我命＊
出雲ノ
神狭命＊又天津甕星命か
武蔵、海上国造等祖
宇摩志麻治命
穂積臣、物部連祖
味饒田命
〔阿刀系統〕
神日子命
麻左良命
阿刀連、熊野国造
中臣熊凝連等祖
彦湯支命
出雲醜大臣命
又大祢命
都我利命
出雲色多利媛
櫛甕前命又出雲色命＊
出雲国造、土師連祖
穂屋姫高倉下命妻
○大己貴命
〔海神族〕
在葦原中国
下照姫
又高照姫
少彦名神＊
天日鷲命
又三島溝咋耳命
鴨県主、忌部首祖
玉櫛姫
大物主命妻
綿積豊玉彦命
振魂命
天前玉命
高倉下命尾張連、掃部連祖
姫蹈鞴五十鈴姫神武皇后、綏靖母
穂高見命＊物部首祖
和珥臣、阿曇連祖
味鉏高彦根命
大穴持命
出雲ノ
大物主命
事代主神
黒速命＊
弟磯城、磯城県主
健飯勝命
三輪君、鴨君祖
長髄彦命諏訪君、長国造等祖
御炊屋姫饒速日命妻
出石心大臣命
又六見宿祢命か
大矢口根大臣命
榎井部祖〔一に出石心の孫か〕
三見宿祢命
欝色雄命
〔穂積系統〕
欝色謎命
孝元皇后、開化母
大綜杵命
〔物部系統〕
武建大尼命伊福部臣等祖
又武矢口宿祢命か
大水口宿祢命
建忍山宿祢命
大橘姫・弟橘姫共ニ倭建命妃
麻岐利命
麻遅臣命
又真津臣命
阿米臣穂積臣祖
田狭臣采女臣祖
大木別垂根命
矢田稲吉命末羅国造祖
知波夜命参河国造祖
伊香色雄命
伊香色謎命開化皇后

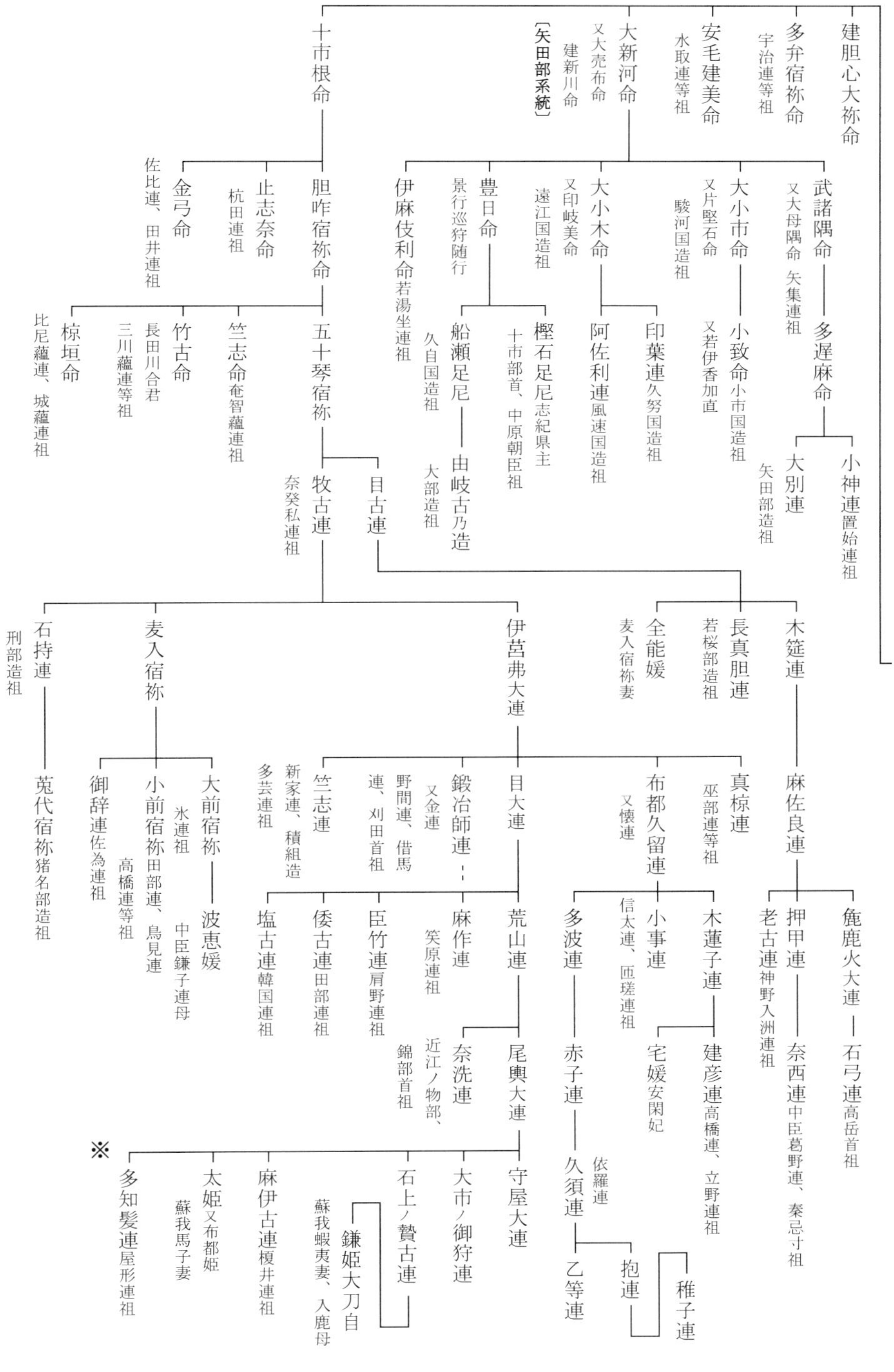
建胆心大祢命
多弁宿祢命
宇治連等祖
安毛建美命
水取連等祖
大新河命
又大売布命
建新川命
[矢田部系統]
十市根命
武諸隅命
又大母隅命
矢集連祖
多遅麻命
小神連置始連祖
大別連
矢田部造祖
大小市命
又片堅石命
駿河国造祖
小致命小市国造祖
又若伊香加直
大小木命
又印岐美命
遠江国造祖
印葉連久努国造祖
阿佐利連風速国造祖
豊日命
景行巡狩随行
樫石足尼志紀県主
十市部首、中原朝臣祖
船瀬足尼
久自国造祖
由岐古乃造
大部造祖
伊麻佉利命若湯坐連祖
胆咋宿祢命
止志奈命
杭田連祖
金弓命
佐比連、田井連祖
五十琴宿祢
竺志命奄智蘊連祖
竹古命
長田川合君
三川蘊連等祖
椋垣命
比尼蘊連、城蘊連祖
目古連
牧古連
奈癸私連祖
木筵連
長真胆連
若桜部造祖
全能媛
麦入宿祢妻
麻佐良連
麁鹿火大連
石弓連高岳首祖
押甲連
奈西連中臣葛野連、秦忌寸祖
老古連神野入洲連祖
伊莒弗大連
麦入宿祢
石持連
刑部造祖
菟代宿祢猪名部造祖
真椋連
巫部連等祖
布都久留連
又懐連
目大連
鍛冶師連
又金連
野間連、借馬連、刈田首祖
竺志連
新家連、積組造
多芸連祖
木蓮子連
建彦連高橋連、立野連祖
宅媛安閑妃
小事連
信太連、匝瑳連祖
多波連
赤子連
久須連
依羅連
乙等連
抱連
稚子連
荒山連
麻作連
笑原連祖
臣竹連肩野連祖
倭古連田部連祖
塩古連韓国連祖
尾輿大連
奈洗連
近江ノ物部、錦部首祖
守屋大連
大市ノ御狩連
石上ノ贄古連
鎌姫大刀自
蘇我蝦夷妻、入鹿母
麻伊古連榎井連祖
太姫又布都姫
蘇我馬子妻
多知髪連屋形連祖
※
大前宿祢
氷連祖
波恵媛
中臣鎌子連母
小前宿祢田部連、鳥見連
高橋連等祖
御辞連佐為連祖

※〔尾輿大連後裔略系〕

一部推定・所伝を含む。

- 守屋大連（弓削連祖）
  - 片野田 ― 薦何見
    - 富足 ― 玄賓
    - 櫛麿
      - **道鏡**
      - 浄人 ― 広方
  - 忍人 ― 牟麻伎
- 大市御狩
  - 大人 ― 耳（今木連祖）
  - 阿比（大俣連） ― 田裳姫（難波皇子妃、栗隈王母）
- 石上贄古
  - 鎌束 ― 馬古（又宇麻乃）
    - 麻呂（**石上朝臣**）
      - 勝男 ― 真足
      - 乙麿
        - 宅嗣 ― 継足 ― 宅人 ― 美奈麿
        - 息嗣 ― 振麿 ― 相覧 ― 直国（石上神社祠官家） ―
      - 諸男 ― 志斐弓女
      - 東人 ― 家成
    - 宮麿 ― 国盛刀自（藤原宇合妻、広嗣・良継母）
    - 豊庭 ― 波丹麿 ― 年魚男
  - 鎌姫大刀自（蘇我蝦夷妻、入鹿母）
- 麻伊古
  - 恵佐古
    - 荒猪
    - 弓梓
    - 加佐夫
    - 多都彦
  - 真古（**榎井朝臣祖**）
    - 雄君 ― 忍勝
      - 勝枝
      - 牛枝
    - 子麻呂
      - 倭麻呂 ― 広国
        - 小祖父
        - 祖足
      - 多米古
      - 馬来田
  - 阿豆古 ― 椎子（又鮪）
- 太姫 又布都姫（蘇我馬子妻）
- 多知髪連（屋形連祖）

2　物部氏一族から出た姓氏と苗字

物部氏族概説

○物部氏族は、神武天皇に先立ち大和に入った饒速日命の後裔である。饒速日命は大和に入ってほどなく死去し、神武侵攻時にはその子の可美真手命の代になっており、姻戚の長髄彦を誅殺して帰順した。この功績などで、穂積臣を含む物部氏族は、大和王権の始まり以来、大きな比重を占めて役割を果たし続け、崇神朝前後には数人の后妃を出した。

○饒速日命の系譜上の位置づけは記紀では不明で、天降り伝承を記すのみである。それ故にか、『姓氏録』では出自世系が不明の神として天神部に収めるが、饒速日命は天津瑞の保有を伝えられ、天孫族皇統のなかではしかるべき位置にあった。本来の位置づけは難解だが、瓊々杵命の兄弟の天火明命（天忍穂耳命の嫡子）と親族で、「天孫本紀」に天照国照彦天火明櫛玉饒速日尊と表現するのも、その出自を示唆する。具体的には、天火明命の従兄弟たる天目一箇命（都留支日古命、経津主神）の子とみられ、「天津彦根命―天目一箇命（物部経津主神）―饒速日命」という系譜が妥当であろう。

○饒速日は畿内に遷住して河内国の日下の地に入り、のちに大和国鳥見の白庭山（添下郡）に遷ったと伝える。その子・宇摩志麻治（可美真手）とその後の初期段階の物部本宗は、大和国十市（磯城）郡穂積里（現・田原本町保津）に居て、部族名を「穂積」と負い、孝元天皇～成務天皇朝に后妃を輩出した。この氏族の嫡裔が穂積臣氏である。
○饒速日の畿内入りのとき「天物部」を率いた基礎があり、崇神朝頃に分岐した支族の物部連氏がその軍事・刑罰という職掌からか次第に強大化した。多数の支族諸氏を分出して、畿内及び諸国に繁衍し、物部八十氏とも百八十氏ともいわれた。「物部氏族」で呼ばれ、本宗家は垂仁朝に物部連姓を賜ったという十市根の後であった。

物部連の本拠は、初期以来、大和国山辺郡の石上郷（天理市中央部）で、この地が守屋大連が居た河内国渋川郡よりも重要な地であった。布留遺跡は古墳時代までの複合遺跡で物部氏族に関係し、近隣には同氏族奉斎の石上神宮や物部一族の古墳・墳墓も多い。
○十市根の兄弟の大売布（「天孫本紀」に兄弟と記す大新河命とも実体は同人）の後裔も大いに栄え、矢田部・白髪部などの御名代の管掌氏族を多く出した。大売布は、『高橋氏文』に子の豊日とともに景行天皇の東国巡狩への随行が記される。これに起因し、大和の志紀県主や東海地方から関東にかけての物部氏系の諸国造の多くが後裔であった。

諸国の国造家は、熊野国造（紀伊国牟婁郡熊野）、参河国造（三河）、遠淡海国造（遠江）、久努国造（遠江国山名郡久努郷）、珠流河国造（駿河）、久自国造（常陸国久慈郡）、三野後国造（美濃東部）、及び四国・九州の小市国造（伊予国越智郡）、風速国造（伊予国風早郡）、末羅国造（肥前国松浦郡）と「国造本紀」に掲げられ、山陰道の稲葉国造も物部同族である。
○物部氏は、履中朝の伊莒弗、雄略朝の目など大連の位につく者を輩出したが、用明天皇崩御後に本宗の守屋大連は蘇我氏に敗れて衰えた。壬申の乱後には勢力を回復し、石上朝臣氏から左大臣麻呂、大納言宅嗣などの高官を輩出した。平安期に入って衰えたが、中世以降の中央の官人では、支族の中原朝臣姓の押小路家が地下筆頭として長く続いた。

武家では、熊野神人出の鈴木一族、熊野国造後裔の楠木一族、伊予の河野・越智一族（小市国造後裔）、武蔵の児玉党（久自国造後裔）、長門の厚東一族などがある。伊予の越智支族から出た橘遠保が藤原純友追討に活躍したが、この一族は橘朝臣姓を冒称し、武家橘氏として諸国に繁衍した。

○物部氏族の姓氏（宇摩志麻治後裔）**及びそれから発生した主な苗字**をあげると次の通り。

⑴**畿内**……穂積臣（録・左京。鈴木―紀伊国牟婁郡の熊野大神の神人で、紀州名草郡藤白の鈴木を宗家に、三河、尾張、駿河、伊豆、武蔵、上野、下野、下総、越中等多くの地域に分岐。特に三河で繁衍し、賀茂郡の矢並・足助・酒呑・則定・寺部・九久平・小原、碧海郡竹村などに分居し、江戸期には旗本に多い。亀井―紀州亀井村住、分れて出雲に遷り武家華族。雑賀、戸野―紀州人。井出〔井手〕、山村―駿河国富士郡人。出井、乙種―駿河人。吉田、荻―三州人。井谷―遠州人。木原―遠江国山名郡木原邑より起る。鳥居、神倉、常住―熊野人。土居、今城、得能―伊予国宇和郡人で熊野鈴木一族の流れと称も、今城が有馬殿と呼ばれるのをみると、熊野の榎本一族か。白玖―讃岐国多度郡大麻神社祠官。大和国十市郡の保津は族裔か。同吉野郡の芋瀬〔妹背〕、梅本は穂積姓というも、真偽不明）、穂積朝臣（録・左京。因幡国法美郡の百谷等は系図が疑問で、伊福部臣の末か）、采女臣（録・和泉。一に連姓）、采女朝臣（録・右京。梅木―大和国春日神人、一に紀姓。南都居住の伊狭川も同族か。大和の都祁水分社神主の采部〔栄部〕は族裔か）、采女造、采女連、采宿祢、穂積部（美濃）、穂積（木積―河内国石切劔箭神社祠官）。

物部連、石上朝臣（録・左京。藁科―駿河国安倍郡藁科に起るも疑問）、物部朝臣（堤、中山、北、島、岸田、菅田、西川、多田、豊井、布留川、上田、乾、西、薮、南、中、東、森、巽、別所、豊田、福智堂―大和国山辺郡の石上布留宮祠官一族)、石上大朝臣。

榎井連(朴井連)、榎井朝臣、榎井部(録・和泉)、春世宿祢(榎井部改姓。榎井朝臣への改姓も)、弓削連(芦田、枝吉―播磨人)、弓削宿祢(録・左京。稲生―伊勢国奄芸郡の稲生明神神主。多湖、星合、和田、伊能―稲生同族。蟹江―尾張人。重藤―豊前国田川郡人。弓削、山崎―遠江国佐野郡弓削庄の人)、弓削朝臣、弓削御浄朝臣(御清朝臣)、物部弓削連(荻生、上野、平岩、長坂、都筑、勝、竹矢―三河人。系図には疑問もある)。

今木連(録・山城。今木―和泉人)、屋形連、錦部首(録・山城)、河上朝臣、大俣連、大貞連(録・左京)、笑原連(矢原連)。

葛野県主、葛野連(録・左京)、中臣部、中臣葛野連(録・山城)、秦忌寸(録・山城)、秦宿祢(松尾、東、南―山城国葛野郡松尾社祢宜)、葛野宿祢(葛野―山城人)、高岳首(録・和泉。丹後国与謝郡の高岡は族裔かという)、神野入洲連。

依羅連(依網連。録・左京、右京)、物部依羅連(録・河内)、網部(録・和泉)、柴垣連(録・左京)、積組造(録・河内)、積組連、軽馬連(借馬連、軽間連、小軽馬連。賀留―大和国高市郡人)。

曽根連(録・左京、右京、和泉。曽根、樋口―大和国川合村広瀬神主。久米氏族からの系譜仮冒か)、曽根造、曽根宿祢、宗祢部宿祢、椋部(阿波国那賀郡人)、椋椅部連(録・摂津未定雑姓。倉橋―摂州豊島郡人。摂州武庫郡の瓦林〔河原林〕は族裔か、称菅原また平、藤原姓)、倉橋部宿祢、倉橋部朝臣、高橋連(録・右京、山城、河内。堀内―紀伊国直川庄高橋社司)、高橋宿祢、立野連、立野宿祢(立野―大和国平群郡人。大嶋―京官人で右馬寮、もと津田と称。近衛家侍の立野も同族か）、立野首（大和国城下郡鏡作郷）、津門首（録・河内）、都刀連（津門連）、横度連（一説、横庭連、横廣連）、桜島連（横度の改姓、大和国添上郡）、桜島宿祢、葛井連、伊勢荒比田連、小田連、縣使首（録・大和）。

肩野連（交野連。録・右京。河内国交野郡片野神社祠官の養父・松尾氏は族裔か、物部後裔と伝う）、物部肩野連（録・左京）、良棟宿祢（片野―河内国交野郡人で後に常陸に遷住、称藤原姓）、宇治連、宇治部連（宇遅部連。録・河内、和泉）、宇治山守連（録・山城）、宇治部、宇遅部直、宇治宿祢（録・山城。宇治―山城国宇治郡人。石井―京官人で九条家諸大夫、山城国紀伊郡石井より起る。城州久世郡の槇島〔真木島〕も族裔か、称藤原姓）、柏原連（録・左京）、柏原宿祢。大和国葛上郡の柏原造も同族か。

刈田首、刈田連、鳥部連、依羅田部連、辛国造、韓国連（辛国連。録・和泉）、高原連（同上の賜姓。高原、土師―備前国邑久郡片山日子神社祠官。河内―下野国人。泉州和泉郡唐国保の刀祢職横山氏は族裔か）、物部韓国連（録・摂津）、水間君（水間―大和国添上郡東山村水間より起る）、水間宿祢。文嶋連、須佐連、巫部連（録・山城、和泉）、巫部宿祢（録・右京、摂津。後藤、萬代、辻―和泉国人）、当世宿祢。

氷連（録・河内）、氷宿祢（録・左京）、氷朝臣、田部連（庄―豊前人。豊後の田部連は勇山連同族か別族の田部勝の後か）、田部宿祢（宇佐祠官四姓の一。末弘―宇佐社祠官、田部姓の宗家。田口―豊後国下毛郡諌山郷田口邑に起る、藤原姓とも称。江上、吉用、小田、門松、友岡、照山、広山、利行、百楽―宇佐社祠官など。日向の大族土持一族も宇佐祠官田部の庶流で、土持氏には県・財部・大塚・清水・都於郡・瓜生野・飫肥の七家。富高、馬原、門川、上山、時任、槐島、国富、国分―

土持一族で、上山は薩摩住。湯地―日向人)、登美連(鳥見連。録・左京、河内。紀伊国日高郡の衣奈八幡神社祠官の上村氏は族裔か)、佐為連(狭井連。録・左京、山城、大和)、佐為宿祢(狭井宿祢。録・山城)、刑部連、刑部造、刑部宿祢(刑坂宿祢)、刑部垣連、為奈部首(録・摂津未定雑姓)、高屋連(録・河内)、杭田連(杭全連か)。

奈癸私造(録・山城)、奈癸勝(録・山城)、奈癸宿祢、奄智蘰連、三川蘰連、城蘰連、比尼蘰連、田井連、佐比連(佐為連と同じか)、若桜部造(稚桜部造。録・右京、和泉)、若桜部連。奈貴首(那貴首)も同族か。蘰造、蘰連も同族か。

矢集連(録・左京)、箭集宿祢(矢集宿祢。録・右京)、弟国連、弟国部、軽部連、軽部造(録・左京)、置始連(長谷置始連。録・右京。山村―大和国人。花田―大和国花田郷より起り、河内筑前に分る、称中原姓。楽所の中原氏もこの一族)、置始宿祢(置始、布施、疋田、中村、道穂、梶屋、笛堂―大和国葛下郡人。添下郡の小泉の本姓は布施という)、矢田部造(録・摂津)、矢田部連(録・左京。矢田部―京官人)、矢田部宿祢、矢田部首(録・河内)、矢田部(録・大和。大和国添下郡の矢田、小泉、尾崎の一族は族裔か)。

大宅首(録・左京、右京)、川上造、春道宿祢(越川―近江人、下総に分る。豊浦―近江人。佐奈田―相模人)、真神田曽根連(録・左京。久米系曽根連の族か)、真神田首(録・山城、大和)、安幕首(録・和泉。阿墓―和泉、飛騨に住)。

志紀県主(志貴県主。録・和泉。志貴、惣社―駿河府中惣社神主家)、志貴連(録・大和。吉野郡十津川の蛛手氏は磯城姓というが、族裔か)、志紀宿祢、志紀朝臣、十市部首、十市部宿祢(十市宿祢。十市、山尾、新賀、八田、味間―大和国十市郡人で、称中原姓。その一族には、田原本南、

釜口、白土、乾、西尾、喜多、辰巳。津田―河内国交野郡人）。

中原宿祢、中原朝臣（押小路―京官人、明治に華族に列。山口―京官人で少外記、もと志水という。六角、西大路、平田―京官人。勢多、正親町、高倉、大宮、竹村―明法道の京官人等。辻―久我家諸大夫、勢多一族。河村、久川―主水司史生。中川―今出川家諸大夫。高屋―内舎人・内竪。粟津御倉小舎人。深尾―蔵人所行事所。石野、水上―遠江人。

摂津―鎌倉・室町幕府に仕。南方―伊予国宇和郡人。厳島〔桜尾〕―安芸国厳島神主家。淵名―上野国佐位郡人。三池―筑後国三池郡人。竹迫《たかは》―肥後国合志郡人。鹿子木―肥後国飽田郡鹿子木より起る。三池以下は同族で、嵯峨源氏とも称、実際には肥国造族裔か。

大友―相模の藤原姓近藤能直が中原親能の養嗣となり、豊後で大いに繁衍、源姓とも称。大友一族には、戸次、立花、志賀、竹中など数多いが、詳細は省略。大友一族は藤原姓に改め、豊後国及びその周辺に住。利根―大友同族、豊後住、分れて上野に住。日田、津江、矢野、平野―豊後国日田郡人、日田郡司家跡を襲う。詫摩〔詫磨〕―肥後国託麻郡人。日並―宗形神社祠官、称源姓。門司―豊前国企救郡人。神村、吉原―備後国御調郡人。本郷―若狭国大飯郡の大族、称村上源氏。田井―紀伊人。

中原朝臣姓は諸国に多いが、次の諸氏は疑問も相当大きい。
・香宗我部―甲斐からの遷住で、土佐国香美郡に住んで甲斐とも号。甲斐源氏出自は仮冒として、大中臣（大仲臣）姓ともいうから、本来中原とは別族か。同郡韮生郷に起り楠目城に拠った土佐七雄の一、山田氏は、香宗我部氏の初期分岐というが、土佐古族の色彩。
・甕《もたい》〔母台、母田井、茂田井〕―信濃国佐久郡住。丸子〔円子〕―同国小県郡人。樋口、今井、落

合―信濃国木曽の人。甕以下は同族で本来信濃の古族（大伴氏族裔か）の末で、物部とは別族か。・由比―筑前国志摩郡人。一族に河辺、飯、重富及び早良郡の弥永。志摩郡の称源姓の泊、松隈も同族か。これらはおそらく筑紫国造族裔か）。

阿刀連（安刀連、跡連、迹連、安斗連、安都連。録・山城、摂津、和泉）、阿刀宿祢（安都宿祢。録・左京、山城。阿刀―京の東寺の執行職。中橋―紀伊国高野山に住、同山政所別当家。紀伊国官省符庄の四庄官家の高坊・田所・亀岡・岡）、阿刀造、阿刀物部、良階宿祢、中臣習宜朝臣（摺宜朝臣。録・右京）、習宜連（中臣習宜連）、中臣熊凝連、中臣熊凝朝臣（録・右京）、熊凝朝臣、栗栖連（録・河内）、物部首（録・河内、山城未定雑姓）、日下部（録・河内）。

小治田連（録・右京）、小治田宿祢（録・左京）、勇山《いさやま》（不知山、諌山。豊後国下毛郡等に起る。豊前豊後の藤山は後裔か）、勇山連（録・河内）、安野宿祢、不知山宿祢。

水取造、水取連（録・左京、右京）、水取宿祢、水取朝臣、春米連、春米宿祢（録・左京）、額田臣（録・山城）、長谷山直（録・大和）、内田臣（録・右京）、田々内臣（一作、内田。録・摂津）、物部飛鳥（録・河内）、大宅首（録・左京、右京）、物部（録・左京、右京未定雑姓、河内、和泉）、衣縫（録・和泉）、衣縫造（録・左京）、衣縫連、新家首（録・河内未定雑姓）。なお、大和国宇陀郡の漆部連一族は、「天孫本紀」に物部氏族出自とするが、実際は久米氏族の可能性が高い。

(2)**諸国**……物部一族は広く諸国に分布するが、とくに紀伊の熊野国造、伊予の小市（越智）国造及び常陸の久自国造の流れが繁衍し、中世の有力武士団を出した。なお、東国に繁衍した神狭命の後裔の諸国造一族は、物部氏族という意識喪失の事情から掲載しない。

①**熊野国造の流れ**……熊野直、熊野連（録・山城。和田—紀伊国那賀郡和田村人、中世に称橘姓、熊野八庄司の一で河内にも住。竹坊、尾崎、河井〔河合〕、岩代、音無〔音无〕、宇原木、小池、曽根—熊野社家。宮脇、大熊—讃岐国香川郡十河に住。片山—讃岐人。鳥居、真砂、日高、津田、篠崎、大屋、関地—紀州人。稲熊—三河国宝飯郡竹谷神社祠官。熊野の本宮社家の竹内、壱岐、新宮社家の羽山も熊野国造の族裔か関係者。紀伊の熊野八庄司の一、野長瀬氏と一族横矢が源義忠後裔と称するも疑問で、熊野国造の庶流か。

楠木〔楠〕—熊野社家にあり、河内にも住み称橘朝臣姓。橋本—紀伊国伊都郡橋本村住人。大田—伊勢国安濃郡人。池田—摂津国池田に住、楠木末裔とも称し、一族が多い。大饗—摂津人。神宮寺—河内国大県郡神宮寺村住人。佐備、石川、甲斐庄、隅屋〔須屋〕、野村—河内人。相郷—紀州人。則岡—紀州有田郡人。小南〔木南〕—紀州海部郡人。芋川—信濃国水内郡人。梶川—尾張人。奥田—伊賀人。数原〔須原〕—近江人。打越〔内越〕—出羽国由利郡人。賀茂—美濃国賀茂郡に起り、遠江国敷智郡に遷。杉本—丹波人。野口—駿河人。神岐—美濃人。山地〔山路〕—讃岐国豊田郡人、山地子爵家を出す。大塚—紀伊国牟婁郡に起る。木俣〔木全〕—伊勢人、員弁郡の猪名部造族裔か）、熊野朝臣、相賀直。紀伊の堅田連（堅田—紀伊国牟婁郡人）も熊野国造一族の出か。牟婁郡の熊野部（山門、藤代、鵜殿、米良、泰地）も国造同族で初期分岐か。

②**小市国造の流れ**……越智直（小市直。録・左京。新居〔仁井〕—伊予新居郡人、称橘朝臣姓。橘、矢野、徳永、金子—同上族。北之川〔岐他川〕—伊予宇和郡人、称紀朝臣姓で、越智朝臣とも称。隣国阿波にも進出して、那東郡人に新居、古津、池田、高市が見える。萩原、中田、八町—駿河人。

小鹿島—出羽人、肥前国杵島郡に遷住して渋江一族として繁衍。橘薩摩、渋江、牛嶋—肥前人。宮原—肥後国八代郡人。柏原—薩摩国薩摩郡人、日向国宮崎郡にもあり。薬師寺—豊前国上毛郡人）、越智宿祢（越智朝臣姓の称も見えるが、私称か。河野—伊予人で、風早郡に起り同国に繁衍して一族甚だ多し、同族が土佐阿波等や京官人にもあり。久留島〔来島〕—予州野間郡来島に起る武家華族、もと村上といい、一族の能島・因島とともに海賊衆で、本来別族か。正岡—伊予国風早郡の高縄神社祠官。稲葉、一柳—ともに美濃人で武家華族だが、系譜仮冒の疑いもあり、その場合は美濃古族〔三野後国造〕の後か。林—美濃人。

このほか伊予に多く繁衍し、高市、新居、拝志、寺町、高井、浮穴などあるが、詳細は省略。境田—日向諸県郡真幸院の天満宮大宮司。三島—日向薩摩人、三島子爵家を出す。小嵜—肥前国神崎郡人。福良—淡路の三原郡人。安芸国佐伯郡能美島の能美、山野井も河野同族と称。窪川—土佐国高岡郡仁井田五社祠官。新居、東、西—高岡郡の窪川一族。寺林—陸奥国稗貫郡人。河上—下野人。三木—播磨国飾磨郡人、讃岐国三木郡の地名に因る。三木一族に江井、久間、山本、浅田、藪内、山崎、浜田など。

高橋〔のち三島〕—伊予国大三嶋の大山祇神社大祝家。鳥生、今治、島山、庄林、弥熊、大井、宮脇—三島大祝同族。称藤原姓の忽那島の忽那、吉木氏も河野一族。百々—近江国坂田郡人、一に橘姓、宇多源氏京極支流。釜谷—伊賀国名張神戸司で伊勢神宮祠官。古森—大和国宇陀神戸司で伊勢神宮祠官、この二流の祠官家は系統不明。京官人でも、蓮華光院門跡坊官の榎本、二条家諸大夫の河野は越智姓と称）。出部直、出部宿祢、伊豆部造。

③**久自国造の流れ**……大部造（常陸国久慈郡稲村神社祠官の高根は末裔か）、大部首（録・和泉未定雑姓）、大部宿祢。有道宿祢（武蔵七党の一、児玉党を出したが、児玉郡を本拠に武蔵北部から上野国西部にかけて繁衍。児玉―武蔵から分れて安芸国豊田郡にもあり、毛利氏重臣。本庄〔本荘〕―児玉党より出て丹波に分れ、武家華族。奥平―上州甘楽郡人、三河国設楽郡奥平に起る武家華族奥平氏と一族の和田・奥山は、別系で三河古族裔か。

庄〔荘〕―武蔵国児玉郡人、備中に分れる。四方田―武蔵国児玉郡人、分れて陸奥加美郡では河内四頭の一。大滝、具下塚〔久下塚〕、北堀、牧西、若水〔若泉〕、小河原、宮田、蛭河、今居〔今井〕、阿佐美〔浅見〕、塩屋、富田、蔦田、越生、宿谷、山崎、高坂、平児玉、秩父、与嶋、吉田、竹沢、稲嶋、真下―以上は武蔵人。

小幡―上野国甘楽郡人で、戦国期の大族。その一族に、熊井戸、長根。小中山、大河原、多子、倉賀野、片山、大浜、鳥方、白倉、矢嶋、山名、嶋名、牧野、富野、大類、後閑、成嶋、反町、栗栖―以上は上野人。堀籠―上野国安蘇郡人。小代―武蔵国入西郡小代郷人、肥後国玉名郡に分れて繁衍し、増永、倉満など。荘、穂井田〔穂田〕―備中国下道郡を中心に住。植木―荘一族で、同国英賀郡人。三雲、中条―近江人。若松―伊勢人。目黒―武蔵国荏原郡人、畠山一族ともいい、雲州飯石郡等に分る。多久和―雲州の同族）。

白髪部造、白髪部連、真髪部造（録・山城。原田―常陸国鹿嶋神人、久慈郡稲村神社祠官にもあり、伊達家臣の原田も一族か。神館〔上館〕、布田―同鹿島神人）、若湯坐造、若湯坐連（録・河内）、若湯坐宿祢（録・左京、摂津）。

(3)**その他諸国**……畿内周辺の近江・伊勢・紀伊や、三河・遠江、常陸、山陰の因幡・石見、山陽の美作・長門、四国の伊予、北九州に、一族や関係諸氏の分布が濃密である。

・物部宿祢（浅井―近江国浅井郡人、同族は藤原姓あるいは橘姓と称するもの多く、本姓は物部とみられる。脇坂―同州浅井郡脇坂庄より起る、武家華族。大野木、三田村、赤尾、田屋、礒谷、今木、山本―近江の浅井一族。奥村―尾張人で赤尾同族。小堀―近江国坂田郡小堀村より起る。川瀬―近江国犬上郡人）、物部浄志朝臣、中原朝臣（物部宿祢改姓）。江州栗太郡の物部は、勝部、玉岡、千代（物部玉岡宿祢姓と称も、実際の姓氏不明）。

・物部連（厚東―周防国玖珂郷の物部連末流、長門国厚狭郡より起る。白松、木村、原、富永、河副、吉部―長門の厚東一族。秋吉―同国美祢郡住。屋富〔弥富〕―同豊浦郡住。矢原―同吉敷郡住。世良―備後の厚東一族。以上は厚東同族で周防国人。飯田、倉見―遠江人。物部朝臣姓という厚狭郡の末富も、厚東一族か）。

・新家連（新家―伊勢国度会郡人、三河に分る。徳田、今井―伊勢人）、新家宿祢（野田、新谷―河内国丹比郡人）、多芸連、多芸宿祢、猪名部造（録・左京）、春澄朝臣（古田―美濃国本巣郡住で称藤原姓、員弁郡に起る）、春澄宿祢。

・藤原恒見君、長田川合君（金子―石見国安濃郡川合村物部神社神主、明治に男爵に列、称物部姓。長田、川合―同社祠官。井原、雲井―石州邑智郡人。寺井―石州那賀郡人）。

・風早直（風速直）、風早連、風早朝臣（伊予風早郡国津比古命神社の国造神主家篠原氏は末裔か）、佐夜部首（録・摂津）、善友朝臣（岩下―山城国人）、物部首、物部朝臣。

・信太連（根本、朝日―常陸国信太郡人。古徳―同那珂郡人。菅谷、信太、福田―信太郡人、称紀姓。宍倉―新治郡人、田土部―同国筑波郡人で、共に信太庄司の一族。篠崎―同筑波郡人、称藤原姓。鴨志田―信太郡に起り久慈郡に居住、平将門後裔と称）、物部志太連（浮島、木幡―常陸国信太郡人）、匝瑳連（下総国匝瑳郡）、匝瑳宿祢。

・稲葉造（因幡造）、因幡国造、因幡宿祢（富城〔富木〕―因幡国法美郡富木郷に起り、下総に分る。史料に服部姓で見える因幡在庁で高草郡の高羽〔高庭介〕、長田も同族か）、

伊福部臣（気吹部臣。法美郡の宇倍、百谷、広岡）、伊福部宿祢（伊福部、安田、池淵―因幡国法美郡の宇倍神社祠官。宮石―同国気多郡板井神社祠官）。因幡国高草郡郡領の置始臣、日置臣は同族か。伯耆国日野郡楽々福神社旧神主の入沢・名沢〔那沢〕氏は、大矢口宿祢を同祖とし、物部姓という、因幡国造族。日野郡の楽々福明神奉斎に関与の三吉、田辺や芦立も同族か。

・筑紫連（録・山城）、松浦直（末羅直、当初は臣姓か。宇久〔のち五嶋〕―肥前国松浦郡人、武家華族。貞方、奈留、大浜―宇久一族）。

・物部鏡連、物部文連（別府―土佐国安芸郡人）。ともに土佐国香美・安芸郡に見えるが、物部連と同祖の安芸国造分流か。同郡大忍庄山川村の領主・石舟明神祢宜で物部姓の物辺、末延氏は族裔か。同郡の八木、山川、清遠氏も物部姓。紀伊国造族の物部連と称した香美郡の延崎〔信崎〕も同族。土佐国香美・安芸両郡の称宗我部・惟宗朝臣・橘朝臣姓の諸氏（安芸一族、安岡一族）の殆どが物部文連・物部鏡連の同族とみられる。

・系統不明だが物部伊勢連。志摩の物部は、的矢〔的屋〕といい伊雑神戸の総検校職。

○**美濃や駿河・遠江・三河の諸国造**の関係では、

・村国連（美濃国各務郡村国郷より起る大族、三野後国造族）、村国奥連、物部射園連（同国厚見郡か）。片県連（同国方県郡より起る）は同族か。各務・厚見郡領の各務勝も三野後国造で村国連と同族か。この流れには、各務宿祢（各務―美濃国各務郡人。尾張熱田社に鏡味宿祢姓の坂本）、各務朝臣。

中臣美濃連（厚見、戸部、稲葉、岩崎、安江、加納―美濃国厚見郡等の住人で、中世多く藤原と称。武家華族の稲葉・一柳も同族。中臣宮処連の分岐という系譜は仮冒。

・参河直、三河宿祢（参河宿祢。永見―三河国碧海郡知立神主。同郡の重原氏も同族か。）、長谷部造（録・大和）、物部（大給〔荻生〕―三河国加茂郡人、のち松平の猶子に入り武家華族。平岩、長坂、弓削―三河碧海郡人、称守屋大連後裔）、物部中原宿祢、興原宿祢、中原朝臣（秋野、田中、箟、多門〔大門〕、桜井―三河国額田郡人。井田―三河国額田郡人。称藤原姓の額田郡の柴田氏も箟一族。清和源氏で松平同族とか、大江姓とも嵯峨源氏とも称した武家華族酒井氏は、碧海郡境〔酒井〕村に起り、井田同族か）。

丹波国多紀郡酒井荘に起り、上総国山辺郡にも分れた酒井氏も、三河酒井氏と同祖で、尾張物部の流れか。桓武平氏と称した丹波の酒井党には、当野、波賀野、栗栖野、油井などの諸氏があるが、尾張氏族の可能性もある。

・金刺舎人（珠流河国造後裔）、金刺宿祢（金指―伊豆人）、壬生直、若舎人部。珠流河国造の族裔には、駿河郡人の大岡、牧〔真木で筑前・肥前に展開〕や大森、葛山、竹之下など。藤原伊周後裔と称する大森一族は駿河東部・相模や尾張・三河などに繁衍し、鮎沢〔藍沢〕、御宿、河合、菅沼など族人多い。その姓氏は不明も、珠流河直、駿河宿祢か。

・檜前舎人部、小長谷部直（ともに遠淡海国造後裔。同国造の姓氏は不明も、一族の名からみて遠淡海直か）、佐夜直（駿河人の佐野、大楠は族裔か）、久努直（久野―遠江国周智郡人、紀州徳川家付家老で伊勢田丸を領。中―同州周智郡人。原、孕石、寺田、原田、小沢―同州佐野郡人。山名郡の山名、川井、同郡粟倉明神社神主の北島、榛原郡の千頭、長上郡の橋爪、佐野郡の幡鎌なども、みな同族か。殆どが為憲流藤原氏を称）。

遠淡海・久努両国造の族裔とみられるのが、長下郡等の浅羽、松下、松井や磐田郡見付総社神主の西尾、大久保などの諸氏。城飼郡の横地（浅羽と同じく称源姓）、榛原郡の相良、勝間田、丸山などの一族や、引佐郡の井伊も同族か（相互に同祖伝承をもつ）。これら両国造関係には橘紋・称橘姓がかなり見られ、遠江出身の橘姓黒田氏（のち丹党加治氏から養嗣が入り、大名家）も同族か。大湯坐連、大湯坐宿祢や若倭部、物部も、国造一族か。

○**物部の従者関係**では、系譜や姓氏が不明で、『姓氏録』では未定雑姓（ここでは「未」として記載）として分類される。

天物部等二十五部としては、二田物部、当麻物部、芹田物部、鳥見物部、横田物部、嶋戸物部、浮田物部、巷宜物部、疋田物部、酒人物部、田尻物部、赤間物部、久米物部、狭竹物部、大豆物部、肩野物部、羽束物部、尋津物部、布都留物部、住跡物部、讃岐三野物部、相槻物部、筑紫聞物部、播磨物部、筑紫贄田物部。このほか、阿刀物部、網部物部、筑紫弦田物部など。これらのうち、二田物部、芹田物部、久米物部（来目物部）、肩野物部などが久米部族系の出自か。

天物部のうち、とくに勢力のあったのは次のとおり。

舎人造（物部従者）、舎人連（同上族）、原造（未、右京。雑姓で物部従者）、原連、原宿祢、峴度造（同上。坂戸造）、坂戸物部（未、右京。同上）、二田物部（録・未、右京。同上。吉野、のち三嶋―越後国三島郡二田村の物部神社神主、長橋連姓と称。東海、白川、大矢、土生田―越後国三島郡人）、二田物部首（贄田物部首）、物部二田連（高波―常陸国多賀郡佐波波地祇神社神主）、二田造（物部二田造。河村―河内国高安郡人、後土佐国に遷）、相槻物部（録・未、山城。雑姓で物部従者）、竝槻忌寸、竝槻宿祢、当麻物部（雑姓で物部従者）、物部造、阿刀部（録・未、摂津。物部氏族か）、尋来津首（録・未、右京。伊香我色雄の後というは仮冒か）、阿刀造、跡部首、肩野物部（頼信―美作国久米郡人。内田―作州苫田・真庭郡人）、横田物部（横田、松倉―大和国添上郡人。和邇氏族の流れ櫟井臣と関連か）。播磨造は播磨物部の伴造か、赤間稲置は赤間物部の族長か、豊前国規矩郡の規矩、小野田、志井は聞物部の後裔か。寺人、伊予の力田物部連も物部族か。

【著者】

宝賀　寿男（ほうが・としお）

昭和21年(1946)生まれ。東大法卒。大蔵省を経て、弁護士。古代史、古代氏族の研究に取り組み、日本家系図学会会長、家系研究協議会会長などを務める。

著書に『古代氏族系譜集成』(古代氏族研究会、1986年)、『巨大古墳と古代王統譜』(青垣出版、2005年)、『「神武東征」の原像』(青垣出版、2006年)、『神功皇后と天日矛の伝承』(法令出版、2008年)、『越と出雲の夜明け』(法令出版、2009年)、『豊臣秀吉の系図学』(桃山堂、2014年) など、著作・論考が多数。

「古代氏族の研究」シリーズは『和珥氏—中国江南から来た海神族の流れ』(2012年3月刊)、『葛城氏—武内宿祢後裔の宗族』(2012年10月刊)、『阿倍氏—四道将軍の後裔たち』(2013年3月刊)、『大伴氏—列島原住民の流れを汲む名流武門』(2013年10月刊)、『中臣氏—卜占を担った古代占部の後裔』(2014年5月刊)、『息長氏—大王を輩出した鍛冶氏族』(2014年11月刊)、『三輪氏—大物主神の祭祀者』(2015年8月刊)、『物部氏—剣神奉斎の軍事大族』(2016年3月刊)、『吉備氏—桃太郎伝承をもつ地方大族』(2016年11月刊)、『紀氏・平群氏—韓地・征夷で活躍の大族』(2017年6月刊)、『秦氏・漢氏—渡来系の二大雄族』(2017年12月刊)、『尾張氏—后妃輩出の伝承をもつ東海の雄族』(2018年6月刊)、『天皇氏族—天孫族の来た道』(2018年12月刊)、『蘇我氏—権勢を誇った謎多き古代大族』の14作。

古代氏族の研究⑧

物部氏—剣神奉斎の軍事大族

２０１６年 3月 30 日　初版印刷
２０２０年 1月 8 日　第2刷発行

著　者　　宝　賀　寿　男
発行者　　靍　井　忠　義

発行所　有限会社　青　垣　出　版
〒636-0246 奈良県磯城郡田原本町千代３８７の６
電話 0744-34-3838　Fax 0744-47-4625
e-mail　wanokuni@nifty.com
http: //book.geocities.jp/aogaki_wanokuni/index.html

発売元　株式会社　星　雲　社
〒112-0005 東京都文京区水道１－３－３０
電話 03-3868-3275 Fax 03-3868-6588

印刷所　株式会社　ＴＯＰ印刷

printed in Japan　ISBN 978-4-434-21768- 5

青垣出版の本

「神武東征」の原像〈新装版〉

ISBN978-4-434-23246-6

宝賀 寿男著

神武伝承の合理的解釈。「神話と史実の間」を探究、イワレヒコの実像に迫る。新装版発売

Ａ５判３４０ページ　本体２,０００円

巨大古墳と古代王統譜

ISBN978-4-434-06960-8

宝賀 寿男著

巨大古墳の被葬者が文献に登場していないはずがない。全国各地の巨大古墳の被葬者を徹底解明。

四六判３１２ページ　本体１,９００円

奈良を知る

日本書紀の山辺道《やまのへのみち》

ISBN978-4-434-13771-6

靍井 忠義著

纒向、三輪、布留…。初期ヤマト王権発祥の地の神話と考古学。

四六判１６８ページ　本体１,２００円

奈良を知る

日本書紀の飛鳥

ISBN978-4-434-15561-1

靍井 忠義著

６・７世紀の古代史の舞台は飛鳥にあった。飛鳥ガイド本の決定版。

四六判２８４ページ　本体１,６００円

日本書紀を歩く①

悲劇の皇子たち

ISBN978-4-434-23814-7

靍井 忠義著

皇位継承争い。謀反の疑い－。非業の死を遂げた皇子たち22人の列伝。

四六判１６８ページ　本体１,２００円

日本書紀を歩く②

葛城の神話と考古学

ISBN978-4-434-24501-5

靍井 忠義著

葛城は古代史に満ちている。最高格式の名神大社が７社もある。遺跡に満ちている。謎に満ちている。

四六判１６５ページ　本体１,２００円

日本書紀を歩く③

大王権の磐余

ISBN978-4-434-25725-4

靍井 忠義著

多くの大王（天皇）たちが王宮を営んだ。海石榴市（つばきいち）は上ツ道と横大路と寺川が交差するこの磐余にあった？

四六判１６５ページ　本体１,２００円

青垣出版の本

宝賀 寿男著　古代氏族の研究シリーズ

①和珥氏—中国江南から来た海神族の流れ
ISBN978-4-434-16411-8
Ａ５判１４６ページ　本体１,２００円

②葛城氏—武内宿祢後裔の宗族
ISBN978-4-434-17093-5
Ａ５判１３８ページ　本体１,２００円

③阿倍氏—四道将軍の後裔たち
ISBN978-4-434-17675-3
Ａ５判１４６ページ　本体１,２００円

④大伴氏—列島原住民の流れを汲む名流武門
ISBN978-4-434-18341-6
Ａ５判１６８ページ　本体１,２００円

⑤中臣氏—卜占を担った古代占部の後裔
ISBN978-4-434-19116-9
Ａ５判１７８ページ　本体１,２００円

⑥息長氏—大王を輩出した鍛冶氏族
ISBN978-4-434-19823-6
Ａ５判２１２ページ　本体１,４００円

⑦三輪氏—大物主神の祭祀者
ISBN978-4-434-20825-6
Ａ５判２０６ページ　本体１,３００円

⑧物部氏—剣神奉斎の軍事大族
ISBN978-4-434-21768-5
Ａ５判２６４ページ　本体１,６００円

⑨吉備氏—桃太郎伝承をもつ地方大族
ISBN978-4-434-22657-1
Ａ５判２３６ページ　本体１,４００円

⑩紀氏・平群氏—韓地・征夷で活躍の大族
ISBN978-4-434-23368-5
Ａ５判２２６ページ　本体１,４００円

⑪秦氏・漢氏—渡来系の二大雄族
ISBN978-4-434-24020-1
Ａ５判２５８ページ　本体１,６００円

⑫尾張氏—后妃輩出の伝承をもつ東海の雄族
ISBN978-4-434-24663-0
Ａ５判２５０ページ　本体１,６００円

⑬天皇氏族—天孫族の来た道
ISBN978-4-434-25459-8
Ａ５判２９５ページ　本体２,０００円

⑭蘇我氏—権勢を誇った謎多き古代大族
ISBN978-4-434-26171-8
Ａ５判２８４ページ　本体１,９００円